나를 미치게 하는
아이폰4
iPhone

급하게
배우기

에듀멘토르

**나를 미치게 하는 아이폰 4
급하게 배우기**

1판 1쇄 발행 | 2010년 11월 25일

지은이 | 윤신례
펴낸이 | 안동명
펴낸곳 | 에듀멘토르

기획 | 안동명, 신꽃다미
디자인 | 김희정
편집 | 영성기획
일러스트 | 박수영

마케팅 | 김경용
경영지원 | 김덕수

내용문의 | somsaatang@gmail.com

등록 | 2009년 10월 5일 제2009-16호
주소 | 서울시 용산구 청파동 3가 131 IT연구개발센터 1층
전화 | 02-711-0911
팩스 | 02-711-0920

ISBN | 978-89-94127-41-5
가격 | 14,800원

ⓒ 2010 에듀멘토르

나를 미치게 하는
아이폰4
iPhone

급하게 배우기

에듀멘토르

contents

P·A·R·T·1
아이폰 급한 불 끄기

P·A·R·T·1
아이폰4 급한불 끄기

01 아이폰 급하게 사용하기   20

    1: 전화 걸기   20
    2: 전화 받기   22
    3: 통화중에 다른 전화 받기   23
    4: 연락처 등록하기   24
    5: 메시지(문자) 주고받기   25
    6: 인터넷 사용하기 Safari   28
    7: 사진 찍기   33
    8: 찍은 사진 보기   35

02 iTunes 설치하기   36

03 앱 스토어 계정 만들기   41

    1: 한국 계정 만들기(무료 이용)   41
    2: 미국 계정 만들기(무료 이용)   49

04 컴퓨터와 아이폰 연결하기   56

    1: 컴퓨터와 아이폰 연결하기   56
    2: 컴퓨터 인증 받기   58

05 앱 스토어에서 어플 다운받기   60

    1: 앱 스토어 계정 로그인하기   60
    2: 아이폰에서 어플 다운받기   62
    3: 어플 실행하기   64
    4: 어플 업데이트하기   65
    5: iTunes에서 어플 다운받기   66
    6: iTunes에서 아이폰과 어플 동기화하기   69

PART·2~PART·5
아이폰제대로쓰기

PART·2
아이폰4의 기본편

01 아이폰4로 할 수 있는 것   72

- 전화   72
- Face Time(영상 통화)   73
- 멀티태스킹   73
- iPod   73
- 폴더   74
- 지도와 나침반   74
- App Store   74
- 메시지(문자)와 메일   75
- Safari   75
- iBooks   75
- 홈 화면   76
- 그 외의 표준 어플들   76

02 아이폰 기본 조작   77

1: 아이폰 각부의 명칭   77
- 전화벨/무음 스위치   78
- 음량 단추   78
- 터치 스크린   78
- 아이폰 잠그기   78
- 아이폰 잠금 해제   78
- 어플 아이콘   78
- [홈] 단추   78
- 헤드셋 잭   78
- 잠자기/깨우기 단추   79

2: 아이폰 조작하기   81
- [홈] 단추   81
- 탭(터치)   81
- 더블 탭(더블 터치)   82

contents

- 드래그(밀기) 82
- 플릭 82
- 색인 목록 83
- 쉐이크 83
- 화면 확대 83
- 화면 축소 84
- 두 손가락 탭 84
- 길게 누르기 84
- 슬라이드 85
- 가로로 보기 85
- 가로로 보기 잠그기 86

3: 키보드 사용하기 87
4: 키보드로 문자 입력하기 88
5: 텍스트 편집하기 89
6: 스펠링 체크하기 92
7: 이모티콘 이용하여 문자 입력하기 93
8: Spotlight에서 텍스트 검색하기 97
9: 음성으로 조절하기 100
10: 스테레오 헤드셋 101

03 무궁무진한 어플 내맘대로 사용하기 102

1: 어플 화면 102
2: 어플 시작하고 종료하기 103
3: 어플의 계층 구조 104

04 아이폰 홈 화면 입맛대로 꾸미기 105

1: 어플 위치 이동하기 106
2: 홈 화면을 원래대로 되돌리기 108
3: 어플 삭제하기 109
4: 홈 화면에 폴더 만들기 110
5: iTunes에서 아이폰의 홈 화면 관리하기 113

05 멀티태스킹으로 어플 사용하기 114

1: 현재 실행중인 어플 변경하기 114
2: 실행중인 어플 종료하기 116

06 무료 무선 랜 사용하기 — 117

1: 와이파이(Wi-Fi) 설정하기 — 118
2: 네스팟 존에서 인터넷 사용하기 — 120

07 사용 환경 설정하기 — 123

1: 사용 언어 변경하기 — 123
2: 화면 밝기 조정하기 — 124
3: 사운드 설정하기 — 125
- 진동 모드 설정하기 — 125
4: 벨소리 변경하기 — 126
5: 손쉬운 사용 기능 이용하기 — 127
- 손쉬운 사용 기능 설정하기 — 127
- VoiceOver의 웹 로터 기능 — 128
- 확대/축소 — 129
- 검정색 바탕에 흰색 — 129
- 큰 텍스트 — 130
6: 배경화면 바꾸기 — 130

08 배터리 절약하기 — 133

09 암호 설정하기 — 136

1: 암호 잠그기 — 136
2: 암호 잠금 해제하기 — 138
3: 어플 사용 제한하기 — 138
4: 차단 해제하기 — 141

10 벨소리 설정하기 — 142

1: 자신만의 벨소리 만들기 — 142
2: audiko에서 벨소리로 변환하기 — 150

contents

P·A·R·T·3
전화와 메시지편

11 전화 사용하기   156

  1: 연락처에서 전화 걸기   156
  2: 최근 통화 목록에서 전화 걸기   157
  3: 음성으로 전화 걸기(아이폰 3GS만 가능)   159
  4: 최근 통화 목록에서 전화 걸기   160
  5: 발신번호 표시 제한으로 전화 걸기   161
  6: 통화하면서 일정이나 어플 실행하기   162
  7: 통화중에 다른 사람에게 전화 걸기   164
  8: 영상 통화 걸기   165
  9: 영상 통화 받기   166

12 메시지(문자) 주고받기   167

  1: 그림이 있는 문자 메시지 보내기   167
  2: SMS/MMS 설정하기   170
  3: 메시지 지우기   171
  4: 개별 메시지 지우기   172

13 연락처 등록하기   173

  1: 새로운 연락처 등록하기   173
  2: 키패드에서 연락처 등록하기   177
  3: 최근 통화 목록에서 연락처 등록하기   177
  4: 연락처 편집하기   179
     • 데이터 추가, 변경하기   179
     • 사진 편집하기   180
     • 연락처 삭제하기   181
     • 데이터 지우기   181
  5: 아웃룩 연락처를 아이폰과 동기화하기   182

P·A·R·T·4
인터넷과 메일편

14 인터넷 사용하기 | Safari　　　　　　　　　　184

1: 새로운 빈 페이지 만들기　　　　　　　　　184
2: 새로운 페이지에서 열기　　　　　　　　　186
3: 웹상의 이미지 저장하기　　　　　　　　　187
4: 키워드로 웹 페이지 검색하기　　　　　　188
5: 책갈피 설정하기　　　　　　　　　　　　189
6: 자주 이용하는 사이트는 홈 화면에
　　　　　　 어플로 만들어 바로 접속하기　191
7: 즐겨찾기 동기화하기　　　　　　　　　　192
　　• 인터넷 익스플로러의 즐겨찾기 동기화하기　192
　　• Safari의 즐겨찾기 동기화하기　　　　　　193

15 메일 수신하여 활용하기　　　　　　　　196

1: 컴퓨터용 메일 수신하기　　　　　　　　　196
2: 메일 읽기　　　　　　　　　　　　　　　199
3: 첨부 파일 열기　　　　　　　　　　　　　200
4: 동영상, PDF 파일 열기　　　　　　　　　201
5: 메시지에 자동으로 만들어지는 링크 확인하기　202
6: 메일 삭제하기　　　　　　　　　　　　　203
7: 답장 보내기　　　　　　　　　　　　　　204
8: 메일 상자 변경하기　　　　　　　　　　　205

contents

16 메일 보내기   206

1: 메일 보내기   206
2: 사진을 찍어 메일로 보내기   208

17 아이폰에서 서명 만들기   210

18 지도 정보를 메일로 보내기   212

1: 자신의 위치 정보를 메일로 보내기   212
2: 지도에서의 위치 정보를 책갈피에 등록하기   214
3: 지도에 낙서하여 메일 보내기   215

19 RSS 리더로 정보 수집하기   217

1: 피드 추가하기   217
2: 피드 삭제하기   220

20 아이폰에서 트위터 사용하기   221

1: 파랑새로 트위터하기   221
2: 댓글 달기   223
3: 다른 사람을 팔로우하기   225
4: 번역하기   227
5: 트윗 내용을 메일로 보내기   228
6: 쪽지 보내기   229

P·A·R·T·5
어플편

21 카메라로 즐기는 나만의 세상   234

    1: 카메라로 사진 찍기   234
    2: 카메라로 찍은 사진 보기/지우기   235
    3: 사진을 배경 화면으로 바로 설정하기   237
    4: 찍은 곳을 기준으로 사진 보기   239

22 컴퓨터에 있는 사진 아이폰에서 보기   240

23 카메라 롤에 있는 사진 컴퓨터에 옮기기   243

24 카메라로 비디오 촬영하기   246

    1: 비디오 촬영하기   246
    2: 동영상 편집하기   248

25 음악 파일 아이폰에 넣기   250

    1: iTunes 보관함에 음악 파일 넣기   250
    2: iTunes에 보관한 음악을 아이폰에 넣기   255

26 iPod에서 음악 듣기   259

    1: 음악 재생하기   259
    2: 음악의 반복 재생과 셔플 설정하기   262
    3: 듣고 싶은 음악만 골라 듣기   263
        • 아티스트별로 듣기   263
        • 장르별로 듣기   264

contents

27 재생목록 내 맘대로 설정하기   265
- 1: 아이폰에서 재생목록 만들기   265
- 2: 재생목록 편집하기   267

28 동영상 파일 아이폰에 넣기   269
- 1: 다음 팟인코더를 이용하여 mp4로 변환하기   269
- 2: 아이폰에 동영상 넣기   273

29 팟캐스트로 즐기는 생활   278
- 1: 팟캐스트 구독하기   278
- 2: 구독한 팟캐스트 아이폰에서 보기   282
- 3: 아이폰에서 팟캐스트 구독하기   283

30 YouTube로 전세계 동영상 보기   285
- 1: YouTube 시작하기   285
- 2: 동영상 즐겨찾기로 등록하기   287
- 3: 등록된 목록 편집하기   288
- 4: 동영상을 YouTube에 올리기   289

31 아이폰 캘린더 사용하기   291
- 1: 캘린더 사용하기   291
- 2: 캘린더 일정 변경하기   294
- 3: 일정 삭제하기   296

32 아웃룩 캘린더와 일정 동기화하기   297

33 아이폰 일정에 음력 표시하기   299

34 Exchange로 아이폰에서 구글과 싱크하기   301

35 언제든 메모가 가능한 메모 어플 — 306

- 1: 메모 작성하기 — 306
- 2: 메일로 메모 보내기 — 307
- 3: 메모 삭제하기 — 308
- 4: 메모를 다른 어플과 연동하기 — 309

36 만능 재주꾼 - 시계 어플 — 310

- 1: 세계 시간 보기 — 310
- 2: 알람 설정하기 — 312
- 3: 스톱워치 — 314
- 4: 타이머 — 314

37 나침반만 있으면 어디든 Ok — 315

38 내가 가는 곳이 길이다 - 지도 어플 — 317

- 1: 목적지 표시하기 — 317
- 2: 현재 위치에서 경로 확인하기 — 319
- 3: 근처의 마트 확인하기 — 320

39 언제 어디서나 파일 내용 보기 — 321

- 1: 무료로 사용하는 웹상의 오피스 툴 — 321
- 2: 내용 수정하기 — 323

40 바코드와 QR 코드 어플 - QROOQROO — 324

- 1: 바코드로 상품 가격 검색하기 — 324
- 2: 자신의 정보를 QR 코드로 만들기 — 326

41 컴퓨터와 아이폰에서 파일 공유하기 — 331

- 1: Dropbox에 가입하고 설치하기 — 331
- 2: 아이폰에서 실행하기 — 333

contents

   3: 컴퓨터에서 사이트 주소 저장하여
        아이폰에서 바로 접속하기   334
   4: 폴더 만들어 관리하기   335

42 iBooks에서 전자책 읽기   338

   1: iBooks 어플 실행하기   338
   2: 책 읽기   340
   3: 책에 표시되는 아이콘   341
   4: 책 버리기   342
   5: TXT 파일을 iBooks에 넣기   342
   6: 만화책을 PDF로 만들기   346
   7: iTunes에 책 넣기   348
   8: PDF 보기   351
   9: 만화책 보기   351

43 쇼내비로 내비게이션 이용하기   352

   1: 쇼내비 설치하기   352
   2: 명칭으로 목적지 검색하기   356
   3: 현재 교통 정보 살펴보기   358

P·A·R·T·6
아폰사귀기

P·A·R·T·6
설정편

01 아이폰을 분실할 경우에 대비하기	360
02 홈 공유하기	362
03 ISO 3.0을 4.0으로 업그레이드하기	368

별책부록목차: 어플 172선
아이폰 어플 선

어플 사용해 보기	6
비즈니스	12
소셜 네트워킹	20
교통	24
엔터테인먼트	32
라이프 스타일	38
유틸리티	48
뉴스와 날씨	56
교육	60

ISO 3.0의 화면

ISO 4.0의 화면

아이폰의 ISO가 4.0이 아닌 경우 업그레이드하려면

368페이지를 참조해 주세요.

아 이 폰 급 한 불 끄 기

P·A·R·T·1
아이폰4
급한불 끄기

01 아이폰 급하게 사용하기

아이폰을 처음 손에 쥐었지만 어떻게 해야 할지 모르는 분들을 위한 공간입니다. 그동안 다른 휴대폰으로 해왔던 일들, 전화를 걸고 받고, 문자를 보내고 받고, 인터넷에 연결하고 사진을 찍는 정도는 30분이면 손에 익힐 수 있습니다. 간단한 기능 정도는 사용할 수 있는 분이라면 이 부분은 건너뛰어도 됩니다.

1: 전화 걸기

01 우선 아이폰 아래쪽에 있는 둥근 단추를 꾸욱 누릅니다. 이것을 [홈] 단추라고 합니다. 이 단추를 누르면 아이폰의 홈 화면이 표시되며 비로소 아이폰을 이용할 수 있습니다.

02 홈 화면에서 왼쪽 아래의 전화기 모양의 [전화] 어플을 탭합니다. 어플은 어플리케이션의 준말로 아이폰 화면에 아이콘 형태로 나타나는 일종의 프로그램입니다. 컴퓨터에서의 응용 프로그램과 같은 것으로, 아이콘을 탭하면 해당 어플이 실행됩니다.

어플 중에는 아이폰에 기본적으로 들어 있는 어플과 다운을 받아야만 사용할 수 있는 어플이 있습니다.

어플 사용하기 ⊙ 이어 보면 좋아요! ➡ 102쪽

03 다음과 같은 화면이 나타납니다. 화면 아래의 [키패드]를 탭하면 비소로 전화번호를 누를 수 있는 화면이 표시됩니다. 키패드를 이용해 상대방 전화번호를 누르고 [통화]를 탭하면 전화가 걸립니다.

화면을 손가락으로 한번 건드리는 것을 '탭한다' 라고 합니다. 어플을 실행하거나 키패드로 문자를 입력하는 등의 작업은 모두 화면을 탭하여 진행합니다.

아이폰 기본 조작 ⊙ 이어 보면 좋아요! ➡ 81쪽
전화 걸고 받기 ⊙ 이어 보면 좋아요! ➡ 156쪽

04 연결이 되면 통화 시간이 표시됩니다. 통화가 끝나면 [통화 종료]를 탭합니다. 상대방이 먼저 끊은 경우에는 따로 탭하지 않아도 됩니다.

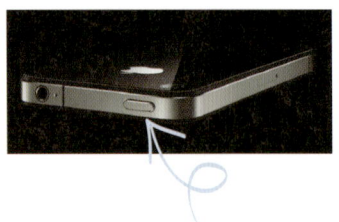

전화를 끊은 다음에는 실수로 다시 전화가 걸리지 않도록 전원 단추를 살짝 눌러 꺼 두는 것이 좋습니다. 화면만 꺼지는 '잠자기 상태'가 됩니다.

2: 전화 받기

01 전화기가 잠자고 있을 때 전화가 오면 다음과 같은 화면이 표시됩니다. [밀어서 통화하기]의 화살표를 오른쪽으로 밀면 통화가 시작됩니다.

02 만일 잠자기 상태가 아니었다면 다음과 같은 화면이 표시됩니다. [응답]을 탭하면 통화가 시작됩니다. 전화를 받고 싶지 않으면 [거절]을 탭하면 됩니다.

[거절]을 탭하면 부재중 전화 목록으로 표시됩니다.

3: 통화중에 다른 전화 받기

이미 통화중이더라도 걸려오는 전화를 받을 수 있습니다. 먼저 통화중이던 사람은 살짝 대기시켜 놓고 나중에 전화 걸려온 사람과 통화하다가 다시 현재 통화중이던 사람을 대기시켜 놓고 원래 상대방과 통화를 할 수 있는 기능입니다.

01 통화중에 전화가 걸려오면 다음과 같은 화면이 표시됩니다. [무시]를 탭하면 전화를 받지 않고 원래 통화를 계속 할 수 있으며, [통화 대기+응답]을 탭하면 새로운 전화를 받습니다.

02 화면이 다음과 같이 변경됩니다. [바꾸기]를 탭하면 상대방을 바꿔가며 통화가 가능합니다.

현재 두 사람과 통화중인 화면입니다. [대기]로 표시되는 사람은 통화가 잠시 중지됩니다.

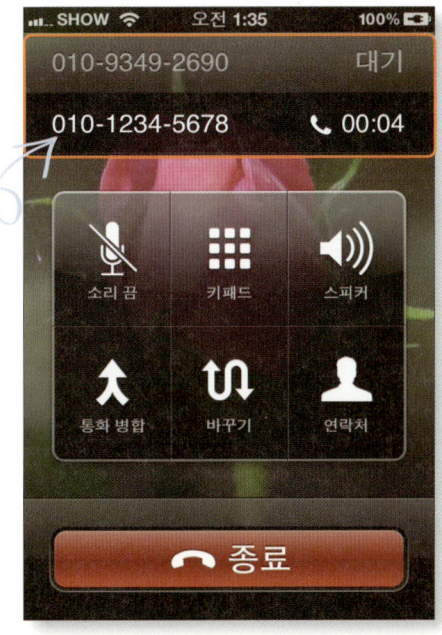

4: 연락처 등록하기

새로운 사람의 연락처를 등록하는 방법에 대해 알아봅니다.

01 홈 화면에서 [전화]를 탭하여 실행한 다음 [연락처]를 탭하면 다음과 같은 화면이 표시됩니다. 현재 아무 연락처도 등록되어 있지 않은 상태입니다. 새로운 연락처를 등록하기 위해 ➕를 탭합니다.

02 [이름] 난을 탭하여 키보드가 표시되면 이름을 입력하고, [휴대전화] 란을 탭하여 키패드가 표시되면 전화번호를 입력한 다음 [완료] 단추를 탭합니다. 새로운 연락처가 등록됩니다.

5: 메시지(문자) 주고받기

핸드폰으로 통화 외에 가장 많이 이용하는 것이 메시지 주고받기일 것입니다. 아이폰에서는 메시지를 주고받을 때 홈 화면에 있는 [메시지] 어플을 이용합니다. 문자만 오고가는 간단한 메시지는 물론 사진이나 비디오, 자신이 있는 위치 정보 등 다양한 정보를 주고받을 수 있습니다.

01 홈 화면에서 [메시지] 어플을 탭하여 실행합니다.

02 메시지 화면이 표시됩니다. 지금까지 받았던 메시지 목록이 표시됩니다. 메시지를 읽으려면 해당 메시지를 탭하면 됩니다. 새로운 메시지를 보내려면 화면 오른쪽 위에 있는 을 탭합니다.

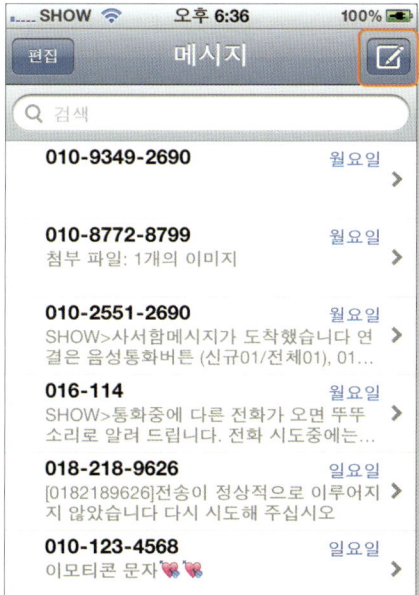

아이폰 급한 불 끄기

03 [새로운 메시지] 화면이 표시되면 [받는 사람]에 전화 번호를 입력합니다. ⊕를 탭하여 연락처 목록이 표시되면 메시지를 보낼 상대방을 선택해도 됩니다.

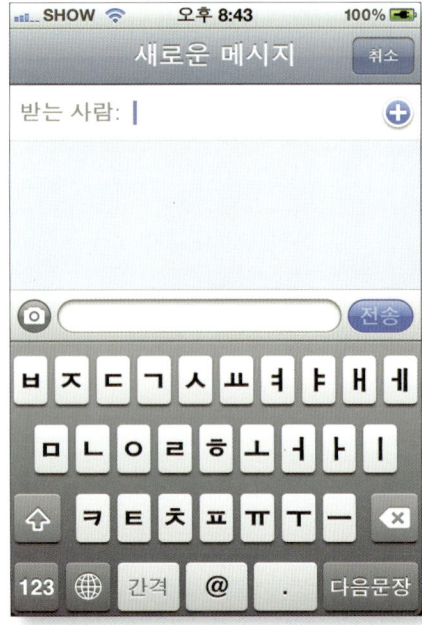

04 키패드를 이용하여 메시지 내용을 입력하고 전송 을 탭합니다.

05 다음은 상대방과 주고받은 메시지의 내용이 표시된 화면입니다. 왼쪽은 상대방이 보낸 메시지, 오른쪽의 녹색 메시지는 자신이 보낸 내용입니다.

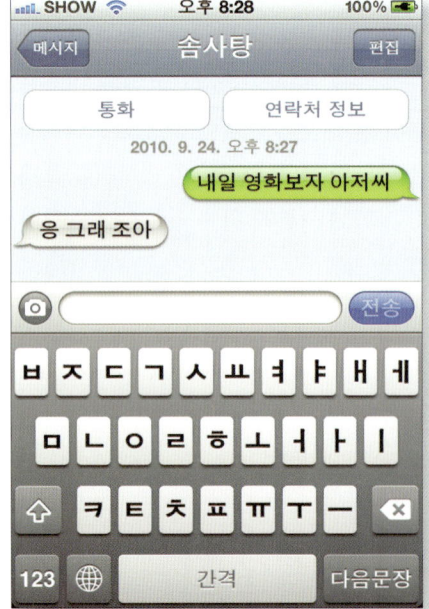

06 화면이 꺼져 있을 때 새로운 메시지가 오면 화면이 켜지며 메시지 내용이 보입니다. 그대로 확인하면 됩니다.

새로운 메시지가 오면 [메시지] 어플에 숫자가 표시됩니다. 이 숫자가 있으면 읽지 않은 메시지가 있다는 뜻입니다.

07 아이폰으로 다른 작업을 하던 중에 메시지가 오면 화면과 같이 메시지 내용과 함께 [닫기], [답장] 단추가 나타납니다. [닫기] 단추를 탭하면 작업하던 화면이 다시 표시되고, [답장]을 탭하면 답장을 쓸 수 있는 있는 화면으로 넘어갑니다.

6: 인터넷 사용하기 Safari

아이폰 4에서는 전화와 메시지뿐만 아니라 인터넷을 이용하여 웹 페이지를 보거나 검색할 수 있습니다. 아이폰 4를 사용하고 있는 곳이 Wi-Fi가 되는 곳이면 무료로 이용할 수 있고, Wi-Fi가 되지 않으면 유료인 3G로 이용 가능합니다. 인터넷은 아이폰에 기본으로 설치되어 있는 [Safari] 어플을 이용하여 접속합니다.

01 홈 화면에서 [Safari] 어플을 탭하여 실행합니다.

인터넷의 자세한 기능 ⊙ 이어 보면 좋아요! ➡ 182쪽

02 Safari가 실행되면서 웹 페이지가 열립니다. 첫 페이지는 이전에 접속했던 화면이 그대로 표시됩니다. 먼저 📖(책갈피) 아이콘을 탭해 봅니다.

03 [책갈피] 화면이 표시되면 원하는 사이트를 탭합니다. 책갈피는 컴퓨터에서 인터넷 익스플로러를 사용할 때의 즐겨찾기와 같은 기능입니다. 몇몇 사이트는 아이폰에 미리 설정되어 있으며, 추가할 수 있습니다. 기본으로 들어 있는 [Naver]를 탭해 보겠습니다.

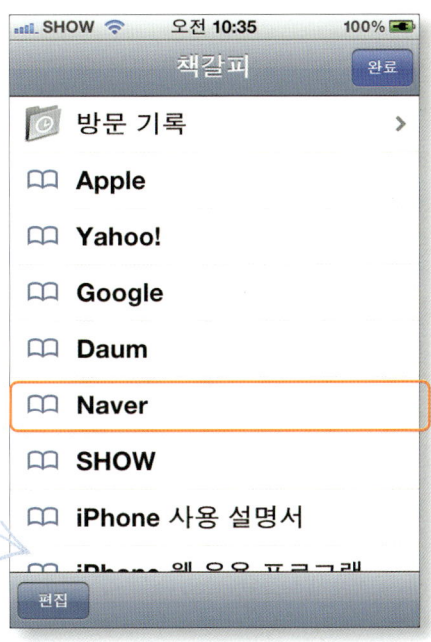

화면 아래쪽을 보고 싶으면 손가락으로 화면을 아래에서 위로 밀면 됩니다.

화면 조작 방법 ⊙ 이어 보면 좋아요! ▶ 82쪽

04 네이버 화면이 열렸습니다. 모바일로 보기 편하도록 간략하게 만들어진 페이지입니다.

05 화면을 아래로 스크롤하여 [PC버전]을 탭해 봅니다.

06 화면이 컴퓨터에서 보던 사이트와 같은 형태로 표시됩니다.

07 화면을 더블 탭하거나 스크린에 두 손가락을 대고 벌리면 확대됩니다. 다시 두 손가락을 대고 오므리면 축소됩니다.

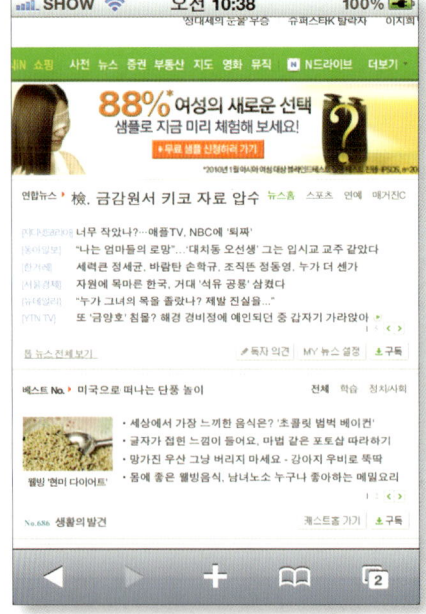 

화면 조작 방법 이어 보면 좋아요! ➡ 83쪽

08 글자가 작거나 광고 때문에 읽기가 불편하다면 필요한 문단만 화면에 보이게 할 수 있습니다. 원하는 내용을 더블 탭하면 한 단을 기준으로 확대되어 표시됩니다.

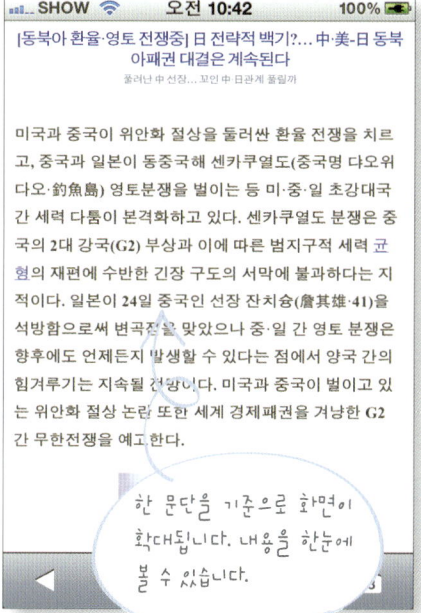

한 문단을 기준으로 화면이 확대됩니다. 내용을 한눈에 볼 수 있습니다.

09 바로 전의 사이트로 이동하려면 ◀를 탭하고, 다시 원래 사이트로 이동하려면 ▶를 탭하면 됩니다.

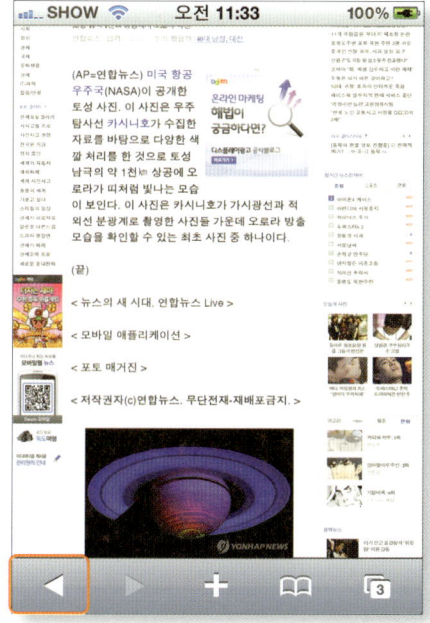
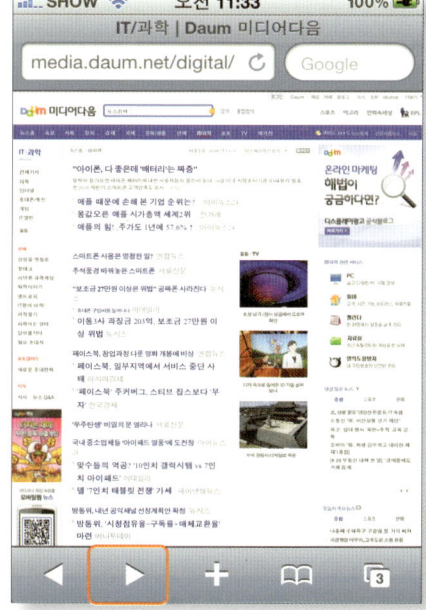

아 이 폰 급 한 불 끄 기

10 주소줄을 탭하면 주소를 입력할 수 있도록 키패드가 표시됩니다. ⊗를 눌러 입력되어 있는 내용을 먼저 지웁니다.

11 주소를 입력하기 시작하면 아래쪽에 해당 주소와 일치하는 목록들이 죽 표시됩니다. 이중 원하는 사이트가 있으면 탭하여 접속합니다.

사이트의 주소를 알고 있어도
모두 입력하지 말고
자동으로 표시되는 주소를
이용하면 편리합니다.

7: 사진 찍기

아이폰만 있으면 카메라가 없어도 사진을 찍거나 동영상을 촬영하는 등의 작업을 언제 어디서나 할 수 있습니다. 더구나 아이폰 4에는 HDR 기능이 있어 보다 근사한 사진을 찍을 수 있습니다. 먼저 사진을 찍는 방법에 대해 알아봅니다.

01 홈 화면에서 [카메라] 어플을 탭합니다.

찍은 사진은 홈 화면에서 [사진] 어플을 탭하여 확인할 수 있습니다.

카메라의 자세한 기능 ⊙ 이어 보면 좋아요! ➡ 232쪽

02 카메라가 실행된 화면입니다.

아이폰 급한 불끄기

03 화면에 보이는 파란색 사각형이 밝기를 지정하는 상자입니다. 밝은 곳을 탭하면 탭한 곳에 사각형이 표시됩니다. 사진의 구도나 밝기가 마음에 들면 카메라 아이콘을 탭하여 사진을 촬영합니다.

사진을 찍은 다음 사진을 보려면 이 썸네일 아이콘을 탭합니다.

04 썸네일 아이콘을 탭하면 다음과 같이 카메라 롤로 바로 이동됩니다. 홈 화면에서 [사진] 어플을 탭해도 같은 화면이 열립니다.

05 지금까지 찍은 사진을 모두 확인할 수 있습니다. 화면 아래에 있는 ▶를 탭하면 사진이 슬라이드되어 계속 사진을 감상할 수 있습니다.

8: 찍은 사진 보기

앞에서 해본 것처럼 사진을 찍은 다음 바로 확인할 수도 있지만, 홈 화면에서 [사진] 어플을 탭하여 실행해도 지금까지 찍은 사진들을 볼 수 있습니다.

01 홈 화면에서 [사진] 어플을 탭합니다.

02 [카메라 롤] 화면이 표시됩니다. 보고 싶은 사진을 탭하면 사진이 크게 보입니다. 아래쪽의 화살표 아이콘을 탭하거나 화면을 밀어 사진을 계속 감상할 수 있습니다.

02  iTunes 설치하기

iTunes는 아이폰에 데이터를 넣기 위해 필요한 프로그램입니다. 아이폰을 최대한 신나고 유용하게 사용하기 위해서는 여러 가지 데이터를 다운받아 아이폰에 옮긴 다음 사용해야 하는데, 이때 꼭 필요한 것이 바로 iTunes 프로그램입니다. iTunes 프로그램은 애플 사이트에서 다운받아 설치하고 사용하면 됩니다.

01 애플 사이트에 접속한 다음 [iTunes 다운로드] 단추를 클릭합니다.

애플 사이트 주소
http://www.apple.com/kr/itunes/

02 [지금 다운로드] 단추를 클릭합니다.

03 [파일 다운로드] 대화상자가 나타나면 [실행] 단추를 클릭합니다.

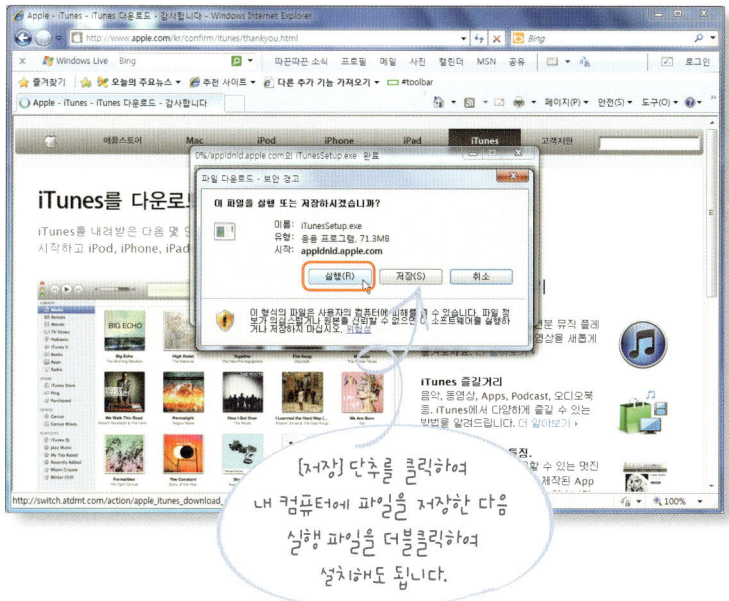

[저장] 단추를 클릭하여 내 컴퓨터에 파일을 저장한 다음 실행 파일을 더블클릭하여 설치해도 됩니다.

04 파일을 실행하기 위해 다운로드가 되는 동안 잠시 기다립니다.

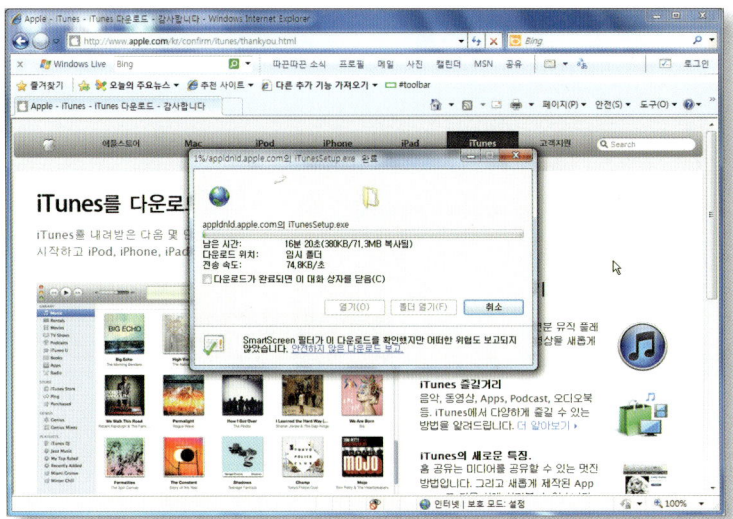

05 다음과 같은 대화상자가 나타나면 [실행] 단추를 클릭합니다.

06 설치 화면이 나타나면 [다음] 단추를 클릭합니다.

07 [사용권 계약] 대화상자가 나타나면 [사용권 계약의 내용에 동의합니다.] 항목을 선택하고 [다음] 단추를 클릭합니다.

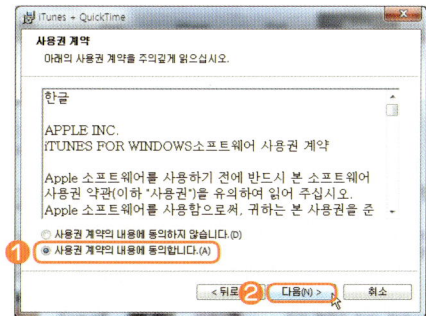

08 [설치 옵션] 화면이 나타나면 기본 언어를 [한국어]로 선택하고 [설치] 단추를 클릭합니다.

09 iTunes 프로그램 설치가 진행됩니다.

10 다음과 같은 화면이 나타나면 설치가 완료된 것입니다. [완료] 단추를 클릭합니다.

11 iTunes가 실행된 화면입니다. 이제 iTunes를 통해 각종 어플을 다운받고, 아이폰과 동기화하며, 멀티미디어 파일을 즐길 수 있습니다. 다음부터는 [시작]-[모든 프로그램]-[iTunes]-[iTunes]를 실행하여 프로그램을 실행하면 됩니다.

03 앱 스토어 계정 만들기

앱 스토어에서 어플을 다운받으려면 계정이 필요합니다. 계정은 나라별로 만들 수 있는데, 보통 한국 계정과 미국 계정을 만들어 사용하면 됩니다. 미국 계정을 만드는 이유는 방대한 콘텐츠를 가지고 있는 미국의 어플들을 사용하기 위해서입니다. 미국 어플은 한국 계정으로 구입할 수 없다는 점 알아두세요. 한국에서만 판매하는 어플은 한국 계정을 이용합니다. 여기서는 한국 계정과 미국 계정을 만드는 방법에 대해 알아봅니다.

1: 한국 계정 만들기(무료 이용)

어플을 다운받기 위해서는 앱 스토어에 접속하여 계정을 만들어야만 합니다. 먼저 한국 계정을 만들어 보겠습니다.

01 iTunes를 실행한 다음 왼쪽 탭에서 [iTunes Store]를 선택합니다.

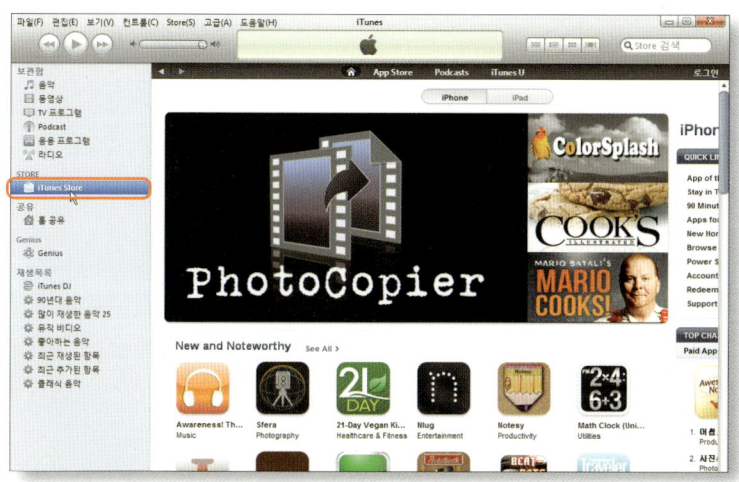

02 화면을 아래쪽으로 스크롤하면 국기가 보일 것입니다. 한국 앱 스토어라면 이곳에 태극기가 표시됩니다.

03 화면 위쪽의 오른쪽에 있는 [로그인] 단추를 클릭하면 다음과 같은 대화상자가 표시됩니다. 현재는 계정이 없으므로 새로 만들어야 합니다. [새로운 계정 생성] 단추를 클릭합니다.

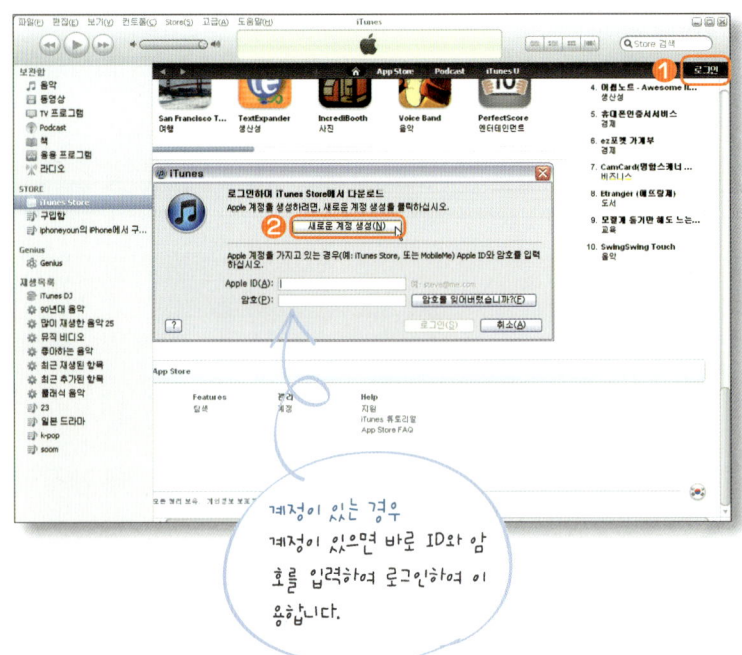

계정이 있는 경우
계정이 있으면 바로 ID와 암호를 입력하여 로그인하여 이용합니다.

04 다음과 같은 화면이 나타나면 [계속] 단추를 클릭합니다.

05 [iTunes Store 사용 약관] 창이 나타나면 [Apple의 개인정보보호정액을 읽고 동의합니다.] 항목을 선택하여 체크하고 [계속] 단추를 클릭합니다. 이 항목을 체크하지 않으면 계정을 만들 수 없습니다.

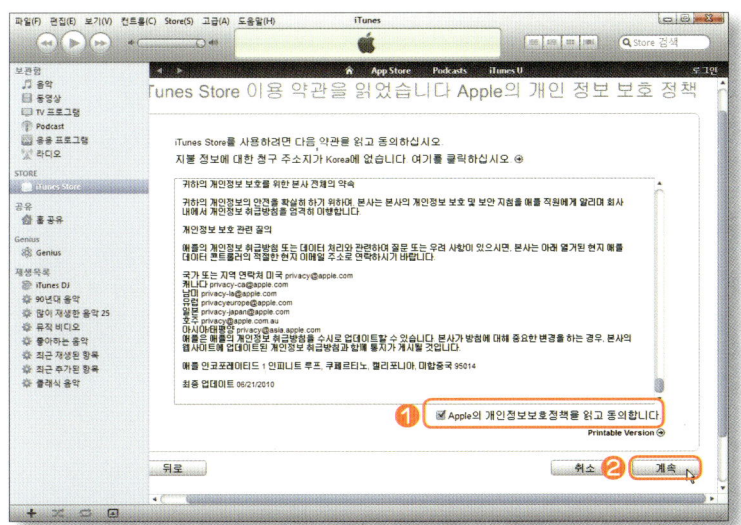

06 [iTunes Store 계정(Apple ID) 만들기] 창이 표시됩니다. 이메일 주소와 비밀 번호를 입력합니다. 나머지 칸들은 ID와 비밀번호를 잃어버렸을 경우 확인하기 위한 것이므로 기억하기 쉽게 입력하고 [계속] 단추를 클릭합니다.

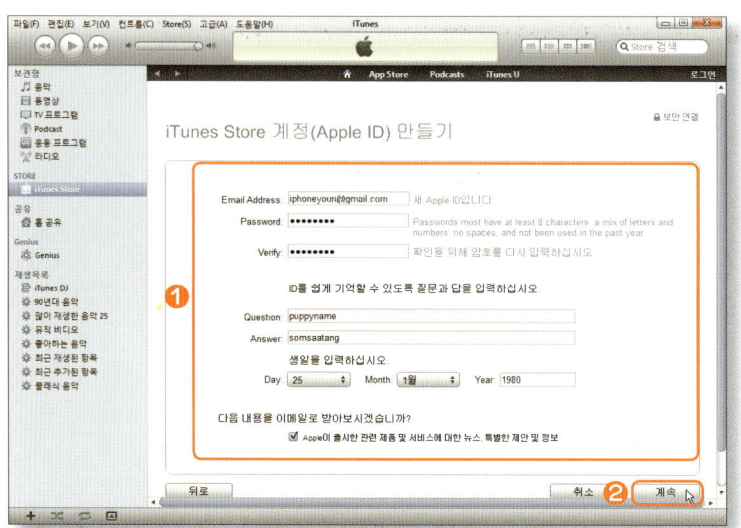

- Email Address : 계정으로 사용할 아이디를 메일 주소로 입력합니다.
- Password : 6자리 이상의 숫자와 영문으로 입력합니다.
- Verify : Password에 입력한 암호를 다시 한 번 정확하게 입력합니다.
- Question : ID를 쉽게 기억할 수 있도록 하기 위한 질문입니다. 기억하기 쉬운 것으로 입력합니다.
- Answer : 해당 질문에 대한 답을 입력합니다
- Day : 암호를 잊어버린 경우 필요한 것입니다. 생일을 입력합니다.

유료로 한국 계정 만들기

유료 어플을 다운받으려면 유료 계정을 만들면 됩니다. 유료로 한국 계정을 만드는 방법은 따로 설명하지 않았지만 신용 카드의 정보만 입력하면 되므로 크게 다르지 않습니다. 유료 계정을 만들 때 1달러를 계산하는 과정이 있는데 이것은 실제로 지불할 수 있는지 알아보기 위한 단계로 실제로 지불되지는 않으니 당황하지 마세요.

계정 만들 때 주의할 점

만약 iTunes 계정을 이미 만들었다면 같은 메일 주소로는 만들 수 없습니다. 즉 한국 계정과 미국 계정의 메일 주소는 각각 달라야 합니다.

07 지불 방법을 선택하는 화면이 나타납니다. 우리는 무료 계정을 만들 것이므로 [None] 항목을 클릭합니다. 이어 자신의 주소를 정확하게 입력하고 [계속] 단추를 클릭합니다.

유료 계정을 만들려면 사용할 신용 카드를 선택합니다.

- 호칭 : 성별에 따른 호칭을 선택합니다.
- Surname : 성을 영문으로 입력합니다.
- 이름 : 이름을 영문으로 입력합니다.
- City/District/Ward : 지역을 입력합니다.

- Province/Metro City : 자신이 살고 있는 도나 시를 입력합니다. 선택하여 입력하면 됩니다.
- 주소 : 주소를 영문으로 입력합니다.
- 전화 : 전화번호를 입력합니다.

08 [Verify Your Account] 창이 나타나면 계정이 만들어진 것입니다. [완료] 단추를 클릭합니다. 하지만 아직 계정 작업이 모두 끝난 것은 아닙니다.

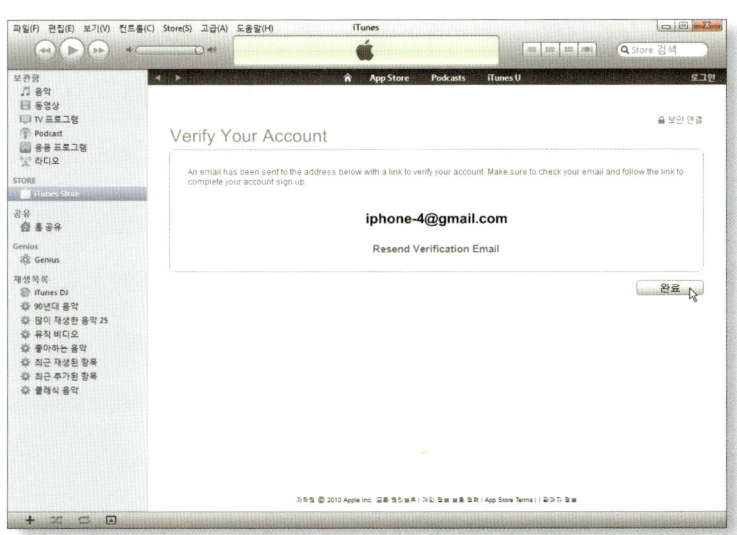

아이폰 급한 불 끄기

09 앞에서 입력한 메일 계정에 접속하면 다음과 같은 내용의 메일이 도착했을 것입니다. 아래 부분을 클릭하여 링크한 곳으로 이동합니다. 이 과정을 거치지 않으면 계정이 만들어지지 않습니다.

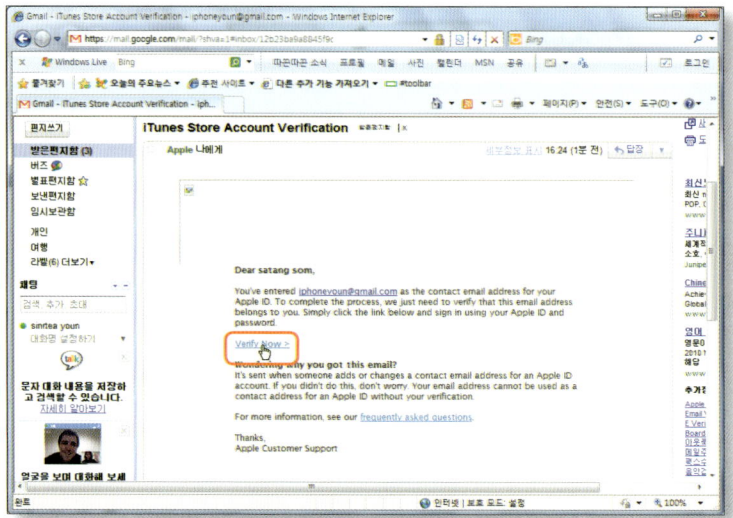

10 [내 Apple ID] 창이 나타나면 아이디와 비밀번호를 입력하고 [주소 확인] 단추를 클릭합니다.

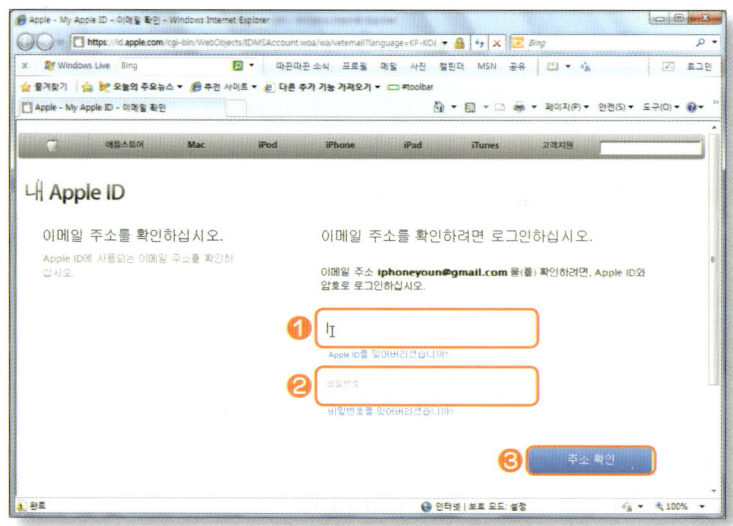

11 이메일 주소가 확인되었다는 메시지가 표시되면 [돌아가기 iTunes] 단추를 클릭합니다.

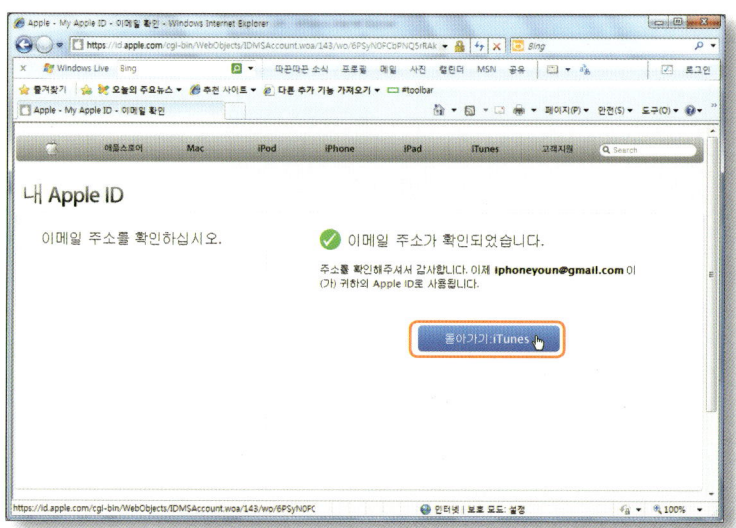

12 윈도우 7을 사용하는 경우 [허용] 대화상자가 나타나면 [허용] 단추를 클릭합니다. 이제 다음과 같이 iTunes가 실행됩니다.

13 iTunes Store에 접속해보겠습니다. [Store]-[로그인] 메뉴를 클릭합니다. 또는 오른쪽 위의 [로그인] 단추를 클릭해도 됩니다.

14 다음과 같은 대화상자가 나타나면 앞에서 만든 아이디와 비밀번호를 입력하고 [로그인] 단추를 클릭하여 로그인합니다.

2: 미국 계정 만들기(무료 이용)

한국 계정 만들기에 이어 이번에는 미국 계정을 만드는 방법에 대해 알아봅니다. 한국 계정을 만들 때 사용했던 이메일 주소는 사용할 수 없으니 이메일 주소를 하나 더 만든 다음 진행합니다. 미국 계정을 따로 만드는 이유는 한국 계정으로는 받을 수 없는 어플들이 있기 때문입니다.

01 iTunes를 실행하고 iTunes store에 접속한 다음 화면을 아래쪽으로 스크롤하면 오른쪽 아래에 태극기 아이콘이 보일 것입니다. 이 아이콘을 클릭합니다. 나라를 선택하는 과정입니다.

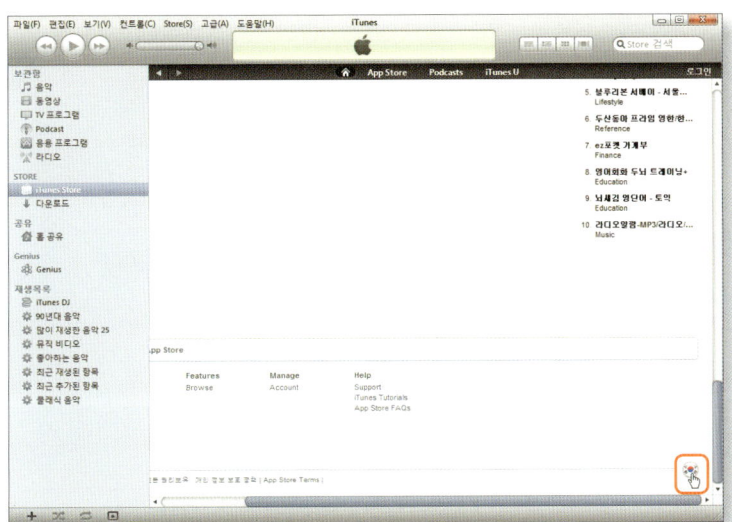

02 각 나라 국기 모양의 아이콘이 보이면 미국 아이콘을 클릭합니다.

아이폰 급한 불 끄기

03 화면이 바뀌면 [App Store]를 클릭합니다. 화면을 아래쪽으로 스크롤한 다음 오른쪽 [Free Apps]에서 무료로 사용할 수 있는 어플을 하나 선택하고 [Free] 단추를 클릭합니다.

[로그인] 단추를 눌러 가입해도 됩니다.

04 다음과 같은 화면이 나타나면 다시 [Free App] 단추를 클릭합니다.

어플 설명 보기
어플의 전체적인 내용을 살펴볼 수 있습니다. 내용을 보고 다운로드 하면 됩니다.

05 로그인 화면이 나타나면 [새로운 계정 생성] 단추를 클릭합니다.

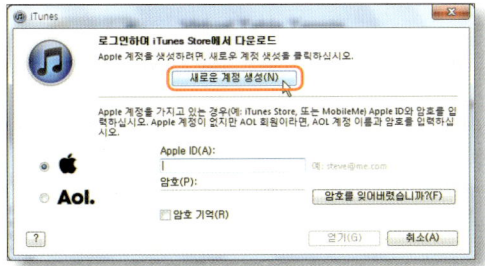

06 다음과 같은 화면이 나타나면 [Continue] 단추를 클릭합니다.

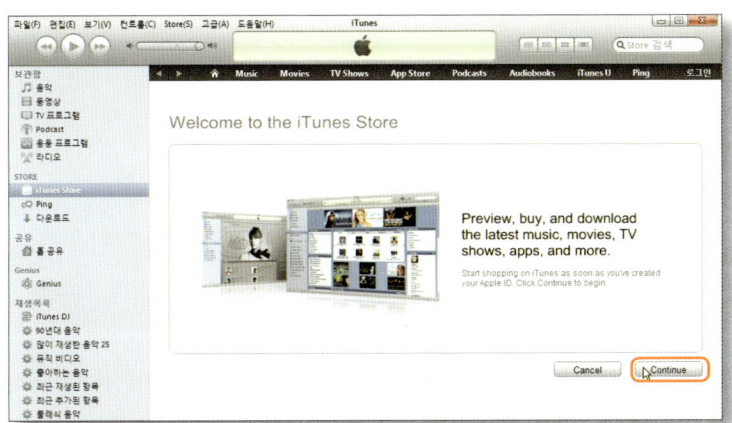

07 사용 약관 화면이 나타나면 [I have read and agree to the iTunes Terms and Conditions] 항목을 클릭하여 체크하고 [Continue] 단추를 클릭합니다.

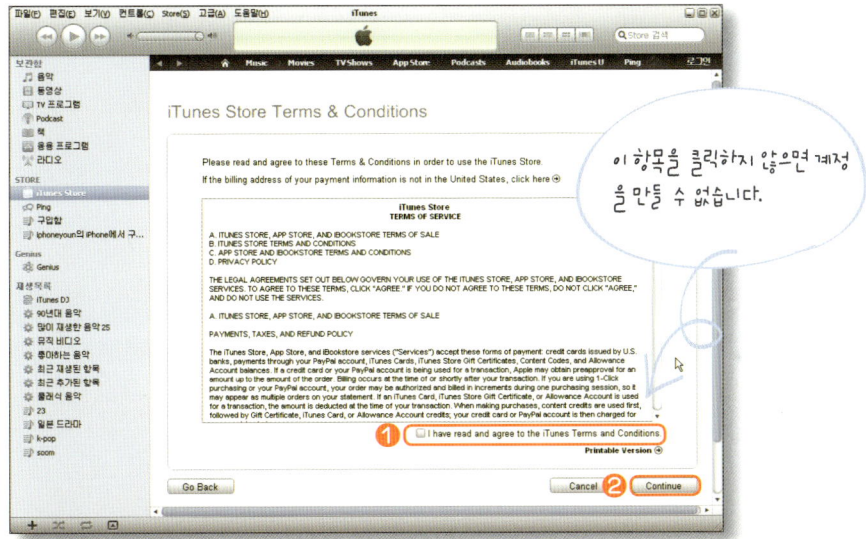

이 항목을 클릭하지 않으면 계정을 만들 수 없습니다.

아이폰 급한 불 끄기

08 아이디로 사용할 메일 주소와 암호를 입력하고 나머지 내용도 모두 채운 다음 [Continue] 단추를 클릭합니다.

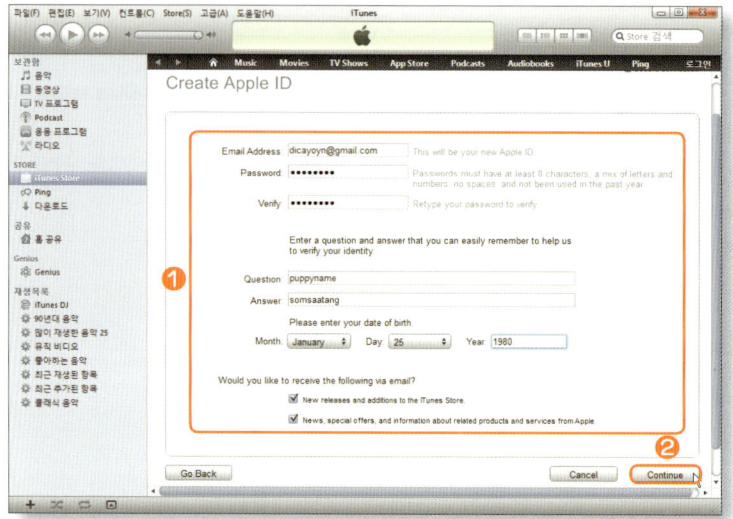

- **Email Address** : 계정으로 사용할 이메일 주소를 입력합니다. 한국 계정 만들 때 입력한 메일 주소를 제외한 다른 주소를 입력합니다.
- **Password** : 8자리 이상의 숫자와 영문으로 입력합니다. 대문자와 소문자를 섞어 사용해야 하며, 같은 문자를 3회 연속 입력하거나 공백을 포함할 수 없습니다. ID나 사용하던 비밀번호도 입력하지 않도록 합니다.
- **Verify** : Password에 입력한 암호를 다시 한 번 정확하게 입력합니다.
- **Question** : ID를 쉽게 기억할 수 있도록 하기 위한 질문입니다. 기억하기 쉬운 것으로 입력합니다.
- **Answer** : 해당 질문에 대한 답을 입력합니다
- **Day** : 암호를 잊어버린 경우 필요한 것입니다. 생일을 입력합니다.

09 무료로 미국 계정을 만들 것이므로 [None]을 선택한 다음 사용자의 주소와 전화번호를 모두 입력하고 [Continue] 단추를 클릭합니다.

- Code : 리딤 코드를 입력하는 부분이지만 여기서는 입력하지 않아도 됩니다.
- Salutation : 성별에 따른 자신의 호칭을 선택합니다.
- First Mame : 성을 입력합니다.
- Last Name : 이름을 입력합니다.
- Address : 주소를 입력합니다. 주소를 정확하게 입력하지 않으면 계정을 만들 수 없습니다. 예제에서는 애플 본사 주소를 입력했습니다.
- City : 도시명을 입력합니다.
- State : 주명을 선택합니다.
- Zip Code : 우편번호를 입력합니다. 정확하게 입력해야 합니다.
- Phone : 전화번호를 입력합니다. 이것도 확인하므로 정확하게 입력해야 합니다. 이 예제에서는 애플 본사 전화번호를 입력했습니다.

10 앞에서 입력한 메일 주소로 인증 메일을 발송했다는 화면이 나타납니다. [Done] 단추를 클릭합니다.

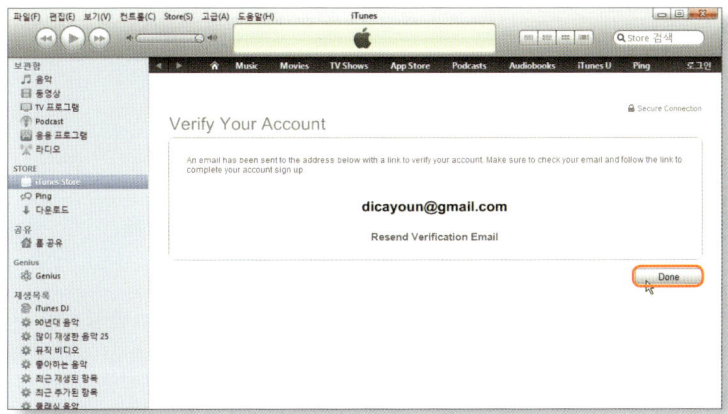

11 이제 메일을 열면 인증 메일이 도착했을 것입니다. 다음과 같이 링크 부분을 클릭합니다. 이 과정을 거치지 않으면 계정이 만들어지지 않습니다. 한국 계정을 만들 때와 같습니다.

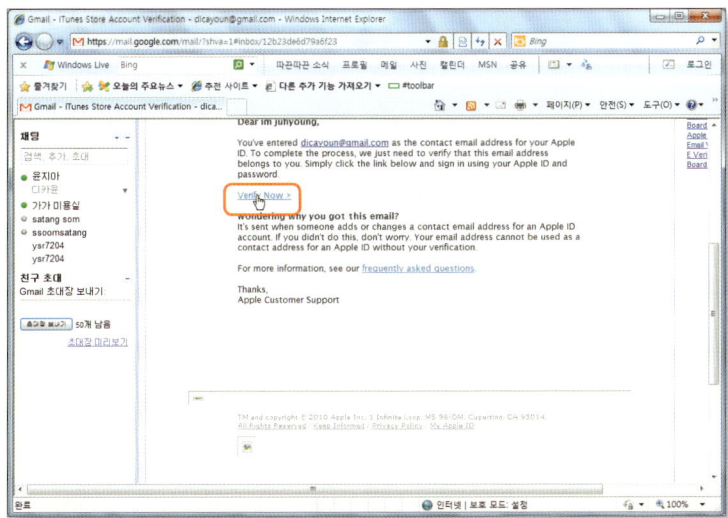

12 [My Apple ID] 창이 나타나면 아이디와 비밀번호를 입력하고 [Verify Address] 단추를 클릭합니다.

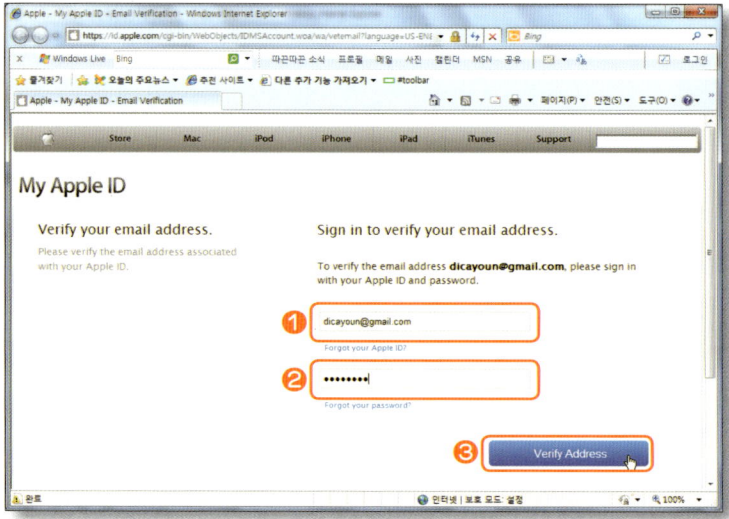

13 이메일 주소가 확인되었다는 화면이 나타나면 [Return to iTunes] 단추를 클릭합니다.

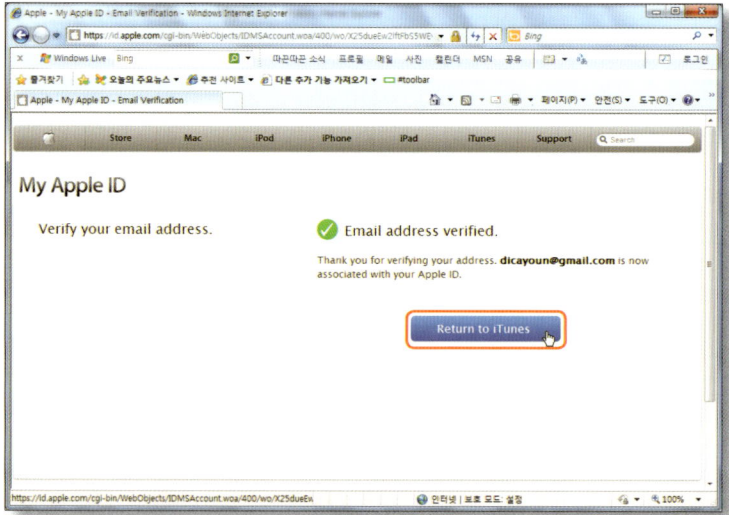

14 운영체제가 윈도우 7인 경우에는 다음과 같이 보안 창이 나타납니다. [허용] 단추를 클릭합니다.

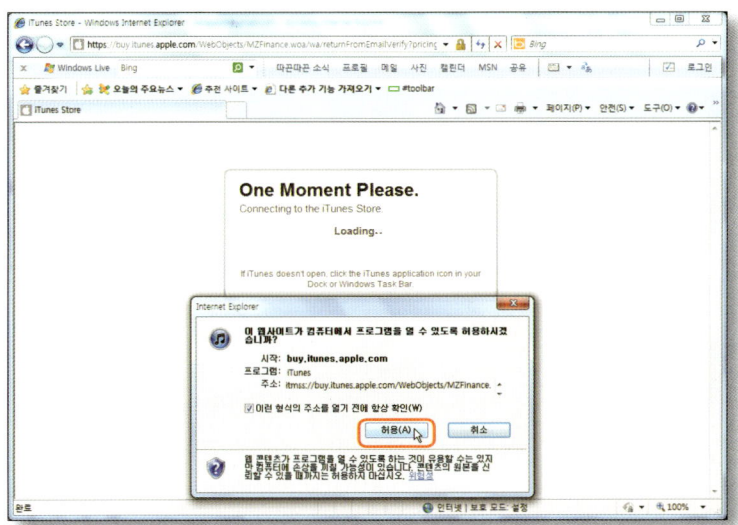

15 드디어 미국 무료 계정을 만들었습니다. [Done] 단추를 클릭합니다. 이제 마음껏 앱 스토어에서 수많은 어플을 다운로드할 수 있습니다.

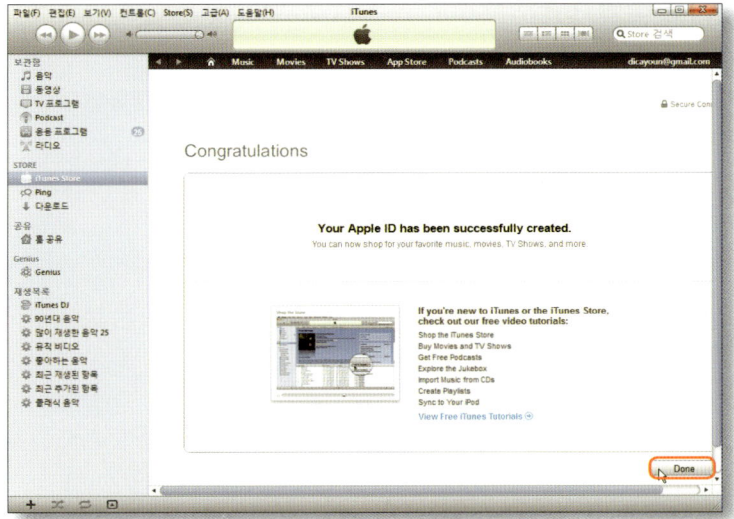

04 컴퓨터와 아이폰 연결하기

컴퓨터에 있는 음악 파일이나 동영상, 각종 어플을 아이폰에 넣으려면 컴퓨터와 아이폰을 먼저 연결해야 합니다. 그리고 컴퓨터의 인증을 받아야 합니다. 집과 회사 등에서 여러 대의 컴퓨터를 사용한다면 각각 인증을 받도록 합니다. 아이폰은 최대 5대의 컴퓨터에 연결하여 사용할 수 있습니다. 어떻게 연결하고 인증 받는지 알아봅니다.

1: 컴퓨터와 아이폰 연결하기

01 아이폰과 컴퓨터를 USB 연결선으로 처음 연결한 다음 iTunes를 실행하면 다음과 같은 화면이 나타납니다. [계속] 단추를 클릭합니다.

USB 연결선은 아이폰을 살 때 상자 안에 함께 들어 있습니다.

02 [iPhone 소프트웨어 사용권 계약] 화면이 나타나면 [iPhone 소프트웨어 사용권 계약을 읽고 동의합니다.] 항목을 클릭하고 [계속] 단추를 클릭합니다.

03 [iTunes 계정(Apple ID)] 창이 나타나면 ID와 암호를 입력하고 [계속] 단추를 클릭합니다.

➕ 동기화

컴퓨터 iTunes 프로그램에 등록해 둔 음악 파일이나 사진, 동영상, 어플 등의 데이터와 아이폰의 데이터를 동일하게 만드는 기능이 동기화입니다. iTunes와 아이폰을 동기화하면 iTunes의 보관함에 있는 데이터와 아이폰의 데이터가 같아집니다. 만일 iTunes의 보관함에는 없고 아이폰에만 넣어둔 데이터가 있을 경우, 뜻하지 않게 아이폰에 있는 중요한 파일을 잃어버릴 수 있으니 주의합니다.

아이폰 급한 불 끄기

04 [iPhone 등록] 창이 나타나면 다음과 같이 각 내용을 입력하고 [제출] 단추를 클릭합니다.

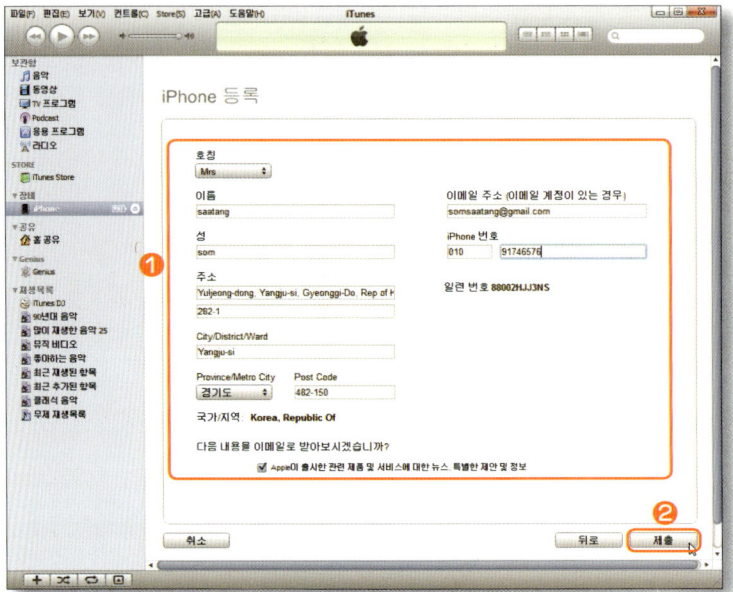

2: 컴퓨터 인증 받기

01 USB 연결선으로 아이폰과 컴퓨터가 연결되어 있는 상태에서 iTunes 프로그램에서 [Store]-[이 컴퓨터 인증] 메뉴를 선택합니다.

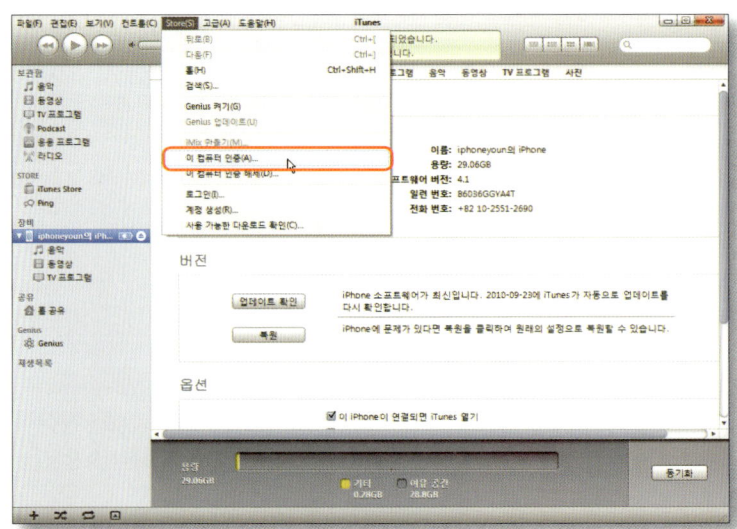

02 [이 컴퓨터 인증] 대화상자가 나타납니다. ID와 암호를 입력하고 [인증] 단추를 클릭합니다. 여기서 입력하는 ID와 암호는 앞에서 만든 계정을 말하는 것입니다.

03 하나의 컴퓨터에 인증이 되었다는 메시지가 나타납니다. [OK] 단추를 클릭합니다. 컴퓨터 인증은 총 5개의 컴퓨터에 할 수 있습니다.

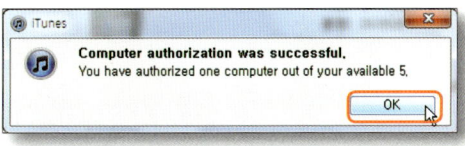

04 iTunes 소프트웨어에 장치가 연결된 것을 확인할 수 있습니다. 이제 아이폰과 컴퓨터의 데이터를 동기화할 준비가 되었습니다.

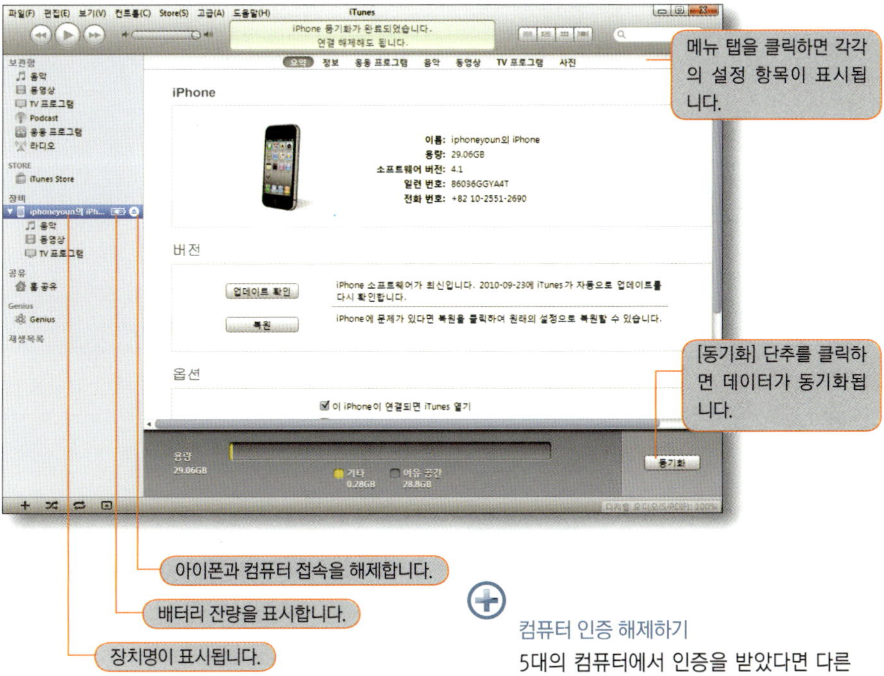

- 메뉴 탭을 클릭하면 각각의 설정 항목이 표시됩니다.
- [동기화] 단추를 클릭하면 데이터가 동기화됩니다.
- 아이폰과 컴퓨터 접속을 해제합니다.
- 배터리 잔량을 표시합니다.
- 장치명이 표시됩니다.

➕ **컴퓨터 인증 해제하기**

5대의 컴퓨터에서 인증을 받았다면 다른 컴퓨터에서는 인증을 받을 수 없습니다. 따라서 추가로 다른 컴퓨터에서 인증을 받기 위해서는 컴퓨터 한 대의 인증을 해제해야 합니다. 인증을 해제하려면 iTunes 프로그램에서 [Store]-[이 컴퓨터 인증 해제] 메뉴를 선택합니다.

05 앱 스토어에서 어플 다운받기

아이폰에서는 여러 가지 어플을 앱 스토어에서 다운받아 사용할 수 있습니다. 어플에는 무료와 유료가 있으며, 어플을 다운받기 위해서는 계정이 있어야 하므로 등록하고 사용해야만 합니다. 앞에서 계정을 만드는 방법을 배웠으므로 아직 계정이 없다면 41페이지를 참고하여 만들어 주세요.

1 : 앱 스토어 계정 로그인하기

01 홈 화면에서 [설정] 어플을 탭하여 실행한 다음 [설정] 화면이 표시되면 [Store]를 탭합니다.

02 [계정 보기]를 탭합니다.

앞의 iTunes에서 만든 계정입니다.

계정 만들기 ⊙ **기억 나세요?** ← 41쪽

03 다음과 같은 화면이 표시되면 [Continue]를 탭합니다.

04 암호를 입력하고 [승인]을 탭합니다. 암호를 정확하게 입력하지 않으면 어플을 다운받을 수 없습니다.

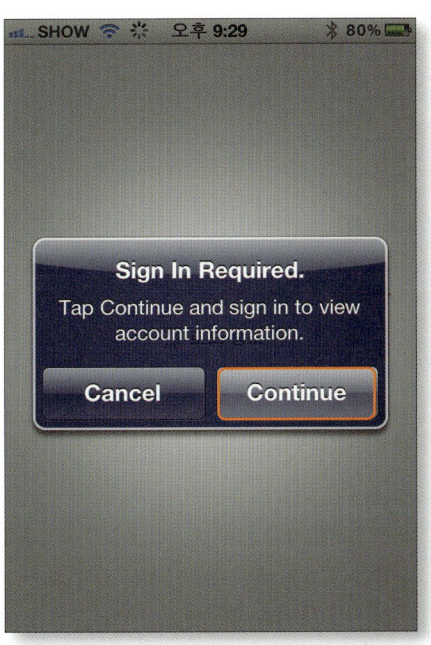

05 계정이 확인되었으면 [완료]를 탭 합니다.

06 드디어 아이폰에서 앱 스토어에 연결되었습니다.

2: 아이폰에서 어플 다운받기

01 다운받고 싶은 어플을 탭합니다. [검색]을 선택한 다음 찾고 싶은 어플명을 입력한 모습입니다. [고속도로 정보] 어플을 탭하겠습니다.

02 정보가 나타나면 내용을 읽어보고 FREE 를 탭합니다. FREE 는 무료로 다운받을 수 있다는 의미입니다.

03 정보를 읽어보고 다운받을 것인지를 결정한 후 INSTALL 을 탭합니다.

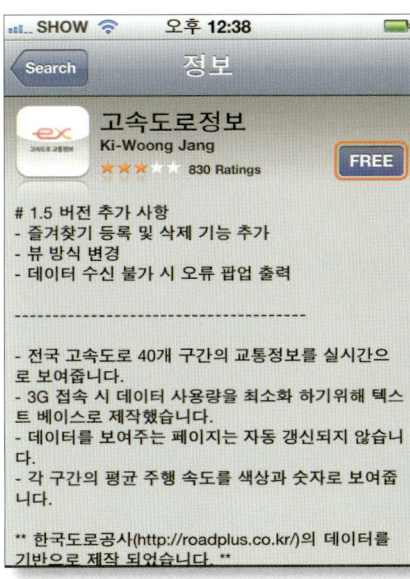

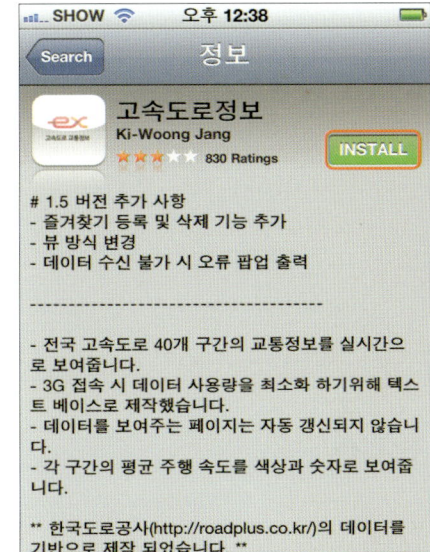

04 홈 화면에 바로 설치됩니다.

어플을 다운받는 중에는 이처럼 [대기 중..]으로 표시되는데, 이때도 다른 어플을 실행할 수 있습니다.

3: 어플 실행하기

01 실행하고 싶은 어플을 탭합니다.

02 고속도로 정보를 보여주는 어플이므로 각 고속도로의 이름이 표시됩니다. 고속도로 이름을 하나 골라 탭합니다.

02 선택한 고속도로의 정보가 표시됩니다. 어느 구간에 정체가 있는지 알 수 있습니다.

4: 어플 업데이트하기

한 번 다운받은 어플은 업데이트가 가능합니다. 업데이트는 업데이트하라는 표시가 나타날 때만 하면 됩니다.

01 홈 화면의 [App Store] 어플에 숫자가 표시되면 업데이트 가능한 어플이 있다는 뜻입니다. 다음 화면의 경우 업데이트할 어플이 3개 있다는 것을 알 수 있습니다. 홈 화면에서 [App Store] 어플을 탭합니다.

02 [업데이트] 화면이 표시되면 [모두 업데이트]를 탭하여 업데이트를 실행합니다.

03 업데이트를 하려면 암호만 입력하면 됩니다. 암호를 입력하고 [승인]을 탭하면 자동으로 업데이트가 완료됩니다.

5: iTunes에서 어플 다운받기

아이폰의 [App Store]에서뿐만 아니라 iTunes의 [App Store]에서도 어플을 다운받을 수 있습니다. iTunes를 통해 다운받은 어플은 동기화하여 이용합니다.

01 iTunes를 실행한 다음 [iTunes Store]를 선택하고 [App Store]를 클릭합니다.

02 화면이 다음과 같이 변경됩니다. 가운데에는 새로운 어플들이, 오른쪽에는 상위권 어플들과 유료, 무료 어플이 있습니다. [Paid Apps]의 [See All]을 선택합니다.

이곳에 원하는 어플을 입력하여 찾아 사용할 수도 있습니다.

03 다음과 같이 상위권 유료 어플들이 표시됩니다. 다운받고 싶은 어플 아이콘을 클릭합니다. 여기서는 [헬로키티 다이어리]를 선택했습니다.

04 헬로키티 다이어리 어플의 소개글이 표시됩니다. 내용을 확인하고 구입하고 싶다면 [Buy App] 단추를 눌러 다운로드를 시작합니다. 처음 계정을 만들 때 카드 번호를 입력하여 유료 계정을 만든 경우에만 유료 어플을 구입할 수 있습니다.

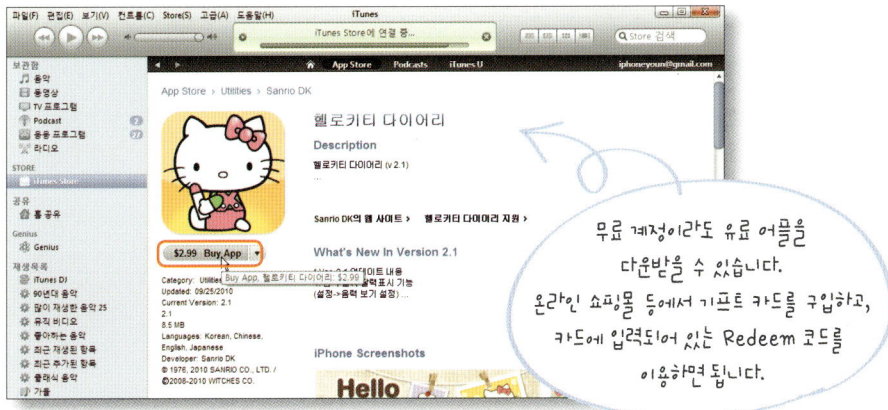

무료 계정이라도 유료 어플을 다운받을 수 있습니다. 온라인 쇼핑몰 등에서 기프트 카드를 구입하고, 카드에 입력되어 있는 Redeem 코드를 이용하면 됩니다.

05 다음과 같은 화면이 나타나면 암호를 입력하고 [구입] 단추를 눌러 다운로드합니다.

06 같은 방법으로 무료 어플을 다운받아 보겠습니다. [Free Apps]의 [See All]을 클릭합니다.

07 상위권에 있는 무료 어플들이 소개됩니다. 원하는 어플을 클릭합니다. 여기서는 [하철이]를 선택했습니다.

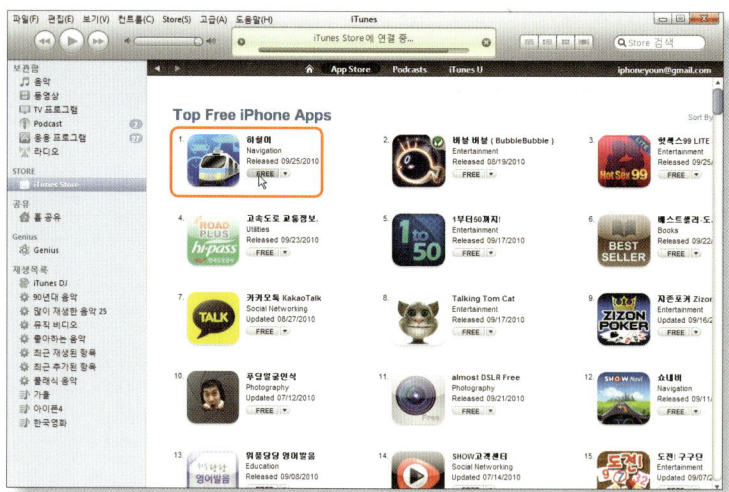

08 다음과 같은 화면이 나타나면 암호를 입력하고 [얻기] 단추를 눌러 다운을 하면 됩니다.

09 다음은 iTunes에서 여러 가지 어플을 다운받은 모습입니다.

6: iTunes에서 아이폰과 어플 동기화하기

아이폰은 USB 케이블로 컴퓨터와 동기화할 수 있습니다. 동기화는 사진, 음악, 동영상 데이터, iTunes에서 구입한 어플, 연락처, 메일 설정, 웹브라우저의 즐겨찾기 등과 같은 정보를 아이폰으로 전송하는 것을 말합니다. 또한 아이폰에서 직접 구입한 음악이나 어플, 아이폰에서 입력한 연락처, 일정 등의 정보를 컴퓨터에 전송하는 것 역시 동기화입니다. 아이폰 OS의 업데이트와 백업 등도 할 수 있습니다. iTunes와 아이폰에 있는 어플을 동기화하여 사용하는 방법에 대해 알아봅니다.

01 아이폰을 컴퓨터와 연결한 다음 장비를 선택하고, [응용 프로그램]을 선택합니다. 다음과 같은 화면이 표시됩니다. 왼쪽은 iTunes에서 다운받은 어플 목록이고, 오른쪽은 아이폰의 어플 목록입니다.

02 동기화하고 싶은 어플을 선택한 다음 [적용] 단추를 눌러 아이폰과 동기화를 합니다.

03 동기화가 끝나면 다음과 같이 아이폰의 화면이 바뀐 것을 확인할 수 있습니다. 동기화하는 동안에는 아이폰과 컴퓨터 연결을 해제하면 안됩니다.

현재 자신의 아이폰 화면이
그대로 표시됩니다.
홈 화면이 4페이지인 것을
알 수 있습니다.

아 이 폰 제 대 로 쓰 기

PART·2
아이폰4의 기본편

01 아이폰 제 대 로 쓰 기
아이폰4로 할 수 있는 것

아이폰은 이제까지와는 다른 새로운 모바일 라이프를 경험할 수 있는 핸드폰입니다. 아이폰에는 전화, 영상 통화와 메시지 기능은 기본이며, MP3 음악 듣기와 동영상 시청 기능, 이메일과 웹서핑 기능, 연락처, 시계, 카메라 등 많은 기능이 있습니다. 또한 필요한 어플을 마치 컴퓨터에서 사용하는 응용 프로그램처럼 추가 설치하여 필요한 기능을 원할 때 언제든지 사용할 수 있는 무한한 확장성까지 가지고 있습니다.

 전화

아이폰은 휴대전화입니다. 키보드를 이용하여 전화번호를 직접 눌러 전화를 걸거나 연락처를 이용하여 상대방을 찾아 전화를 걸 수 있습니다. 또한 전화기를 책상 위에 두고 스피커폰으로 전화를 하거나 통화하는 사람을 추가하여 최대 5인까지 그룹으로 함께 통화할 수도 있습니다.

Face Time(영상 통화)

아이폰에는 영상 통화를 위한 두 개의 내장 카메라가 있어 상대방과 서로 얼굴을 보면서 통화를 할 수 있습니다. 전화를 걸 때 [Face Time]을 터치하면 됩니다. 화면 구석의 작은 화면은 상대방에게 보이는 나의 모습입니다. 영상 통화를 위한 어플을 따로 설치하지 않아도 되며, 무료라는 점도 아주 매력적입니다. 와이파이가 있는 곳에서 아이폰4끼리만 영상 통화를 할 수 있습니다.

멀티태스킹

여러 가지 어플을 동시에 실행해 놓고 필요한 어플로 빠르게 전환하며 사용할 수 있습니다. 사용중인 어플의 성능이 느려지지도 않고 배터리 소모도 그다지 발생하지 않습니다. 사진을 업로드하며 내비게이션을 확인하거나, 음악을 들으면서 이메일 확인이나 인터넷 검색을 할 수 있는 것입니다. [홈] 단추를 누르면 최근에 사용한 어플들이 표시되는데 이 중 하나를 터치하면 어플이 바로 실행되며, 어플을 종료한 후 다시 실행하면 종료 시점으로 바로 돌아갑니다.

iPod

아이폰은 디지털 음악 플레이어인 iPod 가족의 일원이기도 합니다. 손가락으로 터치하여 음악을 골라 들을 수 있으며, 재생 바를 손으로 드래그하여 음악이나 동영상을 원하는 위치부터 재생할 수 있습니다. 또 좋아하는 곡을 무선 LAN을 경유하여 듣거나 헤드폰을 사용하지 않고 스피커폰으로 들을 수도 있습니다.

폴더

아이폰 4에서는 어플을 정리하는 새로운 방법으로 폴더 기능을 지원합니다. 같은 종류의 어플을 하나의 폴더로 묶어 사용하기 편하도록 하는 기능입니다. 홈 화면을 깔끔하게 유지하려면 폴더를 만들어 여러 가지 어플을 정리합니다. 폴더는 180개까지 만들 수 있으며 각 폴더에는 12개의 어플을 넣을 수 있습니다. 따라서 최대 2,160까지 어플을 저장하고 사용할 수 있습니다.

 ## 지도와 나침반

아이폰 4를 갖고 있다면 자신이 어디에 있든지 그곳이 어디인지 바로 알 수 있습니다. 아이폰이 GPS, Wi-Fi, 무선 이동통신 송신탑을 이용하여 현재 위치를 빠르게 찾아주기 때문입니다. 또한 지금 있는 곳에서 가기 쉬운 마트나 커피숍을 찾을 수도 있고, 길 안내도 받을 수 있습니다. 또 지도에 현재 위치를 알리는 핀을 꽂아 메일이나 MMS로 전송할 수도 있습니다.

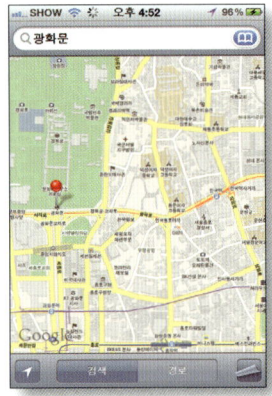

 ## App Store

앱 스토어에서 여러 가지 어플을 다운받아 사용하면 아이폰의 기능이 무궁무진해집니다. 다양한 어플을 무료로 이용할 수 있으며, 어플을 구입하여 친구에게 선물할 수도 있습니다.

메시지(문자)와 메일

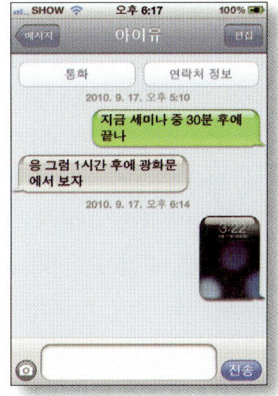

아이폰은 문자만이 아니라 사진, 동영상 등 다양한 방법으로 커뮤니케이션을 할 수 있는 기기입니다.
주고받은 내용들을 한 화면에 시간 순으로 볼 수 있으며, 사람별로 구분하여 표시할 수도 있으므로 어떤 내용이 오고갔는지 일목요연하게 살펴볼 수 있다는 장점이 있습니다. 또 문자만이 아니라 사진이나 동영상도 함께 주고받을 수 있습니다. 그리고 메일 계정을 설정하면 컴퓨터를 이용하지 않고도 손쉽게 메일을 주고받을 수 있습니다.

 Safari

아이폰에는 컴퓨터용 브라우저인 Safari 어플이 탑재되어 있어 컴퓨터상에서 작성한 웹 사이트를 즐겁게 서핑할 수 있습니다. Safari는 사용법도 쉽고 다양하게 활용할 수 있어 많은 사람들이 이용하고 있습니다. 특히 와이파이 기능을 사용하면 무료로 인터넷을 이용할 수 있으므로 부담없이 즐길 수 있습니다. 검색은 구글을 이용하며 한 번에 8페이지까지 열어놓고 화면을 번갈아 바꾸며 볼 수 있습니다. 요즘에는 아이폰에 최적화된 웹 페이지도 많습니다.

 iBooks

아이폰에서 책을 읽을 수 있도록 하는 전자책 어플인 iBooks를 사용하면 책을 갖고 다니지 않아도 언제든지 독서를 할 수 있습니다. iBooks 어플은 무료로 다운받을 수 있으며, 다운받은 책은 iPad와 동기화할 수 있으므로 iPad가 있다면 iPhone에서 읽던 책을 iPad에서도 똑같이 읽을 수 있습니다.

홈 화면

홈 화면은 최대 11페이지까지 채워 관리할 수 있습니다. 어플을 실행하거나 폴더를 열려면 해당 아이콘을 터치하면 되고, 어플을 실행하다가 홈 단추를 한 번 누르면 어디서든지 홈 화면으로 돌아갑니다. 또한 홈 단추를 두 번 누르면 멀티태스킹 사용자 인터페이스가 나타나 최근에 사용했던 어플을 빠르게 다시 이용할 수 있습니다.

 ## 그 외의 표준 어플들

아이폰에는 캘린더, 사진, 카메라 등 모두 19개의 기본 어플이 등록되어 있습니다. 각 어플을 터치하여 기능을 이용할 수 있으며, 어플 아이콘들의 위치는 자유롭게 변경할 수 있습니다.

02 아이폰제대로쓰기
아이폰 기본 조작

아이폰은 보통의 휴대폰과는 다릅니다. 전화를 걸고받는 것 외에 여러 가지 기능이 있으므로 먼저 아이폰의 여러 가지 조작 방법을 살펴두는 것이 좋습니다.

① 아이폰 각부의 명칭

이 책은 아이폰을 이용하는 여러 가지 활용법에 대해서 설명합니다. 하지만 그에 앞서 각 부의 명칭을 알아두어야 합니다. 이 책에서는 여기서 설명한 명칭을 기초로 설명합니다.

전화벨/무음 스위치

벨소리 모드로 설정하면 모든 소리를 재생하고, 무음 모드로 설정하면 벨소리뿐 아니라 경고음이나 사운드 효과음도 재생하지 않습니다.

 아이폰 잠그기

잠자기/깨우기 단추를 누르거나 터치하지 않고 그대로 1분 정도 두면 잠그기가 됩니다.

 음량 단추

통화를 하거나 노래, 동영상 또는 기타 미디어를 감상할 경우, 아이폰 옆면에 있는 단추를 사용하여 오디오 음량을 조정합니다. 그렇지 않을 경우 해당 단추로 벨소리, 경고음 및 기타 사운드 효과를 조정합니다.

 아이폰 잠금 해제

[홈] 단추나 잠자기/깨우기 단추를 누른 다음, 슬라이더를 오른쪽으로 밀면 아이폰을 사용할 수 있습니다.

 터치 스크린

아이폰의 터치 스크린에 있는 조절판은 실행 중인 작업에 따라 동적으로 변경됩니다.

 어플 아이콘

어플을 사용하려면 해당 어플을 살짝 탭하여 실행하면 되고, 어플을 종료하고 홈 화면으로 돌아가려면 [홈] 단추를 누르면 됩니다.

 [홈] 단추

어플을 실행중이더라도 [홈] 단추를 한 번 누르면 홈 화면으로 바로 돌아갑니다.

 헤드셋 잭

헤드폰을 연결하는 잭입니다. 이곳에 헤드폰이나 이어폰을 꽂아 사용합니다.

무음 시 iPod 관련 소리 재생
시계 알람, iPod과 같은 오디오 관련 응용 프로그램 및 여러 게임은 아이폰이 무음 모드로 설정되어 있더라도 내장 스피커를 통해 사운드를 재생합니다.

벨소리 나지 않도록 하기
아이폰이 벨소리 모드로 설정되어 있는 경우, 잠자기/깨우기 단추 또는 음량 단추 중 하나를 한 번 누르면 벨소리가 나지 않습니다.

잠자기/깨우기 단추

아이폰은 기본적으로 전원을 끄지 않고 사용하는 기기입니다. 배터리를 충전하기 위해 분리하지 않는 이유도 그 때문입니다. 전화기 상단의 오른쪽을 보면 잠자기/깨우기 단추가 있습니다. 이 단추는 휴대폰을 주머니 등에 넣고 다닐 때 오동작이 일어나지 않도록 하기 위해 일시적으로 화면을 끄거나 그 상태를 해제할 때 사용합니다. 화면이 보이지 않는 상태에서도 벨소리와 음악을 들을 수 있지만, 아이폰이 잠겨있을 때는 화면을 터치해도 아무 변화가 없습니다. 깨워야만 터치 기능을 이용할 수 있습니다.

• 아이폰 완전히 끄기

잠자기/깨우기 단추를 몇 초간 누르고 있으면 빨간색 슬라이더가 나타납니다. 이 때 슬라이더를 오른쪽으로 밀면 완전히 꺼집니다. 아이폰이 완전히 꺼졌을 때 걸려오는 전화는 음성 사서함으로 연결됩니다.

• 아이폰 켜기

아이폰의 전원이 꺼져 있는 상태에서 잠자기/깨우기 단추를 몇 초간 누르면 애플 로고가 나타나며 아이폰이 켜집니다. 잠시 후 홈 화면으로 넘어갑니다.

 잠금 해제 기능

아이폰을 잠자기 모드에서 깨우면 배경화면과 [밀어서 잠금 해제] 문자가 표시됩니다. 이 화살표를 오른쪽으로 밀면 아이폰이 드디어 잠에서 깨어납니다. 이것은 아이폰이 가방이나 주머니 안에서 터치 스크린을 눌러 오동작으로 잠그기 모드가 자동으로 해제되는 것을 방지하기 위한 기능이기도 합니다. 아이폰을 사용하려면 손가락으로 화살표 모양을 오른쪽 끝까지 밀어서 잠금을 해제해야 합니다. 잠금을 해제하면 아이폰 화면이 나타나며, 만일 암호를 설정한 경우에는 암호까지 정확하게 입력해야만 아이폰을 이용할 수 있습니다.

② 아이폰 조작하기

아이폰에서 가장 중요한 것은 어떠한 화면에 있더라도 홈 화면으로 갈 수 있는 [홈] 단추이며, 다음은 터치 스크린입니다. 터치 스크린을 손가락으로 살짝 누르거나 밀면 원하는 기능을 이용할 수 있습니다. 기본적으로는 한 손가락으로 하지만 화면을 확대하거나 축소할 때는 두 손가락을 이용합니다.

● [홈] 단추

현재 어떤 작업을 하고 있더라도 [홈] 단추를 누르면 홈 화면으로 돌아갑니다.

● 탭(터치)

손가락으로 톡하고 한 번 누르는 것을 탭이라고 합니다. 홈 화면에서 아이콘을 누르거나 어플 실행 화면에서 뭔가를 실행하기 위해 누릅니다.

● **더블 탭(더블 터치)**

손가락으로 톡톡하고 두 번 탭합니다. 웹 페이지에서 내용을 확대하거나 축소할 때 사용합니다.

● **드래그(밀기)**

손가락으로 화면을 위, 아래로 드래그합니다. 웹 페이지 등에서는 가로로 스크롤할 수도 있습니다. 스크롤하기 위해 드래그할 때는 어떤 것도 선택하거나 활성하지 않습니다.

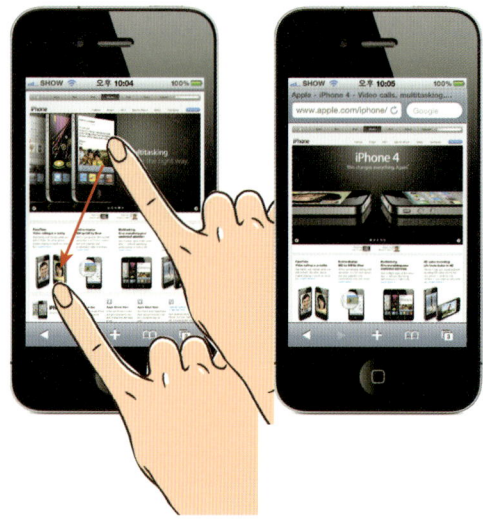

● **플릭**

손가락으로 화면을 튕기듯이 미는 것을 플릭이라 합니다. 목록 등을 빠르게 검색할 수 있습니다.

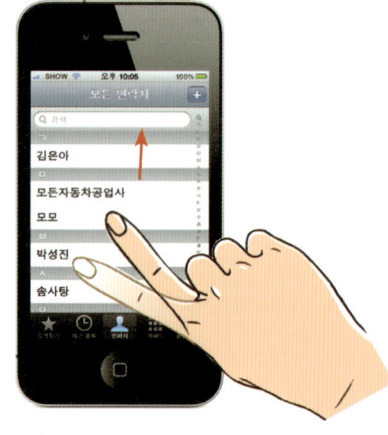

● 색인 목록

연락처와 같은 목록에는 오른쪽에 색인이 있어, 원하는 자료를 빨리 검색할 수 있습니다. 해당 글자를 탭하여 원하는 항목으로 빠르게 이동할 수 있습니다.

● 쉐이크

휴대폰을 들고 흔들어줍니다. 메모 어플에서 문자를 입력한 직후에 아이폰을 흔들면 입력을 취소할 것인지 묻는 화면이 표시됩니다.

● 화면 확대

사진, 웹 페이지, 이메일 또는 지도를 볼 때 화면을 축소하거나 확대할 수 있습니다. 스크린에 두 손가락을 대고 벌리면 화면이 확대됩니다.

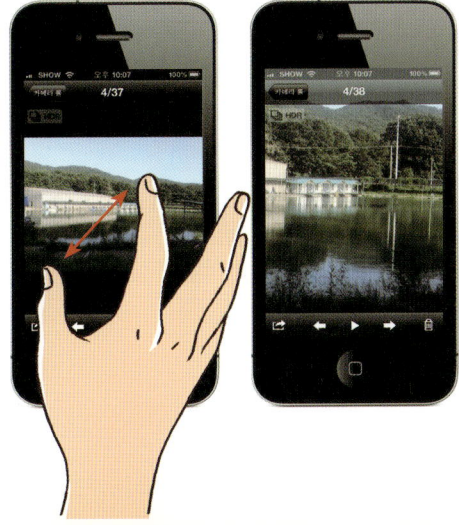

● 화면 축소

스크린에 두 손가락을 대고 오므리면 화면이 축소됩니다.

 확대와 축소

사진이나 웹 페이지는 두 번 눌러(빨리 두 번 살짝 누르기) 확대한 다음, 다시 두 번 눌러 축소할 수 있으며, 지도는 두 번 눌러 확대하고 한 번 눌러 축소합니다.

● 두 손가락 탭

지도상에서 두 손가락으로 탭하면 화면 전체에서 두 손가락 크기에 비례하여 화면이 축소됩니다.

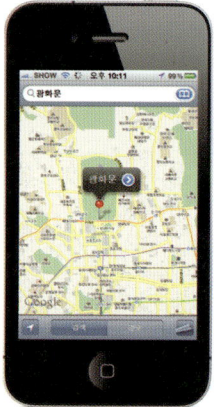

● 길게 누르기

이미지나 텍스트를 길게 누르면 메뉴가 표시되어 이미지를 저장하거나 복사 등을 할 수 있습니다.

● 슬라이드

슬라이드 단추를 드래그하면 On/Off를 설정합니다. 주로 [설정] 화면에서 많이 이용합니다.

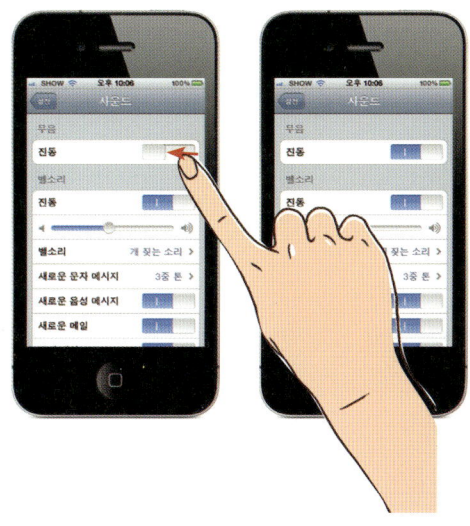

● 가로로 보기

아이폰을 회전하면 화면도 회전되며, 이때 화면은 자동으로 새로운 방향에 맞춰 조절됩니다. 예를 들어 영화를 보거나 Safari에서 웹 페이지를 볼 때, 텍스트를 입력할 때는 가로로 보기 기능이 유용합니다.

● 가로로 보기 잠그기

아이폰을 회전하면 화면이 자동으로 회전되는데 회전되지 않도록 고정할 수 있습니다. 회전을 잠 그면 항상 가로로만, 혹은 항상 세로로만 보이게 됩니다.

`01` [홈] 단추를 두 번 누르면 화면이 위로 약간 올라가며 최근 사용한 4개의 어플 아이콘이 표시됩니다. 이곳을 오른쪽으로 드래그합니다.

`02` 가장 왼쪽의 아이콘을 탭하면 아이콘 안에 자물쇠가 있는 아이콘으로 변경됩니다. 이 상태가 되면 현재 화면이 세로이기 때문에 아이폰을 가로로 회전해도 화면이 바뀌지 않습니다.

`03` 화면을 터치하면 멀티태스킹 실행 아이콘들이 사라집니다. 이제 아이폰을 가로로 돌려보세요. 가로 화면으로 자동으로 변경되지 않습니다. 다시 락을 해제하려면 앞의 과정을 반복합니다.

③ 키보드 사용하기

아이폰에는 일반 휴대전화와 같은 숫자 단추가 없기 때문에 숫자와 문자 등은 화면상에 표시되는 가상의 키보드를 이용하여 입력합니다. 메일이나 웹 페이지를 이용하려면 키 입력이 필수이므로 키보드를 자유자재로 이용할 수 있으면 아이폰 이용이 훨씬 쉬워집니다.

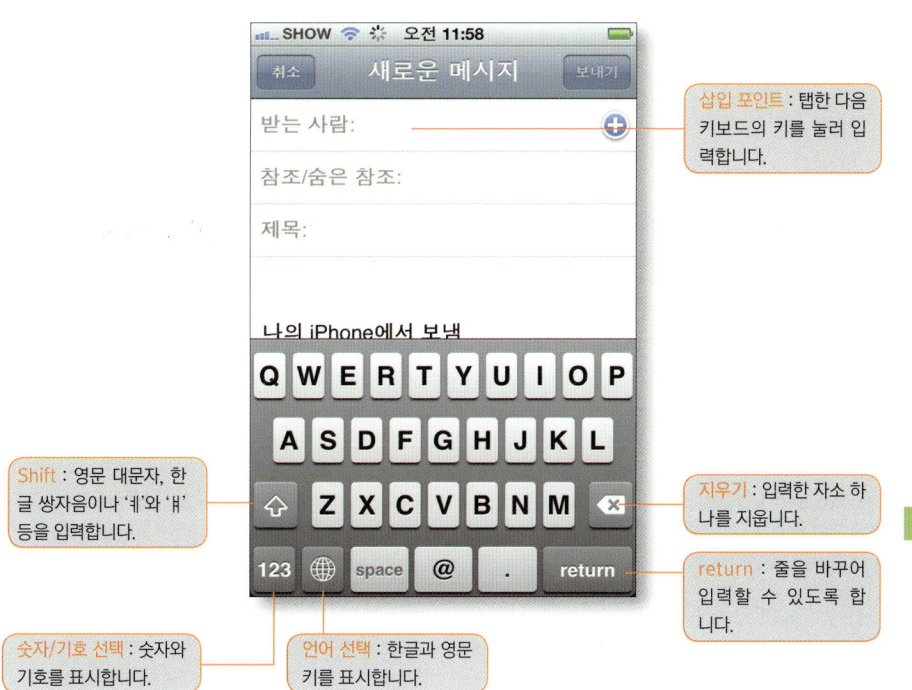

- 한글 입력 키보드의 모양

- 숫자 입력 키보드의 모양

- 영문 입력 키보드의 모양

- 기호 입력 키보드의 모양

④ 키보드로 문자 입력하기

연락처 정보나 문자, 메일과 같은 텍스트는 키보드를 이용해 입력합니다. 사용하는 어플에 따라 입력하는 동안 추천 단어가 자동으로 표시되기도 합니다.

`01` 메모 또는 새로운 연락처 등에서 텍스트 필드를 탭하면 키보드가 자동으로 표시됩니다.

`02` 원하는 문자를 탭하면 입력이 됩니다. 문자를 살짝 탭하면 해당 글자가 크게 보이는데, 만일 오타가 났다면 손가락을 올바른 키로 미끄러지듯이 옮기면 됩니다. 손가락을 뗄 때까지 입력되지 않습니다.

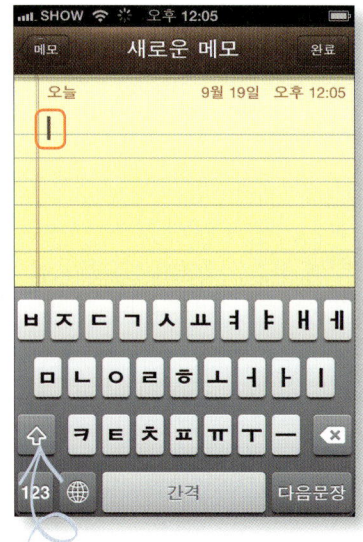

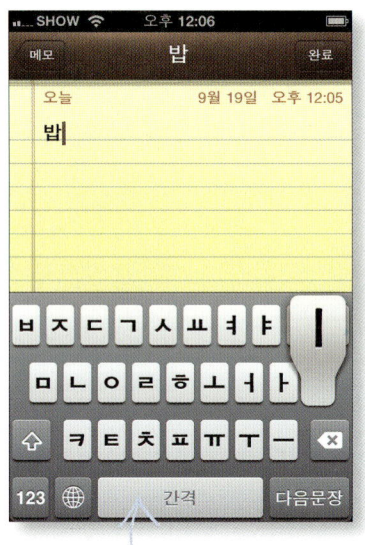

Caps lock 켜기
⇧를 두 번 누르면
⇧가 파란색으로 변하면서 영문 대문자나 한글 쌍자음이 입력됩니다.
⇧를 다시 누르면
Caps lock이 꺼집니다.

마침표 빠르게 입력하기
[간격] 키를 두 번 탭하면
마침표와 간격이
한번에 입력됩니다.

 Caps lock 설정하기
이 기능은 [설정]-[일반]-[키보드]-[Caps Lock 활성]에서 설정합니다.

 마침표 설정하기
이 기능은 [설정]-[일반]-[키보드]-[" ." 단축키]에서 설정합니다.

⑤ 텍스트 편집하기

화면 돋보기는 텍스트를 입력하거나 편집하면서 삽입점을 찾을 때 사용합니다. 오려두기, 베껴두기 및 붙이기할 텍스트를 선택할 수 있습니다. 텍스트를 편집하는 방법에 대해 알아봅니다.

01 삽입점 위치 지정하기 : 화면을 잠시 동안 손으로 누르고 있으면 돋보기가 나타납니다. 돋보기 안에 보이는 이 삽입점을 드래그하여 문자를 삽입할 위치로 옮깁니다.

02 텍스트 선택하기 : 글자가 있는 부분을 꾸욱 누르면 텍스트를 선택할 수 있는 메뉴가 표시됩니다. 원하는 메뉴를 선택합니다. 단어를 선택하려면 해당 단어를 두 번 탭하면 됩니다.

03 이동점으로 선택하기 : 이동점을 드래그하여 선택하고 싶은 문자 범위를 조정합니다.

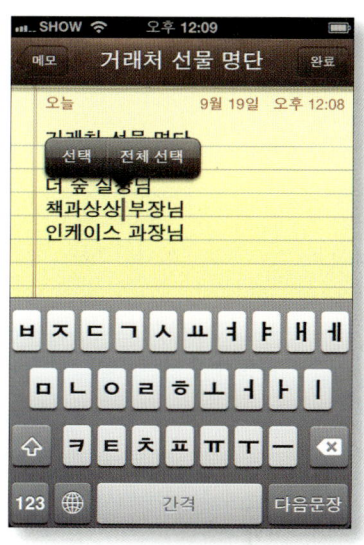

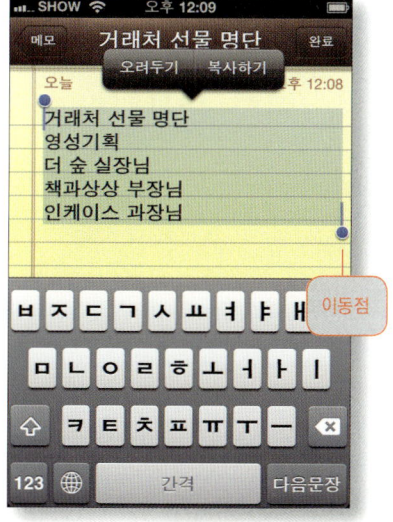

 읽기 전용 문서에서 단어 선택하기
웹 페이지나 수신한 이메일 또는 텍스트와 같은 읽기 전용 문서에서 단어를 선택하려면 잠시 동안 누르고 있으면 됩니다.

04 텍스트 오려두기 또는 복사하기 : 텍스트를 선택한 다음 [오려두기]나 [복사하기]를 탭합니다.

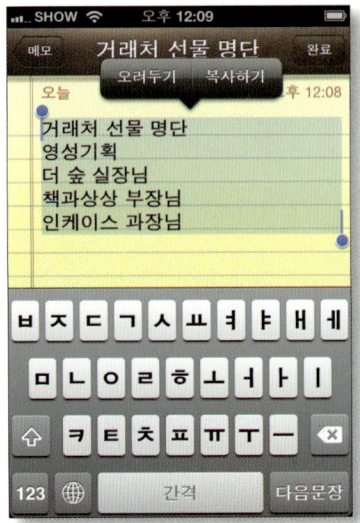

05 텍스트 붙이기 : 삽입할 곳을 탭하고 [붙이기]를 탭합니다. 마지막으로 오려두거나 복사한 텍스트가 삽입됩니다. 또는 텍스트를 선택한 다음 [붙이기]를 탭하면 해당 텍스트의 내용이 바뀝니다.

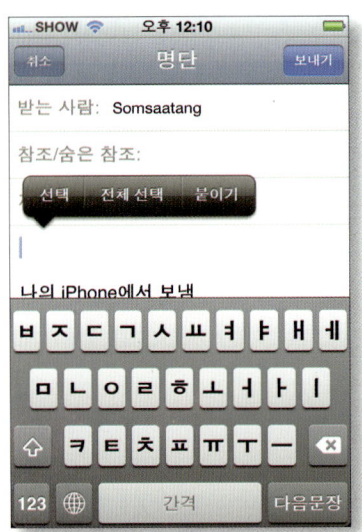 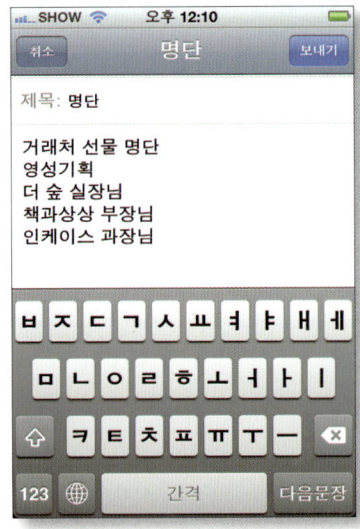

 키보드 설정하기
[설정]-[일반]-[키보드]를 선택하여 키보드의 종류를 선택합니다.

06 마지막 편집 취소하기 : 아이폰을 흔들면 다음과 같은 메뉴가 표시됩니다. 여기서 [취소]를 탭하면 마지막 편집 작업이 취소됩니다.

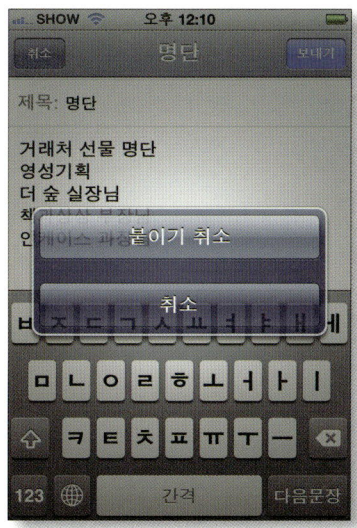

키보드의 소리 제거하기
[설정]-[사운드]-[키보드 클릭]을 해제하면 키보드 조작시 소리가 나지 않습니다. 일시적으로 소리를 제거하려면 무음 단추를 누르면 됩니다.

URL 주소 입력하기
URL 주소를 입력할 때 [.com]을 잠시 누르고 있으면 여러 가지 주소용 기호가 표시됩니다. 여기서 필요한 주소를 탭하여 빠르게 입력합니다.

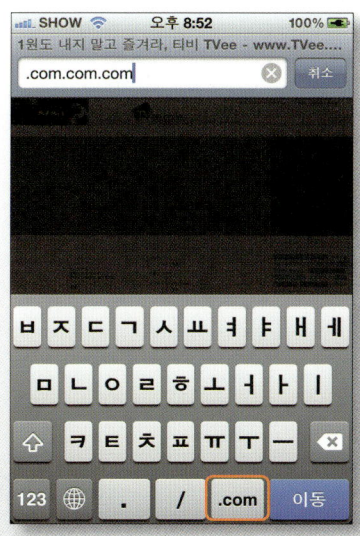 

⑥ 스펠링 체크하기

영문 입력시 오류가 나는 경우에는 단어 아래에 빨간 밑줄이 표시됩니다. 이 때 단어를 탭하면 올바른 영문이 제시되는데 여기서 맞는 것을 탭하면 올바른 단어로 교체되어 입력됩니다.

`01` 그림과 같이 오류가 있는 단어에는 밑줄이 표시됩니다. 수정하려면 해당 단어를 탭합니다.

홈 화면에서 [설정]-[일반]-[키보드]-[영문 철자 검사] 항목을 [온]으로 설정해야 자동으로 잘못된 단어에 밑줄이 표시됩니다.

`02` 대치할 단어가 표시됩니다. 입력할 단어를 탭합니다.

`03` 올바른 단어로 수정됩니다.

⑦ 이모티콘 이용하여 문자 입력하기

[이모티콘] 어플을 이용하면 일본어 키보드를 이용하여 여러 가지 앙증맞은 이모티콘을 입력할 수 있습니다. 무료 어플이고 아이폰에서 사용하기 편리하지만, 이모티콘이 아이폰에서만 제대로 보이고 다른 핸드폰에서는 잘 보이지 않는다는 점이 아쉽습니다.

`01` 홈 화면에서 [App Store]를 클릭하여 이모티콘을 검색합니다. [FREE], [설치]를 차례로 탭하여 어플을 설치합니다.

`02` 설치한 어플을 터치하여 실행합니다.

`03` 어플이 실행되면 [이모티콘 사용하기]가 Off로 설정되어 있습니다. 슬라이드를 눌러 On으로 설정해 보겠습니다.

`04` 다음과 같이 [이모티콘 키보드 Unlock!] 화면이 표시되면 [승인]을 탭합니다.

`05` [이모티콘 사용하기]가 On으로 설정되었습니다.

`06` 이모티콘 어플을 설치했으면 이모티콘을 사용하기 위한 설정을 해야 합니다. 홈 화면에서 [설정]-[일반]을 탭합니다.

`07` [키보드]를 탭합니다.

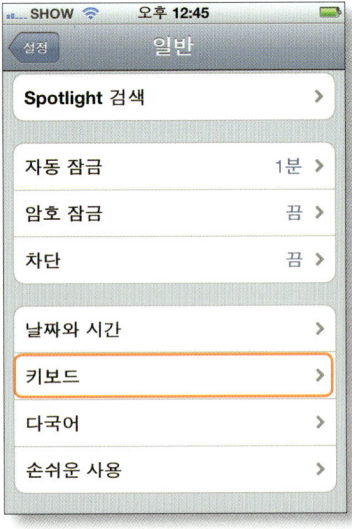

08 [다국어] 화면이 표시되면 다시 [키보드]를 탭합니다.

09 [새로운 키보드 추가]를 탭합니다.

10 [이모티콘]을 탭합니다.

11 새로운 키보드로 이모티콘이 설정되었습니다.

12 이모티콘을 삽입한 메시지를 완성했습니다. 나머지는 일반 키보드를 사용하는 것과 방법이 같습니다.

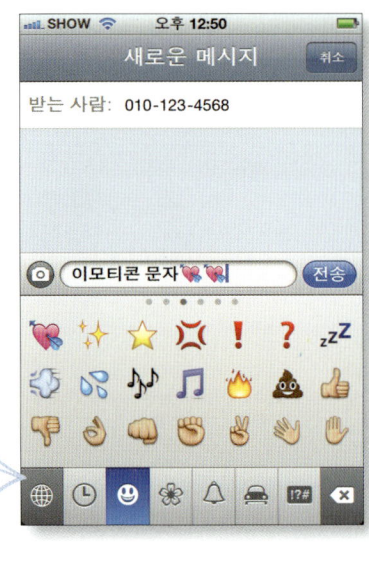

이모티콘 사용
화면 아래쪽의
작은 아이콘을 이용하여
사용할 이모티콘을 선택합니다.

여러 가지 이모티콘
키보드 아래쪽의 아이콘을 눌러 다양한 이모티콘을 이용할 수 있습니다.

⑧ Spotlight에서 텍스트 검색하기

아이폰에서 메일, 캘린더, iPod, 메모 및 연락처를 포함한 많은 어플을 검색할 수 있습니다. 개별 어플을 검색하거나 Spotlight를 사용하여 한꺼번에 모든 어플을 검색할 수도 있습니다.

01 홈 화면을 왼쪽에서 오른쪽으로 드래그하여 화면을 넘기거나 홈 화면에서 [홈]단추를 누릅니다.

02 Spotlight 화면이 표시됩니다. 찾고자 하는 내용을 입력하고 [검색]을 탭합니다.

03 입력한 단어에 해당하는 메모 하나와 메일을 찾았습니다.

[검색]을 누르면 키보드가 사라집니다.

`04` [검색]을 탭하면 키보드가 사라지고 고정 어플이 표시됩니다.

`05` 각 항목을 탭하면 내용을 확인할 수 있습니다.

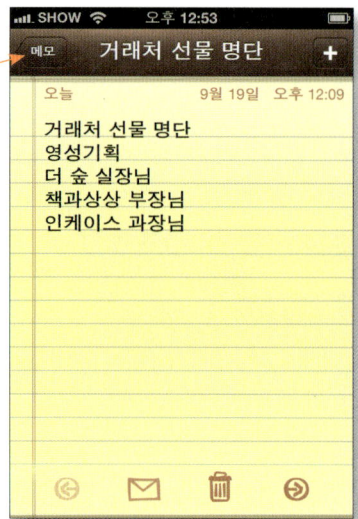

⊕ 검색한 단어의 관련 어플 아이콘
Spotlight 페이지에서 원하는 내용을 입력하면 검색 결과가 바로 나타납니다. 왼쪽에 해당 어플 아이콘이 표시되어 어떤 어플에 관련된 내용인지 바로 알 수 있습니다.

⊕ Spotlight에서 검색할 수 있는 항목 설정
[설정]-[일반]-[Spotlight 검색]의 목록에서 설정합니다.

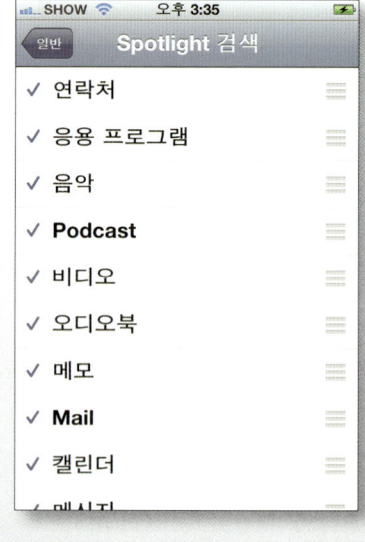

동적으로 변경되는 키보드의 모양

Spotlight와 Safari에서의 키보드 모양은 조금씩 다릅니다. 이처럼 아이폰에서는 상황에 맞게 키보드 모양이 동적으로 변경됩니다.

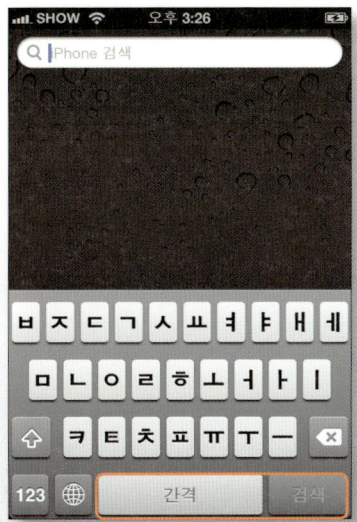
▲ Spotlight에서의 키보드

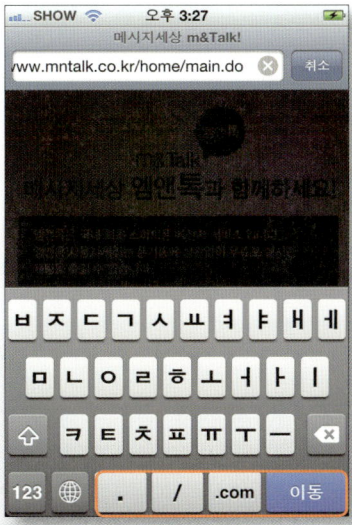
▲ Safari에서의 키보드

⑨ 음성으로 조절하기

음성으로 조절하기(아이폰 3GS만 가능) 기능을 이용하면 전화번호를 누르지 않고 음성으로 전화를 걸거나 iPod 음악을 재생할 수 있습니다. 이 때 아이폰 마이크에 대고 정확하게 또박또박 말하는 것이 좋습니다.

01   [홈] 단추를 길게 누르면 음성으로 조절하는 화면이 나타납니다(아이폰 헤드셋의 가운데 단추나 Bluetooth 헤드셋의 동일한 단추를 눌러도 됩니다).

 음악 재생 시의 소리 이용
음악을 재생하려면 "재생" 또는 "음악 재생"이라고 말하면 되며, 일시 정지하려면 "일시 정지" 또는 "음악 일시 정지"라고 말하면 됩니다. "다음 노래" 또는 "이전 노래"로 곡목을 선택할 수도 있습니다.

02   전화를 걸려면 연락처에 저장되어 있는 사람의 이름과 "전화"를 이어서 말하면 됩니다. 예를 들면 "이철수 전화"라고 말합니다. 한 사람의 전화번호가 두 개인 경우에는 "집" 또는 "핸드폰" 을 이어서 말합니다. 연결이 되면 다음과 같은 화면으로 바뀌며 전화가 연결됩니다.

 **스테레오 헤드셋**

아이폰에는 헤드셋이 포함되어 있습니다. 헤드셋에는 쉽게 통화하거나 통화를 끊을 수 있도록 지원하는 단추와 마이크가 있으며 오디오와 비디오 재생을 제어할 수 있습니다. 아이폰 3GS에 포함된 헤드셋에는 음량 단추도 있습니다.

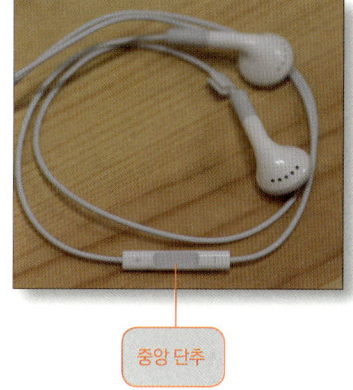

중앙 단추

 헤드셋이 연결되어 있을 때 전화 받기
헤드셋이 연결되어 있는 동안에 전화를 받으면 아이폰 스피커 및 헤드셋 모두를 통해 벨소리를 들을 수 있습니다.

- **중앙 단추** : 헤드셋에 연결하여 음악을 듣거나 통화를 합니다. 헤드셋에 연결하여 마이크를 통해 상대방의 목소리를 듣습니다. 아이폰이 잠겨 있더라도 중앙 단추를 눌러 음악 재생을 제어하거나 통화, 통화 종료를 할 수 있습니다.

- **노래 또는 비디오 일시 정지** : 가운데 단추를 한 번 누릅니다. 다시 재생하려면 한 번 더 누릅니다.

- **다음 곡으로 건너뛰기** : 가운데 단추를 빠르게 두 번 누릅니다.

- **이전 곡으로 돌아가기** : 가운데 단추를 빠르게 세 번 누릅니다.

- **빨리감기** : 가운데 단추를 빠르게 두 번 누르고 그 상태를 유지합니다.

- **되감기** : 가운데 단추를 빠르게 세 번 누르고 그 상태를 유지합니다.

- **음량 조절하기(아이폰 3GS만 가능)** : + 또는 - 단추를 누릅니다.

- **수신 통화에 응답하기** : 가운데 단추를 한 번 누릅니다.

- **현재 통화 종료하기** : 가운데 단추를 한 번 누릅니다.

- **수신 통화 거절하기** : 중앙 단추를 약 2초 동안 누른 다음 손을 뗍니다. 통화를 거절하면 두 번의 낮은 신호음이 들립니다.

- **통화 대기 중으로 전환하고 현재 통화는 대기 상태로 바꾸기** : 가운데 단추를 한 번 누릅니다. 첫 번째 통화로 다시 전환하려면 다시 한 번 누릅니다.

- **통화 보류 중으로 전환하고 현재 통화 종료하기** : 중앙 단추를 약 2초 동안 누른 다음 손을 뗍니다. 첫 통화를 종료하면 두 번의 낮은 신호음이 들립니다.

- **음성으로 조절하기 사용하기(아이폰 3GS만 가능)** : 가운데 단추를 길게 누릅니다.

03 아이폰 제대로 쓰기
무궁무진한 어플
내맘대로 사용하기

어플은 컴퓨터에서의 엑셀이나 한글과 같은 일종의 프로그램을 말합니다. 어플을 활용하면 다양한 기능을 아이폰에서 이용할 수 있고, 게임이나 인터넷 등 다양한 분야에서 아이폰을 즐길 수 있습니다. 홈 화면에 보이는 아이콘들이 모두 어플입니다.

① 어플 화면

실행 화면은 어플마다 다릅니다. 예를 들면 [메모] 어플은 메모장 화면이, [전화] 어플은 전화를 거는 화면이, [캘린더] 어플은 일정과 달력 화면이 표시되는 것입니다. 각 어플은 실행 화면에 있는 단추와 문자 입력 부분, 목록 등을 탭하여 기능을 이용합니다.

- **새로운 메모 작성하기** : ➕를 탭하면 새로운 메모를 작성할 수 있습니다.
- **제목 표시** : 현재 화면의 제목이 표시됩니다.
- **키보드** : 문자를 입력하는 부분을 탭하면 키보드 화면이 나타나 메모를 입력할 수 있습니다.
- **사용 가능 아이폰** : 이 화면에서 사용할 수 있는 아이콘들이 표시됩니다.

② 어플 시작하고 종료하기

어플은 홈 화면에 정렬되어 있는 아이콘을 탭하면 시작할 수 있습니다. 예를 들어 [메모] 어플을 시작하고 싶으면 [메모] 어플 아이콘을 한 번 탭합니다. 그리고 사용을 종료하고 싶으면 [홈] 단추를 누르면 됩니다.

`01` 홈 화면에서 [메모] 어플을 탭합니다.

`02` 메모 어플이 실행되어 화면에 표시됩니다.

`03` 어플을 종료하려면 [홈] 단추를 누릅니다.

`04` 다시 홈 화면이 표시됩니다.

③ 어플의 계층 구조

대개의 어플은 계층 구조를 이루고 있습니다. 예를 들어 메모 어플 안에는 모든 메모의 목록이 있고 거기서 하나를 선택하면 선택한 메모 내용이 모두 표시됩니다.

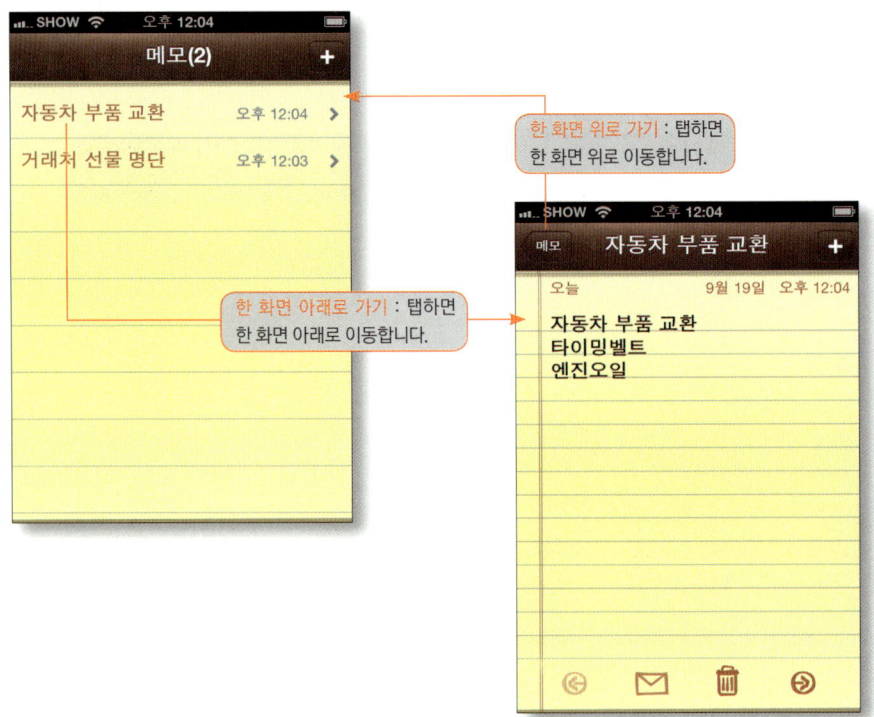

⊕ 같은 어플을 두 번째 실행할 때의 화면 표시
메모 어플을 실행하다가 홈 화면으로 돌아가기 위해 [홈] 단추를 누르면 메모 어플은 일단 종료됩니다. 하지만 다시 메모 어플을 실행하면 앞서 작업하던 화면이 그대로 표시됩니다. 만일 무엇인가를 입력하다가 그대로 끝냈다 하더라도 그 화면이 그대로 표시됩니다.

04 아이폰 홈 화면 입맛대로 꾸미기

아이폰 제대로 쓰기

홈 화면의 레이아웃을 사용하기 쉽도록 사용자가 위치를 변경할 수 있습니다. 어플 아이콘이 많아져도 보기 좋고 찾기 쉽게 정렬할 수 있습니다. 다음은 3페이지로 구성된 홈 화면의 예입니다. 어플을 다운받으면 계속해서 화면이 많아지기 때문에 항목별로 구분하여 정리해 두는 것이 좋습니다. 홈 화면은 11페이지까지 만들 수 있습니다.

▲ 홈 화면

▲ 두 번째 화면

두 번째 홈 화면인 것을 알 수 있습니다. 이 점의 수가 홈 화면의 수를 말합니다.

▲ 세 번째 화면

① 어플 위치 이동하기

홈 화면에서 아무 어플이나 길게 누르면 아이콘들이 움직입니다. 이때 이동하고 싶은 어플 아이콘을 드래그하면 원하는 위치로 이동됩니다.

`01` 어플 아이콘 중 하나를 길게 눌러 편집 상태로 변경합니다.

`02` 이동하고 싶은 어플 아이콘을 드래그하여 이동해 보겠습니다.

아이콘들이 흔들거릴 때까지 길게 누릅니다.

어플을 이동하고 싶은 곳으로 밀어줍니다. 여기서는 [MBC News] 어플을 이동해보겠습니다.

`03` 어플 위치가 이동되었습니다.

추가 설치된 어플들은 아이콘들이 흔들릴 때 ⊗을 클릭하여 삭제할 수 있습니다.

| 04 | 화면 아래쪽의 고정 어플 위치도 같은 방법으로 이동시킬 수 있습니다. | 05 | 다음은 정렬을 마친 후의 모습입니다. 정렬을 끝내려면 [홈] 단추를 누르면 됩니다. |

어플들의 위치가 전체적으로 변경되었습니다.

 다른 페이지로 이동하기

여러 페이지가 있는 홈 화면에서 다른 페이지로 어플을 이동할 수 있습니다. 어플 편집 상태에서 해당 어플 아이콘을 왼쪽이나 오른쪽으로 드래그하면 됩니다. 다음은 [Classic TOY] 어플을 오른쪽 페이지로 이동시키는 모습입니다.

② 홈 화면을 원래대로 되돌리기

홈 화면에서 사용자 마음대로 정렬시킨 어플 아이콘은 언제라도 원 상태로 되돌릴 수 있습니다. 어떻게 하는지 알아보겠습니다.

`01` 홈 화면에서 [설정]-[일반]을 탭한 후, [재설정]을 탭합니다.

`02` [재설정] 화면이 표시되면 [홈 화면 레이아웃 재설정]을 탭합니다.

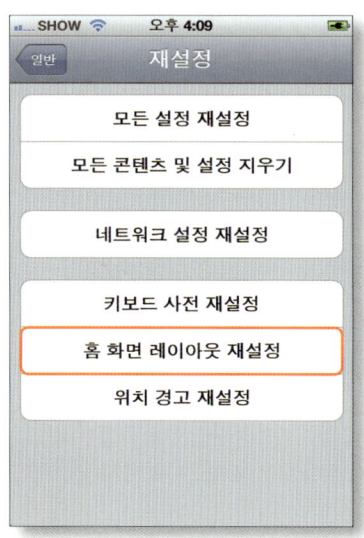

`03` 그림과 같이 메뉴가 표시되면 [홈 화면 재설정]을 탭합니다.

`04` 홈 화면의 어플들이 기본 상태로 되돌아갑니다.

▲ 바뀐 모습

▲ 원래 모습

③ 어플 삭제하기

홈 화면에 설치한 어플은 언제든 삭제할 수 있습니다. 하지만 아이폰에서 삭제했어도 iTunes 를 통해 아이폰에 다시 설치할 수 있습니다.

01 홈 화면에서 아무 어플이나 꾸욱 누르면 아이콘에 ⊗이 표시되면서 흔들거립니다. 삭제하고 싶은 어플의 아이콘에서 ⊗를 탭합니다.

02 삭제 확인 화면이 표시되면 [삭제] 단추를 탭합니다.

03 아이콘이 삭제되었습니다.

 지울 수 없는 어플
아이폰에서 기본적으로 제공되는 어플 중에는 지울 수 없는 어플들이 있습니다. 지울 수 없는 어플은 ⊗ 아이콘이 표시되지 않습니다.

④ 홈 화면에 폴더 만들기

홈 화면에 폴더를 만들어 여러 개의 어플 아이콘을 보관할 수 있습니다. 예를 들어 카메라 어플들끼리 모아 놓는다거나 게임 어플들끼리 모아 놓으면 찾을 때 편리할 것입니다.

01 아이콘을 길게 누르면 아이콘에 ❌이 표시되면서 흔들거립니다.

02 같은 폴더 안에 넣을 아이콘을 다른 아이콘으로 가져갑니다.

03 바로 다음과 같이 화면이 바뀌며 자동으로 폴더명이 표시됩니다. 이 폴더명은 그대로 사용해도 됩니다.

04 폴더명을 바꾸려면 바로 입력하면 됩니다.

`05` 폴더가 작성되었습니다.

작성한 폴더 안에 2개의 어플이 있다는 것을 알 수 있습니다.

`06` 이 폴더에 다른 어플 아이콘을 드래그하여 넣을 수 있습니다.

`07` 폴더에 5개의 어플이 들어 있다는 것을 알 수 있습니다.

`08` 폴더를 터치하면 폴더 안의 어플이 모두 표시됩니다. 한 폴더에는 12개까지 어플을 넣을 수 있습니다.

09 폴더 안에 있는 어플은 밖으로 다시 꺼내거나 삭제할 수 있습니다. 어플을 꾸욱 누릅니다.

10 밖으로 꺼낼 어플을 드래그하면 됩니다.

11 폴더 밖으로 어플 하나를 꺼낸 모습입니다.

12 폴더를 삭제하려면 폴더 안에 있는 모든 어플을 삭제하거나 홈 화면으로 꺼내면 됩니다.

⑤ iTunes에서 아이폰의 홈 화면 관리하기

아이폰에서만이 아니라 iTunes에서도 홈 화면을 관리할 수 있습니다.

`01` iTunes를 실행한 다음 자신의 장비를 클릭하고 [응용 프로그램] 탭을 클릭합니다. 아이폰 화면과 같은 모양의 홈 화면이 표시됩니다. 폴더 안에 있는 어플을 홈 화면으로 드래그해 보세요.

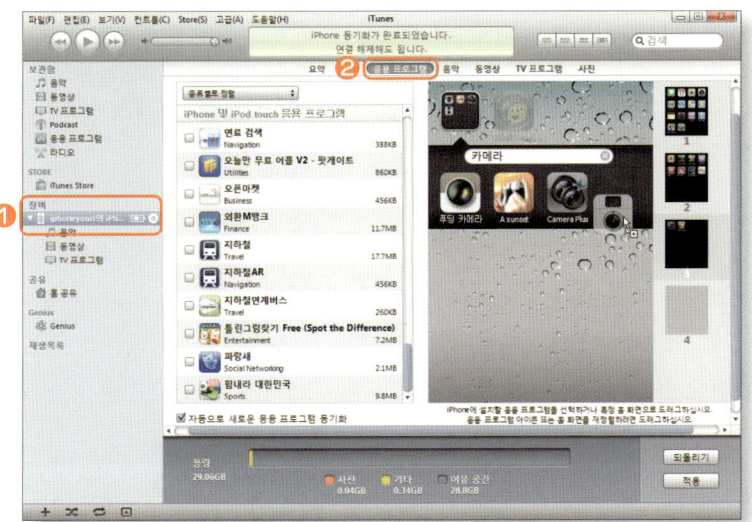

`02` 아이폰에서와 마찬가지로 홈 화면의 어플을 관리할 수 있습니다.

05 아이폰제대로쓰기
멀티태스킹으로 어플 사용하기

아이폰에는 여러 개의 어플을 동시에 실행하는 멀티태스크 기능이 있습니다. 예를 들어 게임 도중에 전화 통화를 하고, 바로 게임 중으로 돌아가 게임을 이어서 할 수 있습니다. 또 음악을 들으면서 인터넷을 하고, 설정도 할 수 있습니다. 이러한 멀티태스킹 관련 기능은 홈 단추를 두 번 눌러 간단하게 정리하고 여러 가지 내용을 설정할 수 있습니다.

① 현재 실행중인 어플 변경하기

기본적인 어플뿐 아니라 구입하여 설치한 어플도 멀티태스킹 상태로 이용할 수 있습니다. 사용중인 어플 상태를 기억하고 있기 때문에 어플을 바꾼 다음에도 실행 상태가 유지됩니다.

01 현재 지도 어플을 사용하고 있는 중입니다. 홈 단추를 두 번 누릅니다.

02 화면 아래에 현재 실행중인 아이콘들이 표시됩니다. 여기서는 iPod 어플을 탭해 봅니다.

`03` 아이팟 화면이 표시되면서 음악이 실행됩니다.

일반 화면

`04` 홈 단추를 두 번 누른 다음 다시 지도 어플을 탭합니다.

멀티태스킹 설정 화면

`05` 지도 화면으로 돌아왔습니다. 물론 음악은 계속 실행되는 상태입니다.

 백그라운드에서 실행
다운로드나 업로드와 같이 시간이 오래 걸리는 기능을 사용하는 중에도 다른 어플을 실행할 수 있습니다. 다운로드와 같은 기능은 백그라운드에서 자동으로 실행되기 때문입니다.

실행중인 어플 종료하기

백그라운드에서 실행되는 어플 중에는 구지 지금 필요하지 않은 작업을 계속 수행하고 있는 경우가 있습니다. 예를 들어 [메일]은 실시간으로 메일을 수신하고 있습니다. 이런 경우에는 어플을 종료하는 것이 좋습니다. 배터리도 소모되고, 메모리도 사용하기 때문입니다.

`01` 홈 단추를 두 번 눌러 화면 아래에 현재 실행중인 아이콘이 표시되면 아이콘을 길게 누릅니다.

`02` 종료하고 싶은 어플의 ⊖를 탭하면 실행중인 해당 어플이 종료됩니다.

 재생 단추 표시하기

홈 단추를 두 번 누르면 멀티태스킹으로 실행중인 아이콘들이 표시됩니다. 여기서 백그라운드로 실행중인 음악이나 비디오 등을 바로 제어할 수 있습니다. 멀티태스킹 아이콘이 표시된 상태에서 YouTube나 아이팟 아이콘을 오른쪽으로 플립하면 제어 아이콘이 표시됩니다. 여기에서 제어합니다.

06 무료 무선 랜 사용하기

아이폰에서 항상 무료로 인터넷을 사용하려면 무선 랜을 사용하기 위한 설정을 해야 합니다. 아이폰이 3G에 연결되어 있으면 비싼 무선 데이터 요금을 지불해야 하기 때문입니다. 아이폰에서는 무선 랜인 와이파이(Wi-Fi)에 연결하여 무료로 인터넷을 이용할 수 있습니다. 무선 랜을 사용하려면 무선 인터넷 공유기가 연결되어 있어야 합니다. 집이나 회사에서는 유선 인터넷에 무선 인터넷 공유기를 연결하여 이용할 수 있으며, 외부에서는 무선 랜을 제공하는 커피숍 등에서 무료로 인터넷을 이용할 수 있습니다.

▲ 와이파이로 이용하는 무료 인터넷

▲ 유료 인터넷에 연결된 화면

 무선 랜으로 사용하는 아이폰

인터넷에는 보통 이더넷이라는 케이블을 사용해 접속하지만, 케이블로 연결하면 휴대하여 사용하기가 불편합니다. 그래서 개발된 것이 무선 랜입니다. 무선 랜은 무선 네트워크, Wi-Fi 등과 같은 말입니다. 무선 랜에는 여러 대의 기기가 동시에 접속할 수 있으므로 컴퓨터와 아이폰에서 동시에 이용할 수 있습니다.

① 와이파이(Wi-Fi) 설정하기

`01` 홈 화면에서 [설정] 아이콘을 탭합니다.

`02` Wi-Fi를 탭합니다.

`03` [Wi-Fi 네트워크] 화면이 나타나면 슬라이드를 탭하여 [온] 으로 설정합니다.

집에서 무선 랜을 사용하려면
유선 인터넷 접속 환경을 사용하는 사람도 무선 랜 공유기를 설치하면 아이폰에서 인터넷을 사용할 수 있습니다.

`04` 무료로 이용 가능한 네트워크가 표시됩니다. 사용 가능한 네트워크를 탭합니다. 네트워크가 연결되면 와이파이 상태로 변환됩니다. 이제 무료로 마음껏 인터넷을 이용할 수 있습니다.

`05` 무선 랜을 이용할 때 암호가 필요한 경우도 있습니다. 암호가 설정되어 있는 경우에는 암호를 입력해야 해당 와이파이를 사용할 수 있습니다.

와이파이와 3G
와이파이 상태로 인터넷을 사용하다가 갑자기 3G 상태로 바뀌는 경우가 있습니다. 이때 사용자가 이것을 눈치채지 못하는 경우 인터넷 요금 폭탄을 맞을 수 있으므로 주의해야 합니다.

암호가 걸린 와이파이
암호가 걸린 와이파이를 사용하려면 암호를 입력해야 합니다.

② 네스팟 존에서 인터넷 사용하기

현재 KT의 Wi-Fi는 QooknShow와 NESPOT이 있습니다. QooknShow는 아이폰4에서 별도의 인증 절차 없이 바로 사용하지만 NESPOT은 네스팟 홈페이지에 MAC 주소를 입력한 다음 사용할 수 있습니다. 어떻게 해야 하는지 알아봅니다.

`01` 아이폰4 개통 후 114에 전화를 걸어 네스팟 아이디와 비밀번호를 받습니다. 이 네스팟 아이디와 비밀번호로 가입 처리가 완료되면 문자 메시지를 전송받게 됩니다. 사용 설명까지 자세하게 문자로 보내줍니다. 문자 메시지를 받은 다음 네스팟 사이트에 접속하여 MAC ID를 등록해야만 비로소 네스팟 존에서 무료로 인터넷을 사용할 수 있습니다.

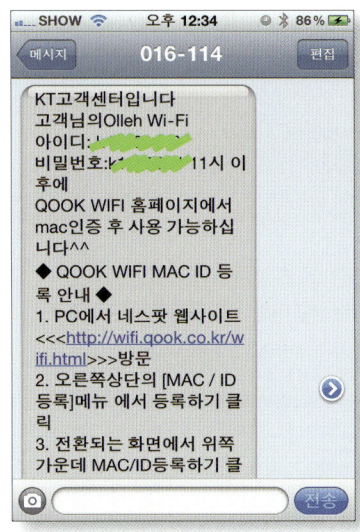

`02` 인터넷을 실행하고 http://wifi.qook.co.kr/wifi.html에 접속합니다. 네스팟을 검색한 다음 접속하면 빠르게 들어갈 수 있습니다. NESPOT에 접속한 다음 [등록하기]를 클릭합니다.

03 [로그인] 창이 나타납니다. 네스팟 아이디와 비밀번호를 입력하고 [로그인] 단추를 클릭합니다.

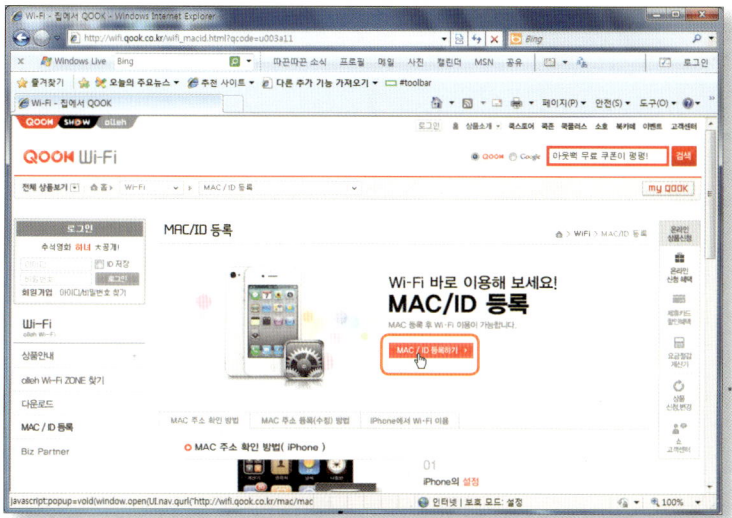

04 네스팟에 로그인한 다음 [MAC/ID 등록하기]를 클릭합니다.

05 [MAC/ID 등록하기] 화면이 표시되면 [Mac 주소] 입력란에 12자리를 입력하고 [확인] 단추를 클릭합니다.

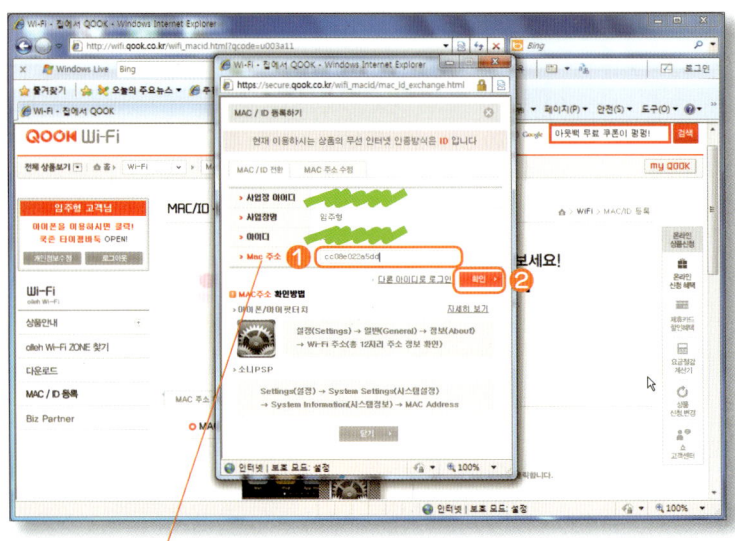

⊕ MAC 주소 찾는 방법

홈 화면에서 [설정]-[일반]-[정보]를 탭합니다. 다음과 같은 화면이 표시되면 [Wi-Fi 주소]에서 확인합니다.

06 이제 네스팟 존에서는 무료로 인터넷을 이용할 수 있습니다. [설정]-[Wi-Fi]를 탭하면 나타나는 화면에서 [NESPOT]을 선택하고 이용하면 됩니다.

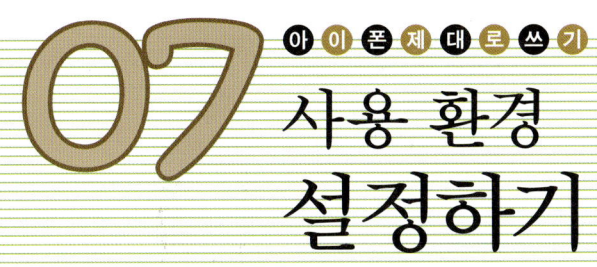

07 아이폰제대로쓰기
사용 환경 설정하기

아이폰의 사용 환경을 보다 자신의 사용 용도에 맞게 설정하여 이용할 수 있습니다. 화면의 밝기나 손쉬운 사용, 벨소리 설정 등 아이폰 환경을 설정하는 여러 가지 방법에 대해 알아봅니다. 여기서 설정하는 기능은 환경을 변경하는 것이므로 자주 이용하게 됩니다.

1) 사용 언어 변경하기

아이폰에 표시되는 언어를 영어와 한국어 외에 다른 것으로 설정할 수 있습니다. 또한 날짜와 전화번호 등 나라와 지역에 따라 달라지는 표기도 변경할 수 있습니다.

01 홈 화면에서 [설정]-[일반]-[다국어]를 탭합니다. [다국어] 화면이 표시되면 [언어]를 탭합니다.

02 [언어] 화면이 표시되면 바꾸고 싶은 언어를 탭합니다. 여기서는 [일본어]를 선택해 보겠습니다.

`03` 홈 화면으로 돌아오면 언어가 일본어로 바뀐 것을 확인할 수 있습니다.

② 화면 밝기 조정하기

아이폰의 화면을 자신에게 편안한 밝기로 설정하여 사용할 수 있습니다. 너무 밝게 지정하면 배터리가 빨리 소모될 수 있다는 것을 알아둡니다.

`01` 홈 화면에서 [설정]-[밝기]를 탭합니다.

`02` [밝기] 화면이 표시되면 슬라이더를 움직여 밝기를 조절합니다.

③ 사운드 설정하기

무음과 진동 모드를 빠르게 전환할 수 있으며, 벨소리의 종류와 크기도 쉽게 설정할 수 있습니다. 기본적으로 벨소리 크기는 음량 조절 단추를 눌러 조정할 수 있으며 [사운드]에서도 설정합니다.

● 진동 모드 설정하기

아이폰 왼쪽을 보면 3개의 단추가 있습니다. 가장 위에 있는 단추는 무음/착신 설정 단추입니다. 스위치를 왼쪽으로 누르면 빨간색 점이 표시되며 무음 진동 상태가 됩니다.

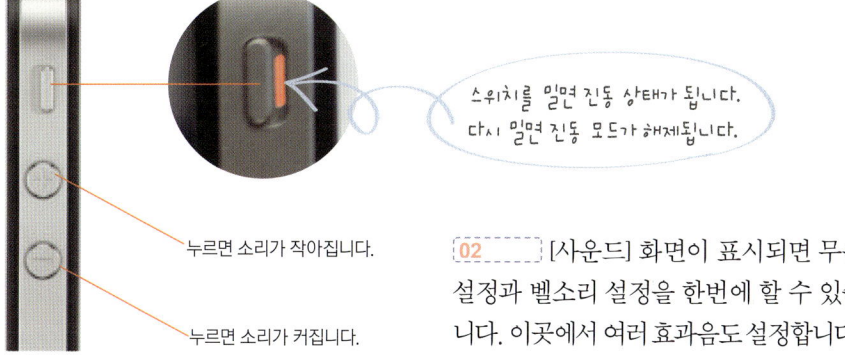

누르면 소리가 작아집니다.

누르면 소리가 커집니다.

스위치를 밀면 진동 상태가 됩니다. 다시 밀면 진동 모드가 해제됩니다.

`02` [사운드] 화면이 표시되면 무음 설정과 벨소리 설정을 한번에 할 수 있습니다. 이곳에서 여러 효과음도 설정합니다.

`01` 홈 화면에서 [설정]-[사운드]를 탭 합니다.

④ 벨소리 변경하기

아이폰에서 제공하는 벨소리를 변경하는 방법에 대해 알아봅니다. 벨소리는 [연락처] 어플에서 상대방에 따라 틀리게 설정할 수 있습니다.

01 홈 화면에서 [설정]을 탭하여 [설정] 화면이 나타나면 [사운드]를 탭합니다.

02 [사운드] 화면이 나타나면 [벨소리]를 탭합니다.

03 [벨소리] 화면이 표시되면 원하는 벨소리를 선택합니다. 선택한 사운드에 체크 표시가 나타납니다.

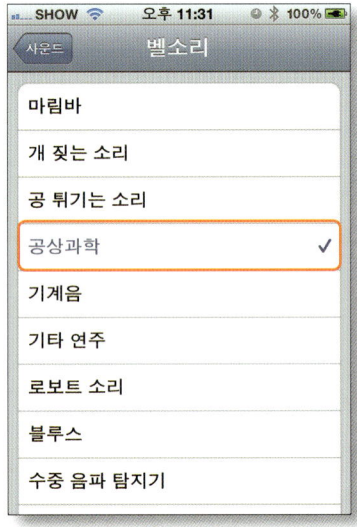

⑤ 손쉬운 사용 기능 이용하기

[손쉬운 사용] 기능은 시력이 나쁜 사람들을 위한 설정입니다. 손가락으로 슬라이드를 하면 손끝에 닿는 부분에 해당하는 텍스트를 소리로 들려주거나 글자를 확대해서 볼 수 있는 등의 기능입니다.

● 손쉬운 사용 기능 설정하기

`01` 홈 화면에서 [설정]-[일반]을 선택하여 [일반] 화면이 표시되면 [손쉬운 사용]을 탭합니다.

`02` [손쉬운 사용] 화면이 표시되면 각 기능을 선택하여 사용 가능하도록 설정합니다.

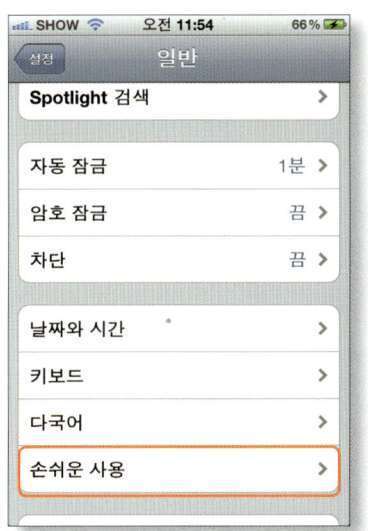

➕ iTunes에서 [손쉬운 사용] 설정하기
아이폰과 컴퓨터를 연결하고 [요약] 탭의 [옵션]에서 [손쉬운 사용 구성] 단추를 클릭하여 설정할 수 있습니다.

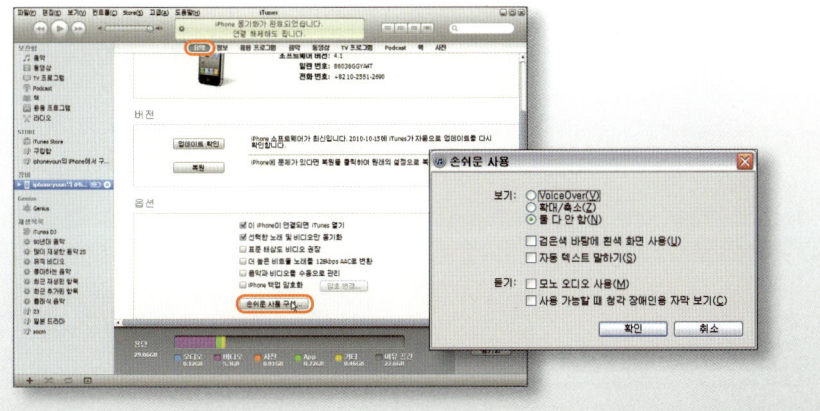

● VoiceOver의 웹 로터 기능

선택한 항목의 정보를 소리로 읽어주는 기능을 사용할 수 있습니다. 인터넷 등의 화면에서는 두 손가락으로 드래그하여 읽고 싶은 방향을 선택할 수 있습니다. 한 번 탭하면 항목 선택, 두 번 탭하면 실행을 합니다. 세 손가락으로 드래그하면 화면이 스크롤됩니다.

01 [손쉬운 사용] 화면에서 [VoiceOver]를 탭하면 다음과 같은 화면이 표시됩니다. [웹 로터]를 탭합니다.

02 다음과 같은 화면이 표시되면 [승인]을 탭합니다.

03 두 손가락으로 화면을 회전하는 것으로 항목을 표시할 수 있고 선택한 항목을 실행합니다.

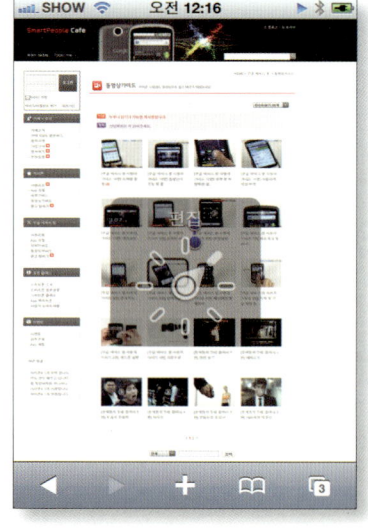

● 확대/축소

화면이 확대됩니다. 화면을 확대했을 경우에는세 손가락을 사용해야 합니다.

01 [손쉬운 사용] 화면에서 [확대/축소]를 탭하면 다음과 같은 화면이 표시됩니다. [확대/축소] 항목을 [On]으로 설정합니다.

02 다음과 같이 화면이 확대됩니다. 화면을 드래그하여 내용을 봅니다.

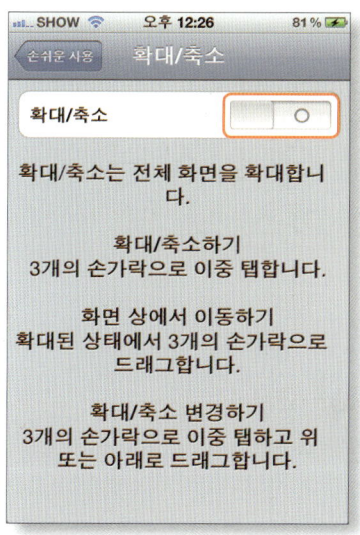

● 검정색 바탕에 흰색

화면의 대비를 높여 시력이 약한 분들도 손쉽게 아이폰을 사용할 수 있도록 하는 기능입니다.

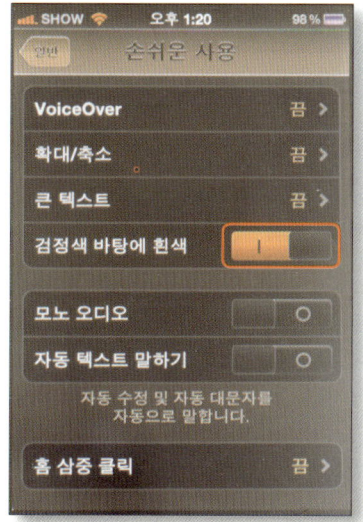

● 큰 텍스트

텍스트 크기를 변경할 수 있습니다. 메시지와 메일 등에서 크기를 지정하여 볼 수 있습니다.

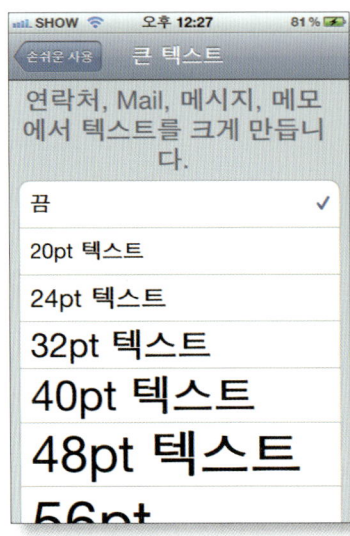 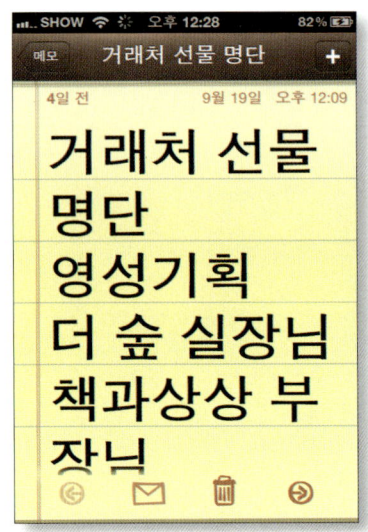

6 배경화면 바꾸기

잠금을 해제할 때나 통화중에 표시되는 배경화면을 변경할 수 있습니다. 아이폰에서 제공하는 이미지를 이용할 수 있고, 자신이 직접 찍은 사진을 이용할 수도 있습니다.

01 홈 화면에서 [설정]-[배경화면]을 탭합니다.

02 [배경화면] 화면이 표시되면 잠금 해제 화면과 홈 화면 중에서 하나를 선택합니다.

`03` [배경화면]은 아이폰이 기본적으로 제공하는 사진이고, [카메라 롤]에는 아이폰 카메라로 찍은 사진들이 들어 있습니다. 여기서는 [배경화면]을 탭해 봅니다.

`04` [배경화면]이 표시되면 원하는 이미지를 탭합니다.

`05` 선택한 배경화면을 미리볼 수 있도록 표시됩니다. 마음에 들면 [설정]을 탭합니다.

`06` 선택한 배경화면을 잠금 화면으로 사용할 것인지 홈 화면으로 사용할 것인지를 선택합니다. 여기서는 [둘 다 설정]을 탭합니다.

07 배경화면이 변경된 홈 화면입니다.

08 배경화면이 변경된 잠금 화면입니다.

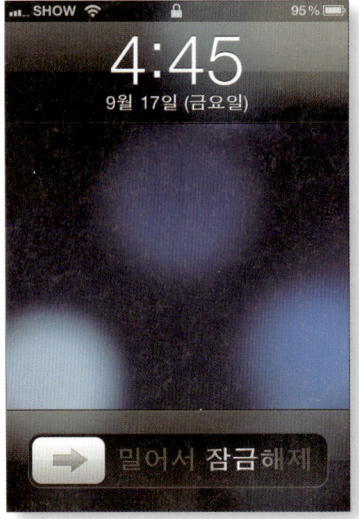

08 아이폰제대로쓰기
배터리 절약하기

외출 중 배터리가 조금밖에 남아 있지 않은 경우에는 난감합니다. 조금이라도 배터리 소모를 줄이려면 어떻게 하는 것이 좋을까요. 여기서 몇 가지 방법을 소개합니다. 전파 기능을 꺼 [에어플레인 모드]로 설정하거나, 액정의 밝기를 약간 어둡게 하거나 액정을 꺼두는 것도 좋은 방법입니다. 비디오 재생은 배터리 소모가 크므로 사용하지 않는 것이 도움이 됩니다. 통신은 배터리 소모가 매우 크므로 배터리 잔량이 별로 없는 경우에는 사용하지 않도록 임시로 설정하는 것이 좋습니다. 또한 통신을 하지 않아도 Wi-Fi와 Bluetooth의 전파를 켜 두는 것만으로도 배터리가 소모되므로 이 설정을 끄는 것이 좋습니다.

`01` 홈 화면에서 [설정] 어플을 실행하여 [설정] 화면이 나타나면 다음과 같이 [에어 플레인 모드]를 [On]으로 설정합니다.

`02` WI-FI 신호를 찾거나 유지할 때도 배터리가 소모되므로 평소에는 꺼놓는 것이 좋으며, 켜 놓을 때라도 [네트워크 연결 요청]을 [On]으로 설정한 상태에서 장소를 이동하면 배터리가 훨씬 더 많이 소모되므로 [Off]로 설정합니다.

`03` 설정 화면에서 [일반]을 탭하여 [일반] 화면이 표시되면 [Bluetooth]를 끕니다.

`04` [위치 서비스] 정보도 [끔]으로 설정합니다.

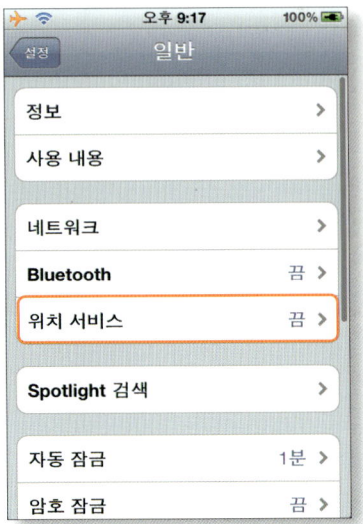

`05` [설정] 화면에서 [밝기]를 탭하여 [밝기] 화면이 표시되면 슬라이드 바를 왼쪽으로 밀어 흐리게 표시합니다.

`06` [설정] 화면에서 [iPod]을 탭하여 [iPod] 화면이 표시되면 [음량 자동 조절]을 끄고, [EQ]도 [끔]으로 설정합니다.

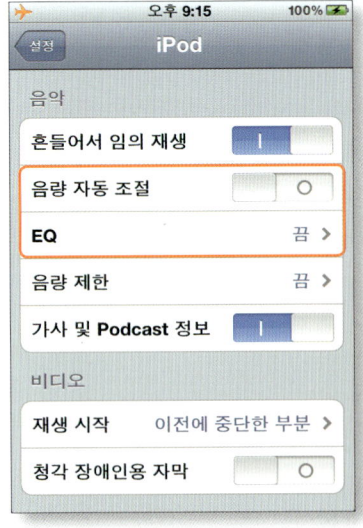

`07` [설정] 화면에서 [메일, 연락처, 캘린더]를 선택하여 [메일, 연락처, 캘린더] 화면이 표시되면 [데이터 업데이트]를 탭합니다.

`08` [데이터 업데이트] 화면에서 [푸시]를 Off로 설정하고 [가져오기]를 [수동]으로 설정합니다.

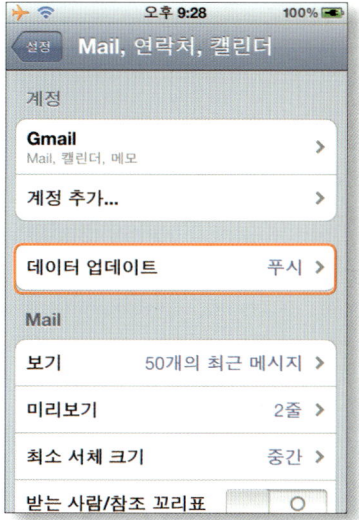

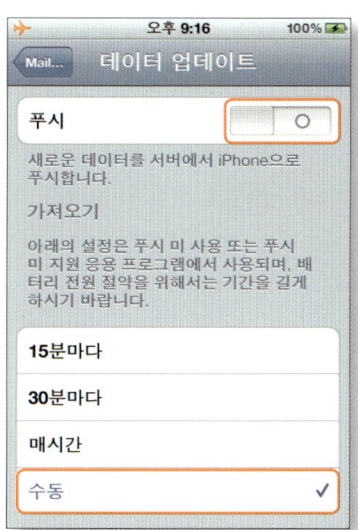

`09` [설정] 화면에서 [알림]을 탭합니다.

`10` [알림] 화면에서 [알림]을 Off로 설정합니다.

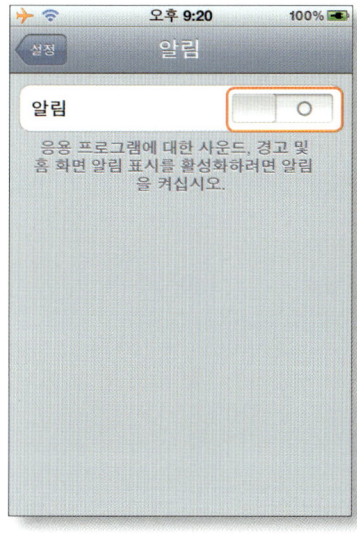

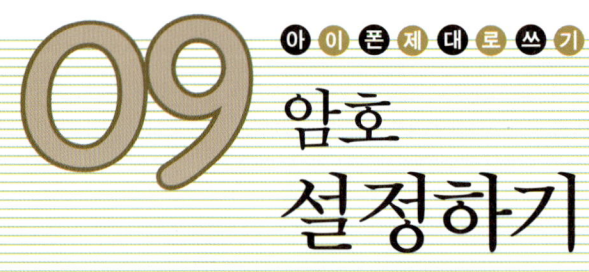

09 암호 설정하기

암호를 모르면 전화를 걸고받거나 어플 등을 사용할 수 없도록 암호를 설정하는 방법을 알아봅니다. 암호를 모르면 아이폰을 아예 열 수 없으므로 암호를 잊어버리지 않도록 주의해야 합니다.

① 암호 잠그기

01 홈 화면에서 [설정]-[일반]-[암호 잠금]을 선택합니다. [암호 잠금] 화면이 나타나면 [암호 켜기]를 탭합니다.

02 [암호 설정] 화면이 표시되면 숫자 키패드를 탭하여 4자리의 암호를 입력합니다.

➕ **암호 기억하기**
암호를 잊어버리면 아이폰 소프트웨어를 복원해야 하니, 절대 잊지 않도록 주의합니다.

03 [암호 재입력] 화면이 표시되면 같은 암호를 한 번 더 입력합니다.

04 암호가 설정되었습니다. 이제부터 아이폰을 사용하려면 암호를 입력해야 합니다.

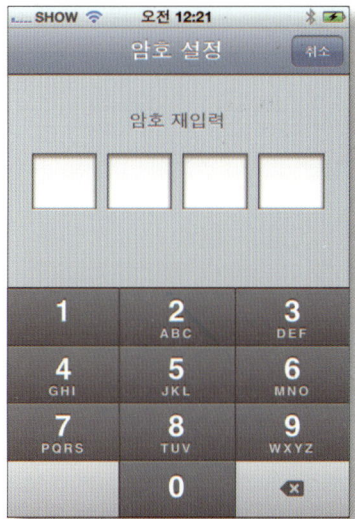

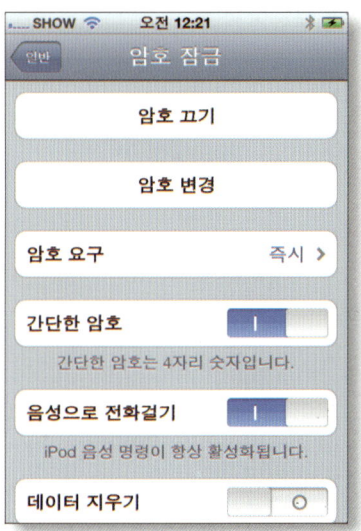

05 이제부터는 아이폰을 사용하기 위해 [밀어서 잠금 해제]를 하려고 하면 다음과 같이 암호를 입력하는 화면이 표시됩니다.

06 만약 암호가 틀리면 다음과 같이 잘못된 암호라고 표시됩니다. 다시 정확히 입력합니다.

② 암호 잠금 해제하기

`01` 홈 화면에서 [설정]-[일반]-[암호 잠금]을 선택하면 [암호 잠금] 화면이 표시됩니다. [암호 끄기]를 탭합니다.

`02` [암호 끄기] 화면이 표시되면 암호를 입력합니다. 여기에서 암호를 입력하면 암호 설정이 해제됩니다.

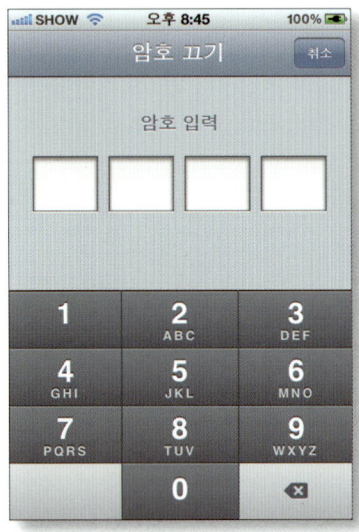

③ 어플 사용 제한하기

인터넷을 이용하는 어플을 사용할 수 없도록 하거나 음악, 카메라 등의 어플을 구입할 수 없도록 제한할 수 있습니다.

`01` 홈 화면에서 [설정]-[일반]-[차단]을 탭합니다.

`02` [차단] 화면이 표시되면 [차단 활성화]를 탭합니다.

`03` [차단 암호 입력] 화면이 표시되면 암호를 입력합니다.

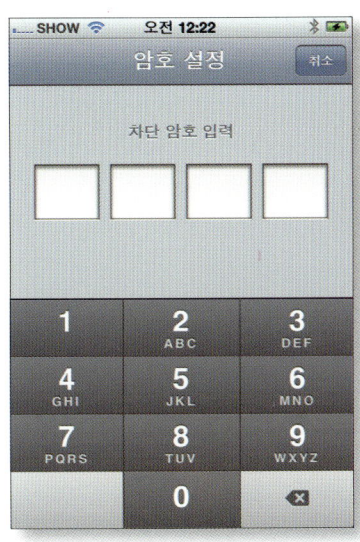

`04` [차단 암호 재입력] 화면이 표시되면 다시 한 번 암호를 입력하여 잠금을 해제합니다.

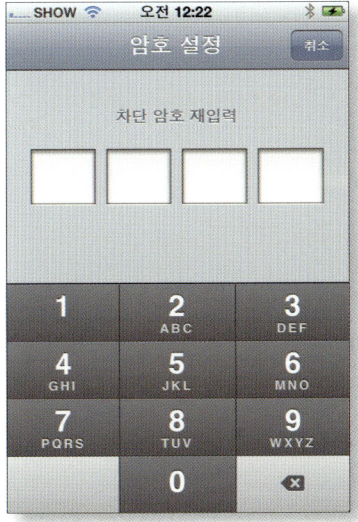

`05` [차단 비활성화] 화면이 나타나면 차단하고 싶은 항목을 선택하여 오프합니다. 여기서는 [Safari]를 [Off]로 설정했습니다.

06 홈 화면으로 돌아가면 Safari 어플이 사라진 것을 볼 수 있습니다. 사용 제한을 해제하기 해제하기 전까지는 Safari 어플을 사용할 수 없습니다.

 위치 정보 개별 설정하기

위치 정보는 일괄적으로 제한할 수도 있고 개별적으로 제한하도록 설정할 수 있습니다. 어플마다 설정하는 방법에 대해 알아봅니다.

❶ 홈 화면에서 [설정]-[일반]을 탭합니다. [일반] 화면이 표시되면 [위치 서비스]를 탭합니다.

❷ [위치 서비스] 화면이 표시되면 위치 정보를 사용할 것만 [On]으로 설정하고, 사용하지 않을 것은 [Off]로 설정해 사용합니다.

4 차단 해제하기

01 차단을 해제하려면 다시 홈 화면에서 [설정]-[일반]-[차단]을 탭합니다.

02 [암호 끄기] 화면이 표시되면 차단 암호를 입력합니다.

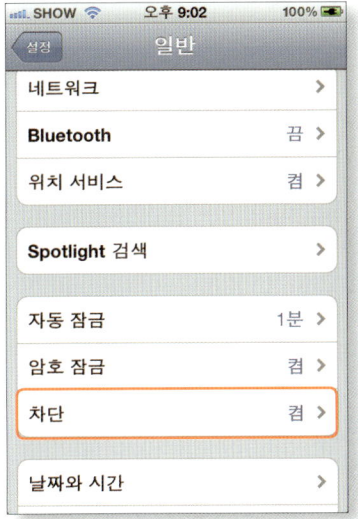
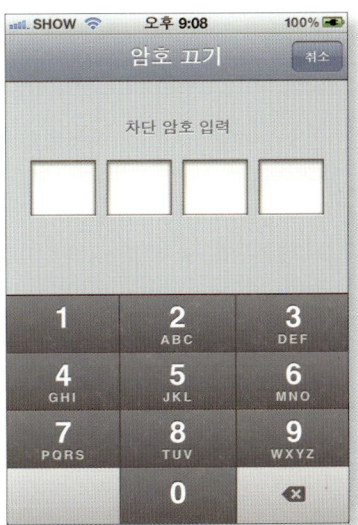

03 차단 화면이 표시되면 [차단 비활성화]를 탭하고, 허용할 항목을 설정합니다.

04 모두 허용으로 설정되었습니다. 이제 다시 Safari를 사용할 수 있습니다.

10  벨소리 설정하기

아이폰에서는 기본적으로 25가지의 벨소리를 이용할 수 있습니다. 이 중에서 원하는 벨소리를 이용해도 되고, 자신이 좋아하는 벨소리를 착신음으로 설정할 수도 있습니다. 벨소리는 착신음뿐만 아니라 타이머나 알람 등에서도 이용됩니다. 자신만의 벨소리를 설정하기 위해서는 iTunes에서 약간의 작업이 필요합니다. 여기서는 벨소리를 변경하는 방법에 대해 알아봅니다.

1. 자신만의 벨소리 만들기

아이폰에 자신만의 벨소리를 만들어 저장할 수 있습니다. 우리나라에서는 벨소리를 다운받아 사용할 수 없으므로 만들어서 사용해야 합니다. 아이폰에서 사용하는 벨소리 파일의 확장자는 m4r입니다. 음악 파일을 ACC 버전으로 만들어 파일을 바꾼 다음 확장자명을 m4r로 변경하면 됩니다. 벨소리는 여러 개 만들 수 있으며 길이는 30초 이내로 만드는 것이 좋습니다.

01 벨소리로 만들고 싶은 음악 파일을 음악 보관함에 넣습니다. 음악 파일을 마우스 오른쪽 단추로 눌러 [등록 정보] 메뉴를 선택합니다.

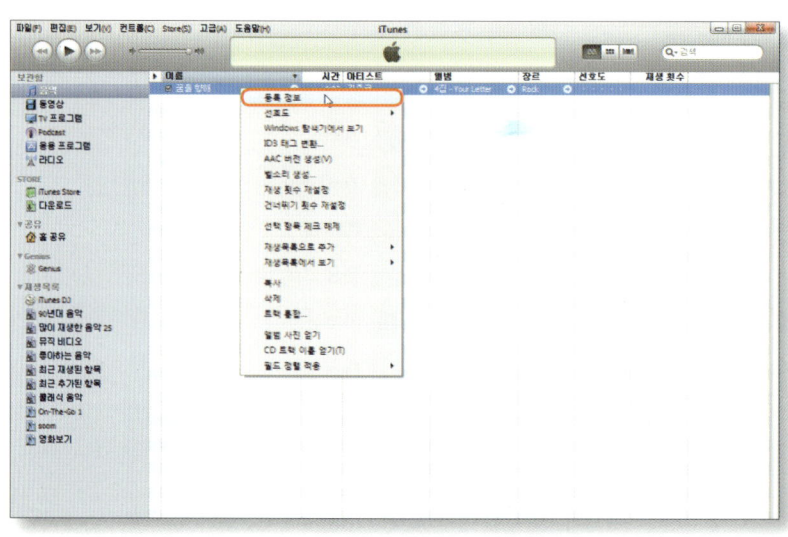

02 [iTunes] 대화상자가 나타나면 [옵션] 탭에서 [시작 시간]과 [정지 시간]을 지정하고 [확인] 단추를 클릭합니다. 여기서는 음악 재생 길이를 30초로 제한하였습니다.

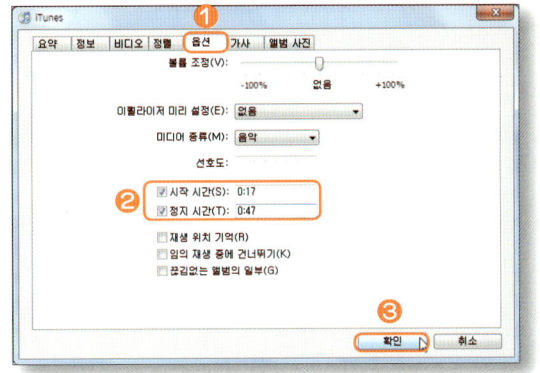

03 다시 한 번 음악 파일을 마우스 오른쪽 단추로 클릭하고 [AAC 버전 생성] 메뉴를 선택하여 앞서 시작 시간과 정지 시간을 설정한 파일의 30초에 해당하는 파일을 만듭니다.

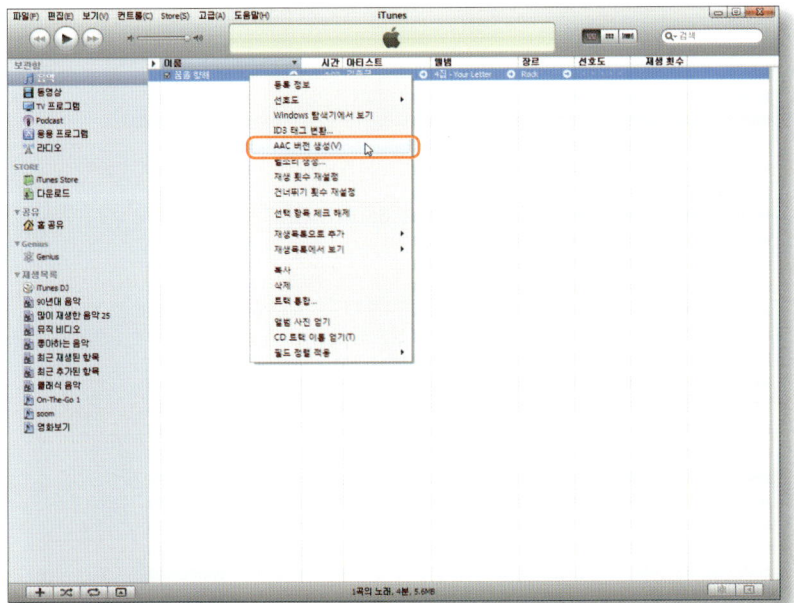

`04` 같은 파일명으로 2개의 파일이 생겼습니다. 시간을 보면 원본과 30초 길이의 파일인 것을 알 수 있습니다.

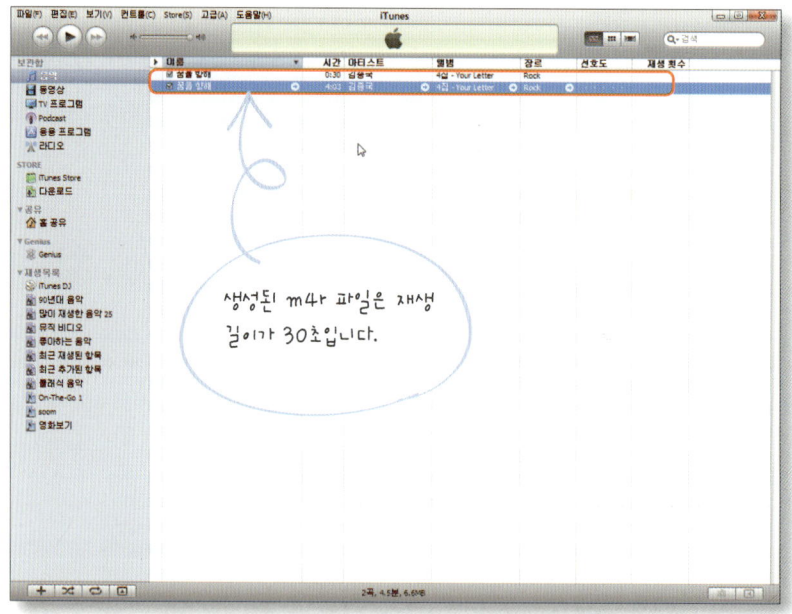

`05` ACC 인코더 파일의 확장자를 수정하기 위해 바탕화면으로 드래그하여 파일을 복사합니다.

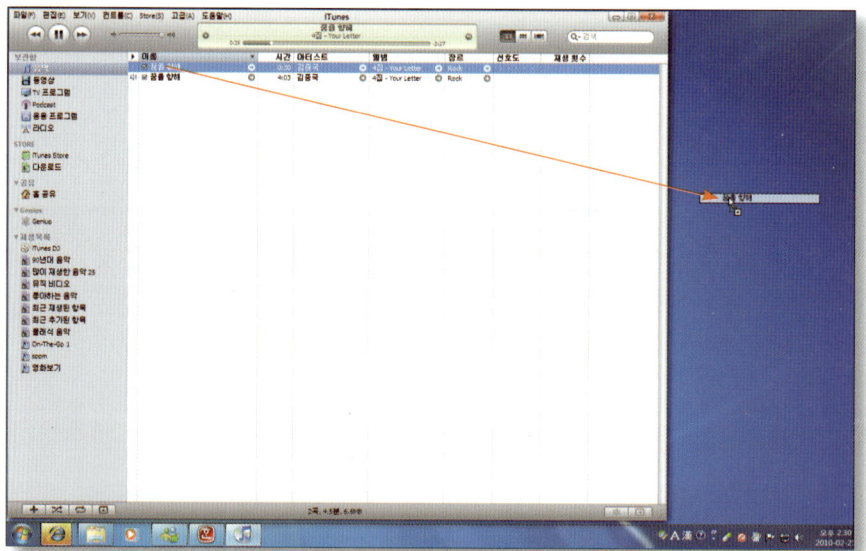

06 파일이 복사되었습니다. 파일의 확장자가 보이지 않는다면 확장자를 보이도록 설정해 보겠습니다. 탐색기를 실행한 다음 [도구]-[폴더 옵션] 메뉴를 선택합니다.

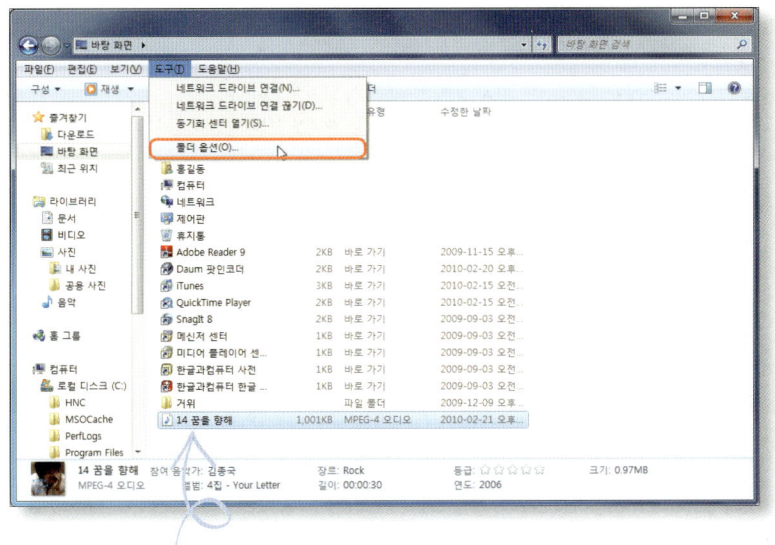

현재는 파일의 확장자가 보이지 않으므로 확장자가 보이도록 설정해야 합니다.

➕ 윈도우 7에서 도구 메뉴 이용하기
윈도우 7에서 메뉴를 사용하려면 [ALT]를 누르면 됩니다.

07 [폴더 옵션] 대화상자가 나타나면 [보기] 탭을 선택합니다. [고급 설정]에서 [알려진 파일 형식의 파일 확장명 숨기기] 항목을 선택하여 체크를 해제하고 [적용] 단추를 클릭하여 설정을 저장합니다. 이어 [확인] 단추를 클릭합니다.

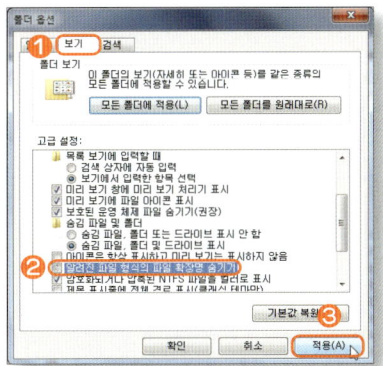

08 　 이제 파일의 확장자가 보일 것입니다. 파일 이름을 수정하기 위해 파일명을 클릭합니다.

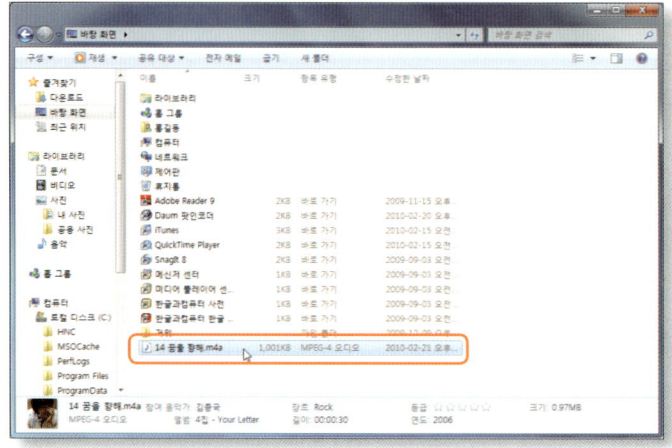

09 　 확장자를 m4r로 수정하면 [이름 바꾸기] 대화상자가 나타납니다. [예] 단추를 클릭합니다.

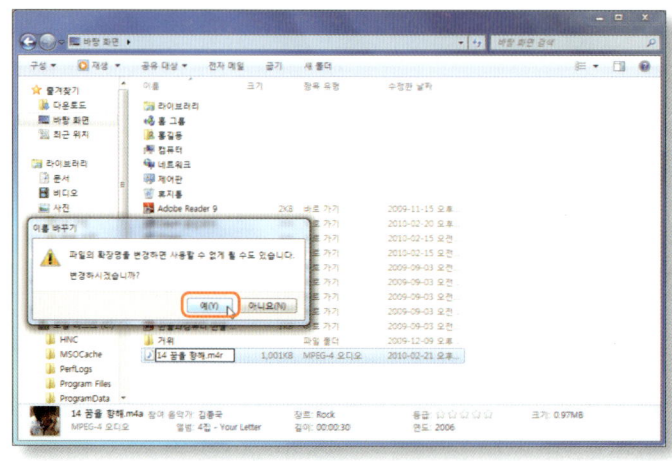

10 파일의 확장자가 수정되었습니다.

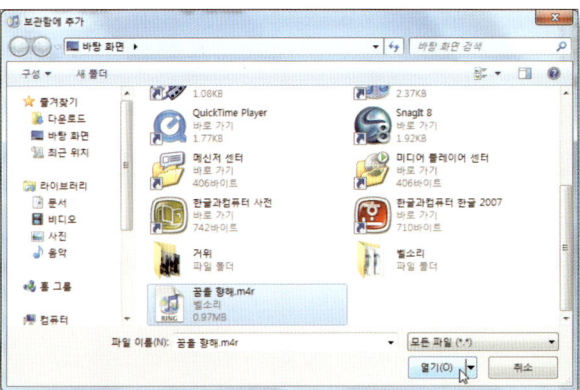

11 파일을 보관함으로 드래그하면 [벨소리] 폴더가 생기며 [벨소리] 파일이 들어갑니다.

12 같은 방법으로 다른 파일도 벨소리 파일로 만들어 넣었습니다. 다음은 총 2개의 벨소리 파일을 만든 화면입니다. 이제 아이폰을 연결한 다음 두 개의 파일을 선택하고 [장비]의 아이폰으로 드래그합니다.

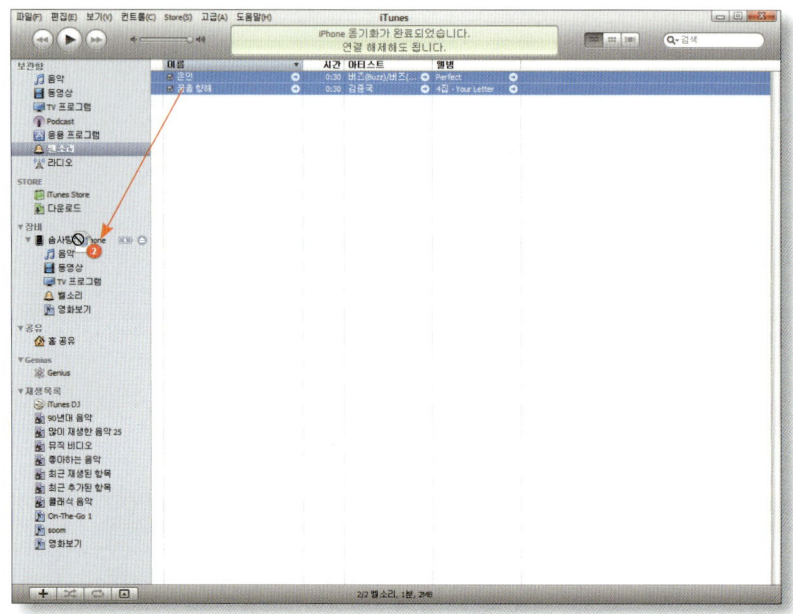

13 아이폰을 선택하고 [벨소리] 탭을 선택하면 보관함에 있는 벨소리 목록을 확인할 수 있습니다. 그림과 같이 설정하고 [적용] 단추를 클릭합니다.

14 이제 [동기화] 단추를 눌러 아이폰과 벨소리를 동기화합니다.

15 아이폰을 분리한 다음 홈 화면에서 [설정]-[사운드]-[벨소리]를 선택하면 다음과 같이 앞서 동기화한 벨소리 목록이 있는 것을 확인할 수 있습니다. 이제부터는 새로 만든 벨소리를 사용할 수 있습니다.

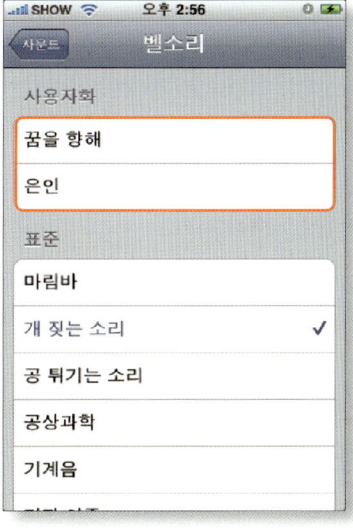

audiko에서 벨소리로 변환하기

앞에서는 iTunes를 이용하여 음악 파일을 벨소리로 변경하는 방법에 대해 알아보았습니다. 이렇게 벨소리로 만드는 과정을 제공하는 사이트가 있습니다. http://audiko.net/ 사이트를 이용하면 m4r로 간단하게 변경할 수 있습니다. 어떻게 하는지 알아봅니다.

`01` http://audiko.net/ 사이트에 접속한 다음 [Upload] 단추를 클릭합니다.

`02` [st2.audiko.net에서 업로드할 파일 선택] 대화상자에서 변환할 파일을 선택하고 [열기] 단추를 클릭합니다.

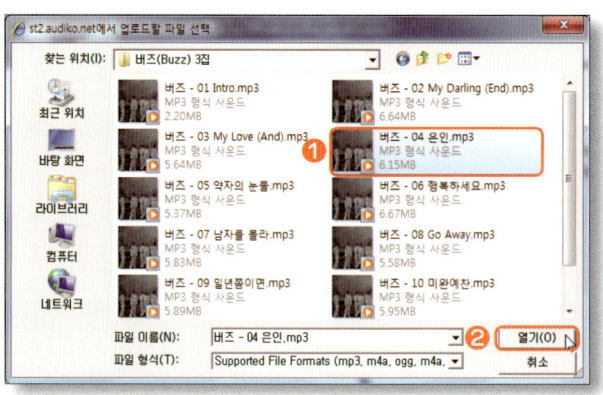

03 Uploading 화면이 표시됩니다. 잠시 기다립니다.

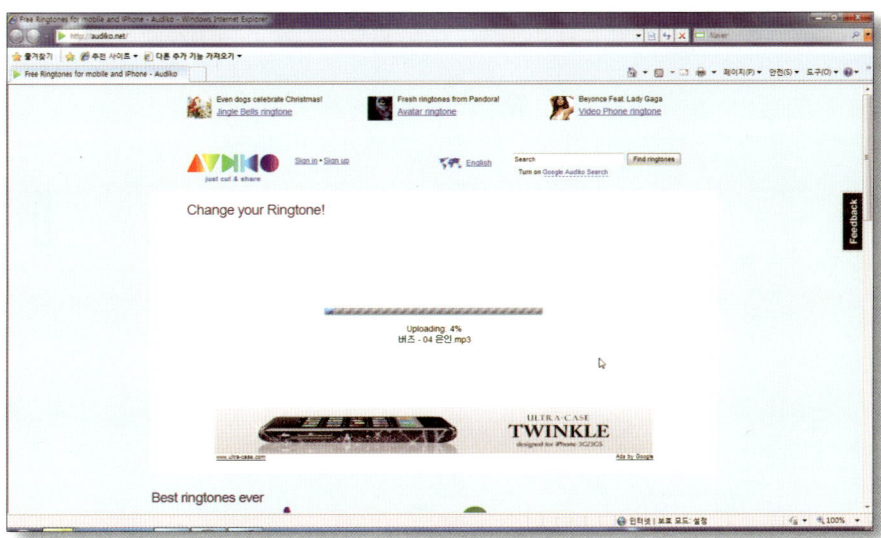

04 Upload가 끝나면 벨소리로 변환한다는 메시지가 표시됩니다. 파란색 부분을 드래그하여 벨소리로 사용할 부분을 지정합니다.

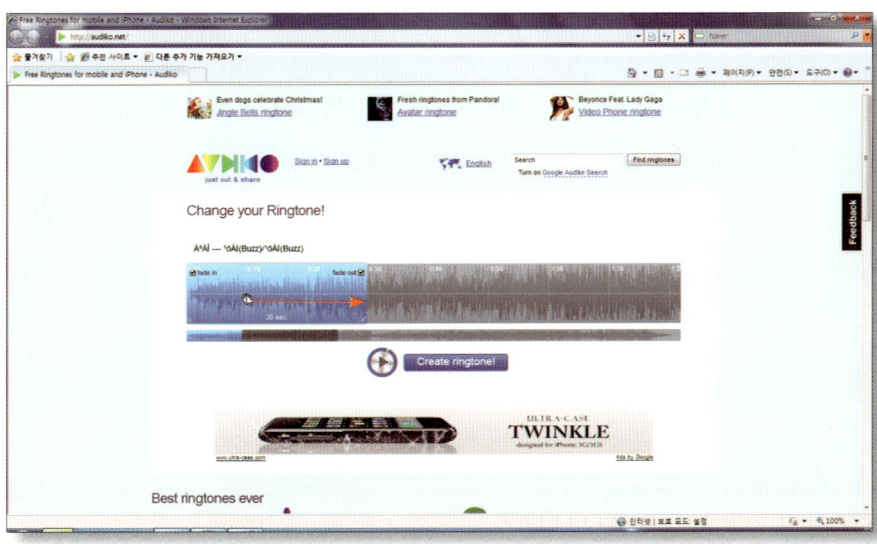

05 드래그하여 위치를 수정한 다음 [Create Ringtone!] 단추를 클릭합니다.

06 이제 마지막으로 아이폰용 파일로 변환하기 위해 [Download ringtone for iPhone]을 클릭합니다.

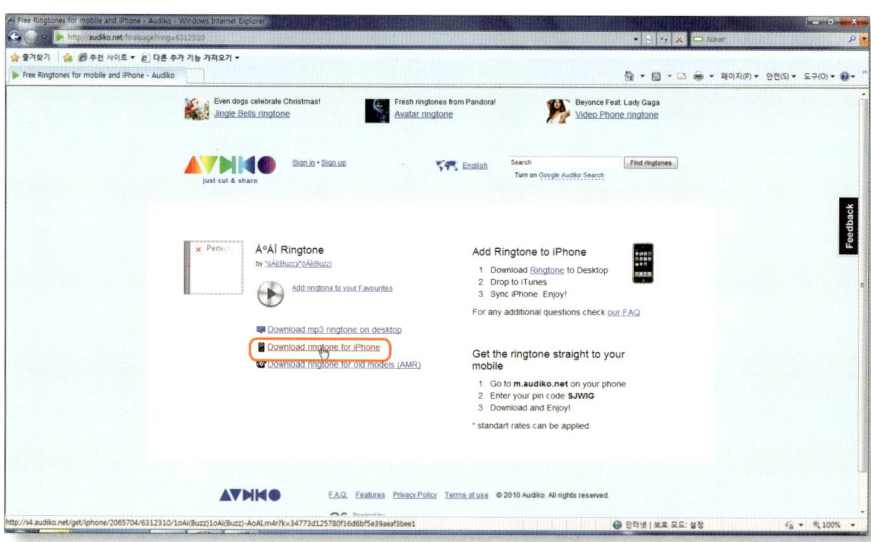

`07` [파일 다운로드] 대화상자가 나타나면 [저장] 단추를 클릭하여 파일을 저장합니다.

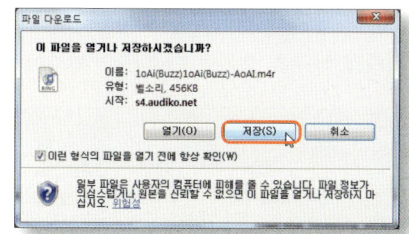

`08` [다른 이름으로 저장] 대화상자가 나타나면 폴더를 지정하고 [저장] 단추를 클릭합니다. 이때 파일명은 잘 알아볼 수 있도록 수정하는 것이 좋습니다.

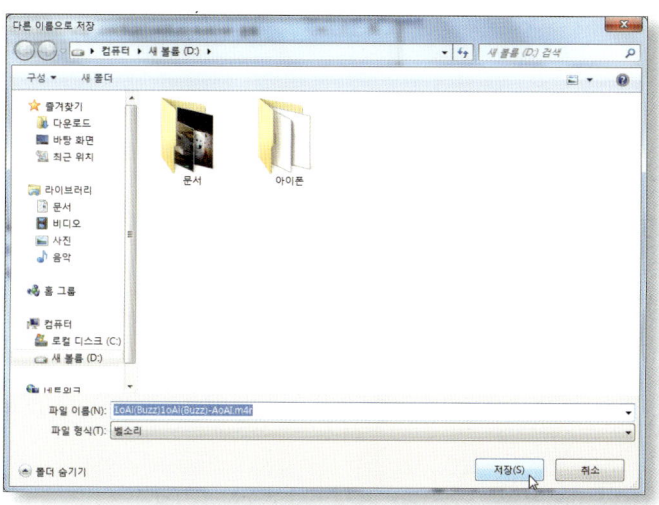

`09` iTunes에서 [파일]-[보관함에 파일 추가] 메뉴를 선택하면 나타나는 대화상자에서 파일을 선택하고 [열기] 단추를 클릭합니다.

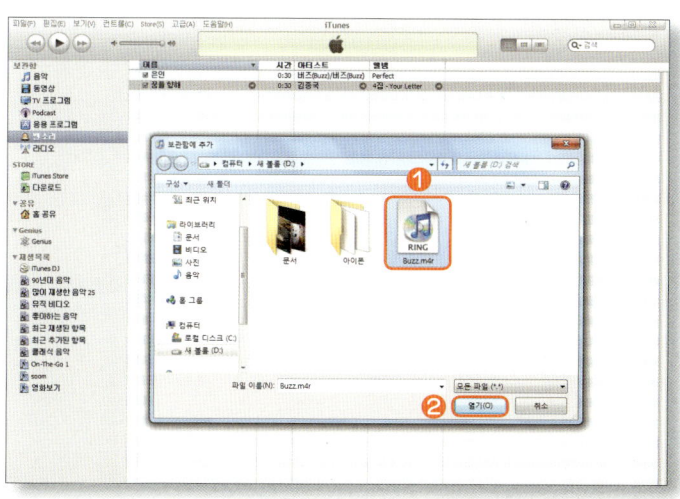

`10` 파일을 불러왔는데 다음과 같이 파일명이 제대로 보이지 않을 경우에는 파일을 선택하고 마우스 오른쪽 단추를 클릭하여 [등록 정보] 메뉴를 선택합니다.

`11` [정렬] 탭에서 [이름]과 [아티스트]를 변경하고 [확인] 단추를 클릭합니다.

`12` 파일명이 제대로 표시됩니다. 이제 아이폰과 동기화시켜 벨소리로 이용하면 됩니다.

아 이 폰 제 대 로 쓰 기

P·A·R·T·3
전화와 메시지편

11 전화 사용하기

아이폰의 디자인이나 조작성은 우리가 늘 사용하던 일반 휴대폰과 달라 처음엔 좀 낯설 수도 있지만, 키보드의 문자도 크고 전화를 하면서 메모를 하는 등 여러 가지 기능을 사용할 수 있어 훨씬 편리합니다. 여기서는 전화를 걸고 받는 방법, 음성으로 전화 거는 방법, 영상 통화하는 방법 등 다양한 전화 사용법을 알아봅니다.

전화 걸고 받기 ⊙ 기억나세요? ← 20쪽

① 연락처에서 전화 걸기

전화번호를 외우지 못하는 경우가 많기 때문에 연락처에서 거는 경우가 많습니다. 연락처에 등록되어 있는 상대방을 찾아 전화를 걸어 보겠습니다.

01 홈 화면에서 [전화] 어플을 탭합니다.

02 [연락처]를 탭하여 연락처 목록이 표시되면 원하는 상대방을 탭합니다.

연락처 등록하기 ⊙ 이어 보면 좋아요! ➡ 173쪽

`03` 연락처에서 걸고 싶은 번호를 탭하여 전화를 겁니다.

`04` 전화가 연결됩니다.

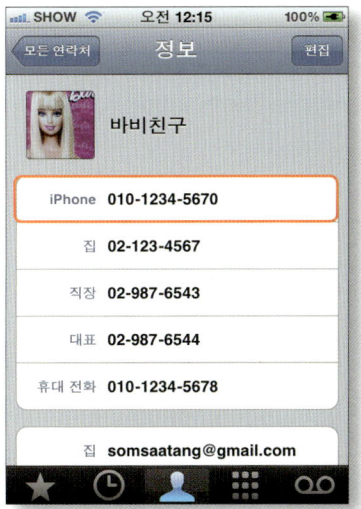

② 최근 통화 목록에서 전화 걸기

최근 통화했던 목록에서 원하는 상대방을 찾아 전화를 걸 수 있습니다.

`01` [전화] 어플을 탭한 다음 [최근 통화]를 탭하면 최근 통화 목록이 표시됩니다. 전화를 걸고 싶은 상대방의 ◉ 아이콘을 탭합니다.

`02` 정보 화면이 표시되면 전화번호를 탭하여 전화를 겁니다.

통화 화면에서 사용하는 기능

▲ ARS 로 전화 거는 경우 주민등록번호 등을 입력해야 할 때가 있습니다. 이런 경우 [키패드]를 탭하여 숫자판이 나타나면 번호를 입력합니다. [키패드 가리기]를 탭하면 다시 원래 화면으로 돌아갑니다.

▲ 스피커를 통해 소리를 들으려면 [스피커]를 탭합니다.

▲ [소리 끔]을 탭하면 전화를 거는 사람의 소리는 들리지 않지만 자신의 소리는 상대방에게 들립니다.

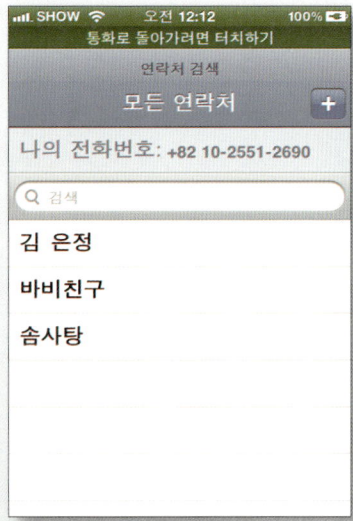

▲ 통화중에 [홈] 단추 등을 눌러 다른 작업을 하다가 다시 통화중 화면으로 돌아가려면 위쪽의 녹색 부분을 터치하면 됩니다.

③ 음성으로 전화 걸기(아이폰 3GS만 가능)

아이폰의 키보드를 누르지 않고 음성으로도 전화를 걸 수 있습니다. 이 기능은 아이폰 3GS에서만 가능하며 정확하게 발음하는 것이 중요합니다.

01 [홈] 단추를 길게 누르면 [음성으로 조절하기] 화면이 나타납니다(아이폰 헤드셋의 가운데 단추 또는 Bluetooth 헤드셋의 동일한 단추를 눌러도 됩니다).

02 연락처에 있는 사람의 이름과 "전화"를 이어서 말합니다. 이때 발음이 정확히야 하며, 한 사람의 전화번호가 두 개 이상 저장되어 있으면 "집" 또는 "핸드폰"을 추가로 말합니다.

음성으로 전화를 걸 때는 연락처에 입력되어 있는 목록만 가능하며 정확하게 발음해야 합니다.

03 전화가 연결된 후에는 키보드를 이용하여 전화를 걸었을 때와 같습니다.

최근 통화 목록에서 전화 걸기

[전화] 어플을 탭한 다음 [최근 통화]를 탭하면 최근 통화 목록이 표시됩니다. [전화] 어플과 [최근 통화] 위의 숫자는 확인하지 않은 통화 건수를 뜻합니다. 빨간색으로 표시된 목록은 부재중 전화를 의미하며, 화면 위의 [부재중 전화]를 탭하면 부재중 전화 목록만 확인할 수 있습니다. 이름 아래에 발신 전화 아이콘이 있는 목록은 걸은 전화를 나타냅니다.

 자신의 전화번호 보기
[전화] 어플을 실행하고 [연락처]를 탭하면 [모든 연락처] 화면이 표시됩니다. 화면 맨 위로 스크롤하면 자신의 전화번호를 확인할 수 있습니다.

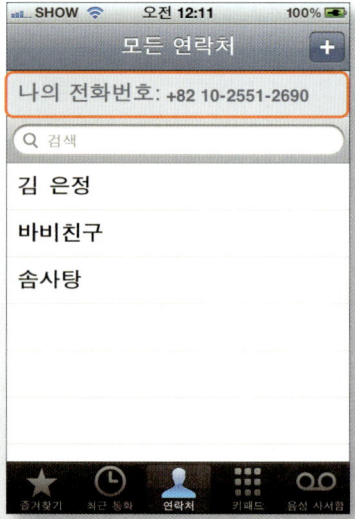

⑤ 발신번호 표시 제한으로 전화 걸기

전화 거는 사람이 누구인지 모르도록 전화를 거는 방법에 대해 알아봅니다.

`01` 홈 화면에서 [설정]-[전화]를 탭합니다. [전화] 화면이 표시되면 [나의 발신번호 보기]를 탭합니다.

`02` [나의 발신번호 보기]를 [Off]로 설정합니다.

`03` 이 상태로 전화를 걸면 상대방에게는 [발신번호 표시제한]으로 전화가 걸립니다.

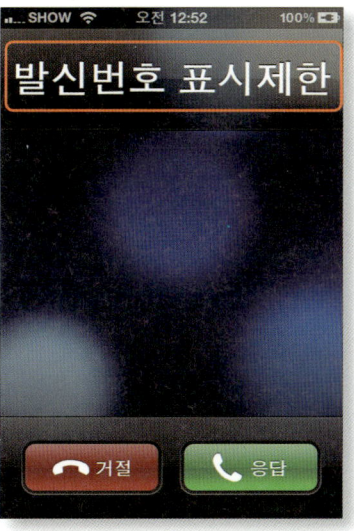

6 통화하면서 일정이나 어플 실행하기

일반적인 통화를 할 때는 통화를 하면서 일정을 살피거나 어플을 실행할 수 없지만 블루투스나 헤드셋을 이용하는 경우에는 통화를 하면서 아이폰에서 여러 가지 기능을 이용할 수 있습니다. 통화중에 다른 어플을 사용하려면 [홈] 단추를 눌러 보통 때와 같이 사용하면 됩니다.

01 통화중에 전화번호 등의 연락처를 확인하고 싶다면 통화중인 화면에서 [연락처]아이콘을 탭하면 됩니다.

02 연락처 화면이 표시되어 연락처를 확인할 수 있습니다. 화면 맨 위의 녹색 부분을 탭하면 통화중인 화면으로 돌아갑니다.

03 통화중에 [홈] 단추를 한 번 누르면 홈 화면이 표시됩니다.

`04` 그림과 같이 홈 화면이 나타나며 화면 위쪽에 녹색바가 함께 표시됩니다.

`05` 다음과 같이 통화중에 어플들을 실행할 수 있습니다. [통화로 돌아가려면 터치하기]를 탭하면 통화 화면으로 다시 돌아갑니다.

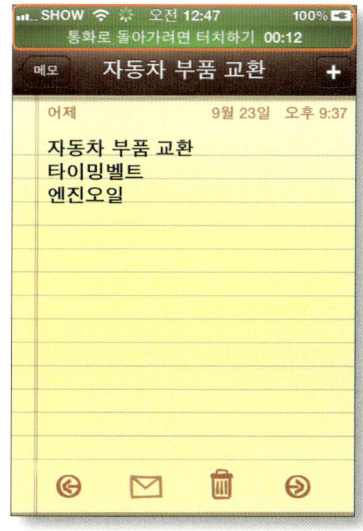

 헤드셋으로 전화 받기
헤드셋이 연결되어 있는 경우에는 가운데 단추를 누르면 전화가 연결됩니다. 헤드셋을 연결했어도 무음으로 설정하지 않은 경우에는 벨소리가 들립니다.

통화중에 다른 사람에게 전화 걸기

통화중에 걸려오는 전화를 받을 수 있음은 물론 다른 사람에게 전화를 걸 수도 있습니다.

`01` 통화중에 화면에서 [통화 추가]를 탭합니다.

`02` [키패드]를 선택하여 키패드가 화면에 보이게 하고 전화 번호를 탭하여 전화를 겁니다.

`03` 현재 두 사람과 전화 통화를 하고 있는 상태입니다. 한 사람은 대기 상태이며 한 사람과 통화중입니다.

`04` 통화할 사람을 변경하려면 [바꾸기]를 탭합니다.

⑧ 영상 통화 걸기

서로 상대방의 얼굴을 보면서 영상 통화를 할 수 있습니다. 다만 양쪽 모두 와이파이가 되는 곳에 있어야 하며 아이폰4끼리만 영상 통화가 가능합니다.

`01` 전화를 건 다음 연결을 기다립니다.

`02` 전화가 연결되면 [FaceTime]을 탭합니다.

`03` [FaceTime]이 실행되며 영상 통화를 하기 위한 준비를 합니다.

`04` 전화가 연결되면 상대방의 얼굴을 보면서 전화할 수 있습니다.

9 영상 통화 받기

01 영상 통화로 전화가 걸려오면 다음과 같은 화면이 표시됩니다. 영상 통화를 할 것이면 [승인]을 탭합니다.

02 바로 영상 통화로 연결됩니다.

전면 카메라와 후면 카메라를 서로 바꾸어 이용할 수도 있습니다.

12 아이폰 제대로 쓰기
메시지(문자) 주고받기

핸드폰으로 통화 외에 가장 많이 이용하는 것이 문자 주고받기일 것입니다. 아이폰에서는 문자를 주고받을 때 홈 화면에 있는 메시지 어플을 이용합니다. 메시지 어플을 이용하면 문자만 오고가는 간단한 메시지는 물론 사진이나 비디오, 자신이 있는 위치 정보 등 다양한 정보를 주고받을 수 있습니다.

메시지 기본 기능 ⊙ **기억나세요?** ← **25쪽**

1 그림이 있는 문자 메시지 보내기

단순히 문자 메시지만 주고받는 게 아니라 사진이나 동영상을 함께 보낸다면 더욱 친근하고 재미있게 대화할 수 있을 것입니다.

01 홈 화면에서 [메시지] 어플을 탭하여 실행합니다. [메시지] 화면이 표시되면 ✎를 탭합니다.

02 [새로운 메시지] 화면이 표시되면 우선 받는 사람의 전화번호를 입력하거나 연락처에서 선택합니다. 사진을 첨부하기 위해 ◎를 탭합니다.

사진 찍기 ⊙ **이어 보면 좋아요!** ➡ **234쪽**

`03` 사진을 직접 찍으려면 [사진 또는 비디오 찍기]를 선택하고 앨범에서 가지고 오려면 [기존 항목 선택]을 탭합니다. 여기서는 [기존 항목 선택]을 탭해 봅니다.

`04` [사진 앨범]이 표시되면 메시지에 첨부해 보낼 사진이 있는 위치를 탭합니다.

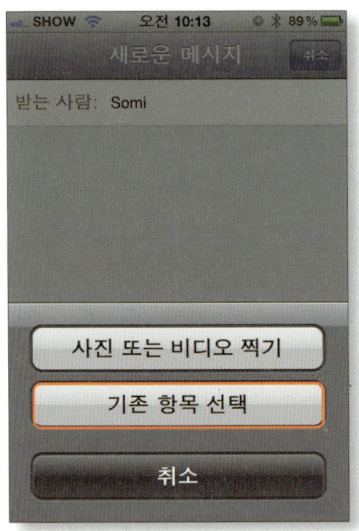

`05` 보낼 사진을 탭합니다.

`06` 다음과 같이 화면이 바뀌면 [선택]을 탭합니다.

07 [새로운 MMS] 화면이 표시되었습니다. 내용을 마저 입력하고 [전송]을 탭합니다.

08 문자와 이미지가 함께 전송되었습니다.

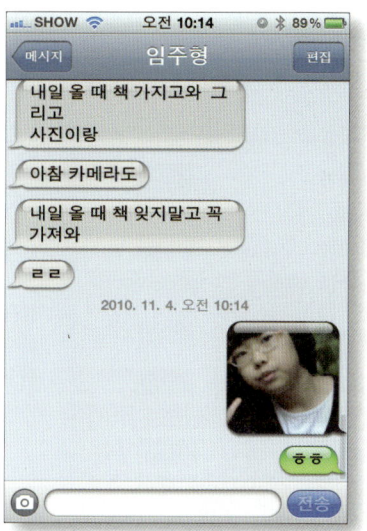

② SMS/MMS 설정하기

설정 화면에서 메시지에 대한 여러 가지 내용을 설정합니다. 홈 화면에서 [설정]-[메시지]를 탭합니다. [메시지] 화면이 표시되면 각 항목의 내용을 설정합니다.

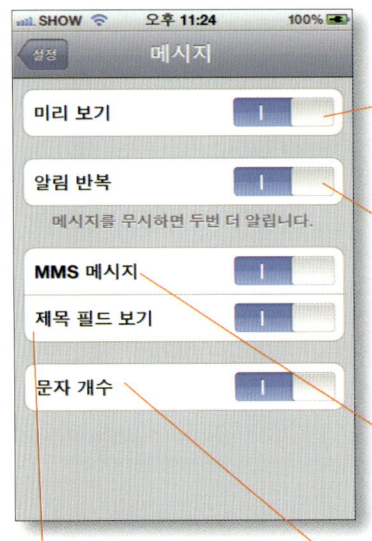

알림 반복 : 메시지를 확인하지 않으면 3번까지 알람을 울려 알려줍니다.

▲ 미리 보기 : 메시지 내용을 미리 볼 수 있도록 표시해줍니다.

▲ 제목 필드가 표시됩니다.

▲ 문자 수가 표시됩니다.

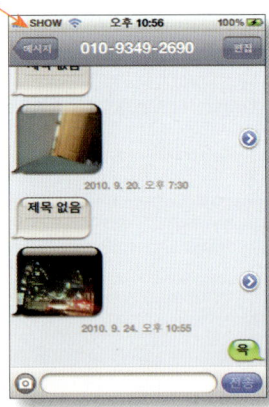

▲ [MMS 메시지]를 [On]으로 해야 그림 문자를 보내고 받을 수 있습니다.

③ 메시지 지우기

필요없는 메시지를 지워 깔끔하게 정리하는 방법에 대해 알아봅니다.

`01` 메시지 목록에서 편집을 탭합니다.

`02` 각 메시지 목록 앞에 ⊖ 아이콘이 표시됩니다. 지우고 싶은 메시지의 ⊖를 탭합니다.

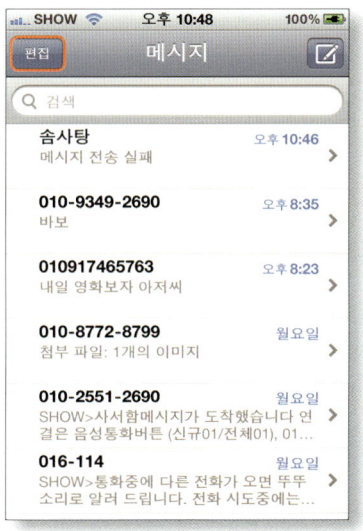
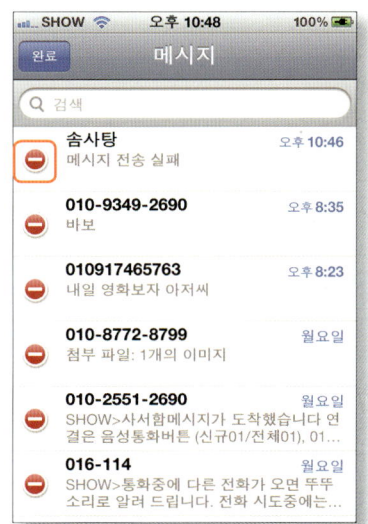

`03` 선택한 메시지의 아이콘이 ❶으로 바뀌며 [삭제] 단추가 표시됩니다. 삭제 단추를 탭합니다.

`04` 메시지가 삭제되었습니다.

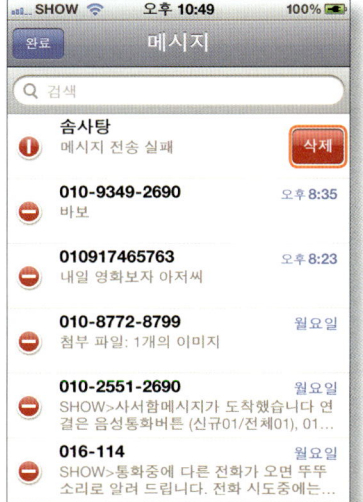
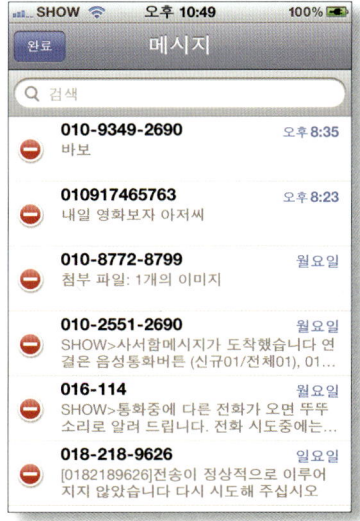

④ 개별 메시지 지우기

상대방과의 메시지 중에서 필요없는 메시지만 개별적으로 선택하여 지울 수 있습니다.

`01` 메시지 목록에서 편집을 탭합니다.

`02` 지우고 싶은 메시지를 탭하면 선택한 메시지 앞에 ◉ 아이콘이 표시됩니다. 모두 선택한 후 [삭제]를 탭합니다.

`03` 선택한 메시지가 모두 삭제되었습니다.

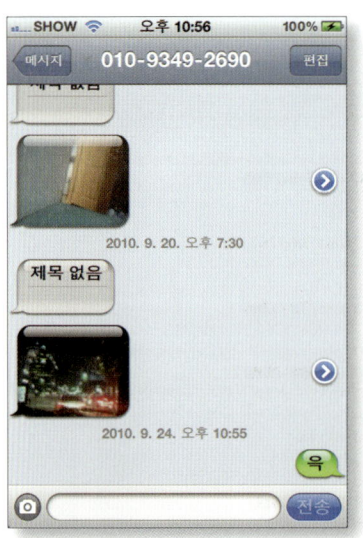

SMS와 MMS
가볍게 메시지만 주고받는 것은 SMS, 사진이나 비디오, 연락처 정보, 음성 메모를 첨부하여 메시지를 주고받는 것은 MMS라고 합니다.

13 아이폰제대로쓰기
연락처 등록하기

새로운 연락처를 등록하거나 기존의 연락처를 편집하는 방법 등에 대해 알아보고 아웃룩에 저장되어 있는 전화번호와 아이폰 4를 동기화하는 방법 등에 대해 알아보겠습니다.

연락처 기본 기능 · **기억나세요?** ← **24쪽**

① 새로운 연락처 등록하기

새로운 연락처를 등록하는 방법에 대해 알아보겠습니다. 걸려온 전화의 번호를 등록해도 되고 처음부터 입력하면서 등록해도 됩니다.

01 [홈] 화면에서 [전화] 어플을 탭하여 실행한 다음 [연락처]를 탭하면 다음과 같은 화면이 표시됩니다. 지금까지 등록한 모든 연락처 목록이, 아직 등록한 연락처가 없으면 그림과 같이 빈 화면이 나타납니다. 새로운 연락처를 등록하기 위해 ➕를 탭합니다.

`02` [새로운 연락처] 화면이 표시됩니다. 이곳에 이름부터 여러 가지 내용을 입력하고 사진도 추가할 수 있습니다.

`03` 사진부터 넣어 보겠습니다. [사진 추가]를 탭하면 사진을 찍을 것인지 사진을 선택할 것인지 묻는 화면이 표시됩니다.

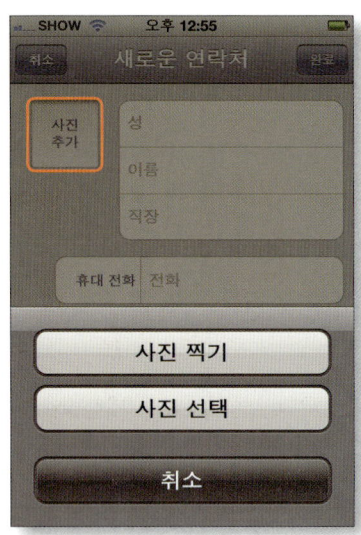

`04` [사진 찍기]를 선택하면 사진을 찍을 수 있는 화면이 표시됩니다. 를 탭하여 사진을 찍습니다.

`05` 찍은 사진이 마음에 들면 [사진 사용]을 탭합니다. 사진을 확대하거나 드래그하여 크기를 변경할 수도 있습니다.

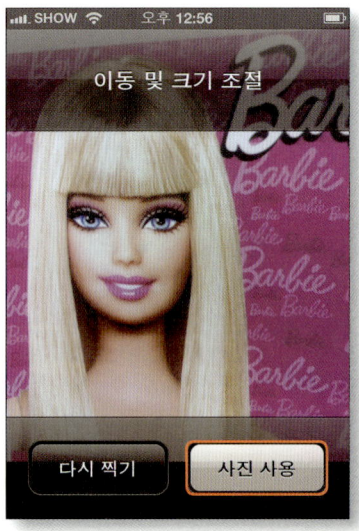

`06` 연락처에 사진이 삽입되었습니다.

`07` [성]이나 [이름]을 탭하여 이름을 입력합니다. 이어 전화번호를 입력합니다.

`08` 다른 전화번호와 메일 주소 등을 입력합니다.

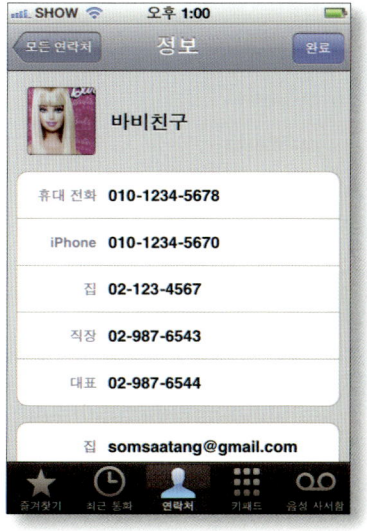

`09` 이 연락처에서 전화가 왔을 때의 벨소리를 지정할 수 있습니다. [벨소리]를 탭하여 다음과 같이 [벨소리] 화면이 표시되면 벨소리를 지정하고 [저장] 단추를 클릭합니다.

10 [새로운 주소 추가]를 탭하여 주소를 입력합니다.

11 기본적으로 표시되는 항목 외에 더 입력하고 싶은 정보가 있다면 [필드 추가]를 탭합니다. [필드 추가] 화면에서 더 필요한 내용을 입력합니다.

12 모든 내용을 입력했으면 [완료] 단추를 탭하여 내용을 저장합니다. 다음과 같은 [정보] 화면이 나타나 입력한 내용을 다시 확인할 수 있습니다.

② 키패드 화면에서 연락처 등록하기

`01` 키패드 화면에서 전화번호를 입력한 다음 ➕를 탭합니다.

`02` [새로운 연락처 등록]을 탭하여 연락처 내용을 입력하고 등록합니다.

③ 최근 통화 목록에서 연락처 등록하기

최근 통화 목록에서 연락처에 등록되지 않은 전화번호를 등록할 수 있습니다.

`01` 연락처로 등록할 사람의 목록에서 ▶를 탭합니다.

`02` [새로운 연락처 등록]을 탭하여 새로운 연락처로 작성합니다.

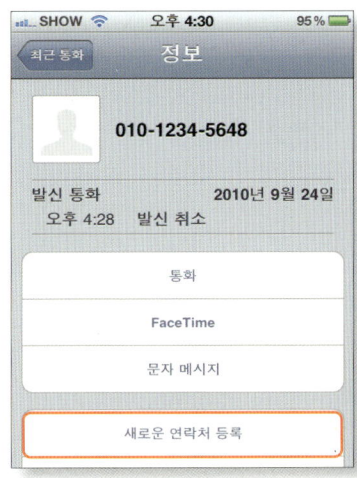

즐겨찾기

연락처 정보 화면에서 [즐겨찾기에 추가]를 탭하면 [즐겨찾기] 화면이 표시됩니다. [즐겨찾기]를 탭하면 등록된 즐겨찾기 목록을 확인할 수 있습니다.

❶ [즐겨찾기에 추가] 화면이 표시되면 추가할 번호를 탭합니다.

❷ 음성 통화인지 영상 통화인지를 탭하여 선택합니다.

❸ [정보] 화면이 표시되면 [즐겨찾기]를 탭합니다.

❹ 앞에서 즐겨찾기로 등록한 연락처가 표시됩니다. 앞으로는 자주 이용하는 전화번호는 즐겨찾기로 등록하고 사용하세요.

④ 연락처 편집하기

작성한 연락처는 편집하거나 삭제할 수 있습니다. 아이폰에서 변경한 데이터는 컴퓨터와 동기화할 때 자동으로 수정됩니다.

● 데이터 추가, 변경하기

`01` 연락처 목록에서 수정하고 싶은 연락처를 탭합니다.

`02` [정보] 화면이 표시되면 [편집]을 탭합니다.

`03` 편집 화면으로 변경됩니다.

`04` 이제 수정하고 싶은 곳을 탭한 다음 내용을 수정합니다.

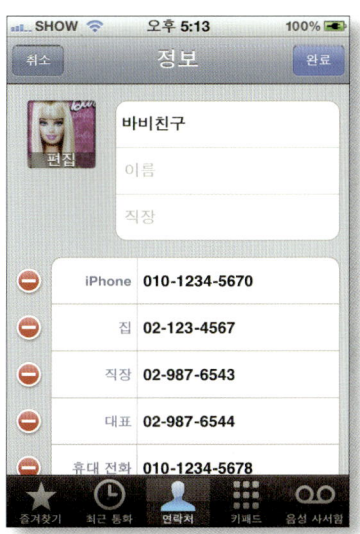

● 사진 편집하기

등록되어 있는 사진을 변경할 수 있습니다.

`01` 연락처 편집 상태에서 사진을 탭 합니다.

`02` 사진을 수정할 수 있는 메뉴가 표시되면 원하는 항목을 선택합니다. 여기서는 [사진 찍기]를 탭해보겠습니다.

`03` [사진 찍기] 화면이 표시되면 ⬛를 눌러 사진을 찍습니다.

`04` 찍은 사진을 사용할 것이면 [사진 사용]을 탭합니다.

 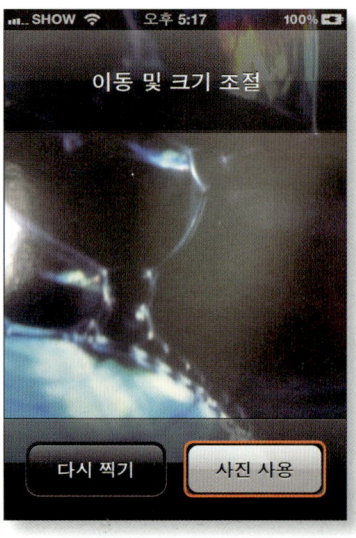

● 연락처 삭제하기

`01` 연락처 편집 화면에서 화면을 아래쪽으로 밀어 내려와서 맨 아래의 [연락처 삭제]를 탭합니다.

`02` 다시 한번 [연락처 삭제]를 탭하면 연락처가 삭제됩니다.

● 데이터 지우기

`01` 삭제하고 싶은 필드의 ●를 탭하면 ●이 ①으로 변경되며 삭제 단추가 표시됩니다. 삭제 단추를 탭합니다.

`02` 선택한 필드가 삭제되었습니다. [완료] 단추를 탭하면 수정이 완료됩니다.

⑤ 아웃룩 연락처를 아이폰과 동기화하기

`01` 다음은 컴퓨터에서 아웃룩 프로그램을 실행하여 연락처를 연 화면입니다. 이 내용을 그대로 아이폰으로 복사하여 사용하는 방법에 대해 알아봅니다.

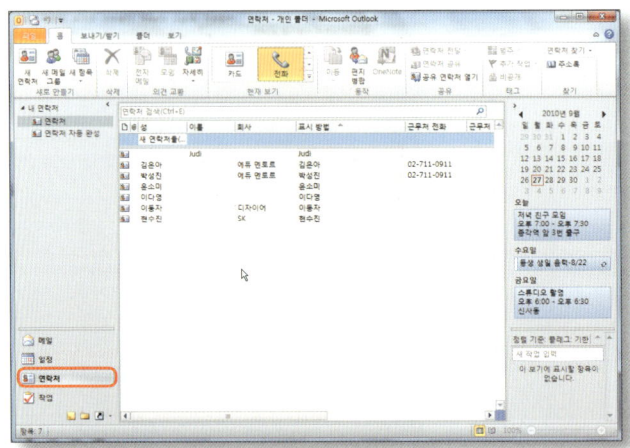

`02` 아이폰을 컴퓨터와 연결하고 iTunes를 실행하여 [정보] 탭을 선택합니다. [연락처를 다음과 동기화]에서 [Outlook]을 선택하고 [적용] 단추를 클릭합니다.

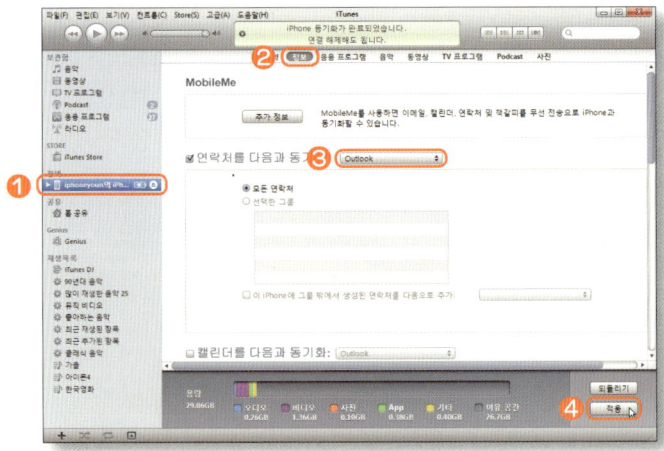

`03` 다음과 같은 대화상자가 표시되면 [병합] 단추를 클릭하여 내용을 합칩니다. 같은 이름이 있는 경우에는 연락처가 두 개 생기므로 나중에 다시 수정해야 하는 번거로움도 있습니다.

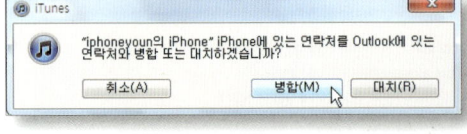

아이폰제대로쓰기

PART·4
인터넷과 메일편

아이폰제대로쓰기

인터넷 사용하기
Safari

아이폰에서는 [Safari]라는 어플을 통해 인터넷을 사용하며, 와이파이(Wi-Fi) 또는 3G망을 이용하여 접속하게 됩니다. 와이파이는 무선접속장치(AP)가 설치된 곳의 일정 거리 안에서 초고속 인터넷을 할 수 있는 근거리통신망(LAN)을 말하는 것으로, 주로 무선 랜이 되는 곳이나 스타벅스 등과 같이 인터넷을 무료로 이용할 수 있는 곳에서 사용합니다. 또 3G망은 인터넷을 사용하는 만큼 요금을 지불하는 방식을 말합니다. 와이파이로 설정하여 인터넷을 사용하던 도중에 와이파이 설정이 자동 해제되며 3G망으로 넘어가는 경우가 있습니다. 이런 경우에는 자신도 모르게 인터넷 사용 요금을 과다하게 지불하게 되므로 주의해야 합니다. 꼭 필요할 때가 아니라면 와이파이로 인터넷을 사용해야겠죠.

인터넷 기본 기능 ⓘ 기억나세요? ← 28쪽

① 새로운 빈 페이지 만들기

홈 화면에서 [Safari] 어플을 실행하여 인터넷에 접속한 다음 빈 페이지를 만들어 새로운 사이트를 검색하는 방법에 대해 알아봅니다.

`01` 새로운 페이지를 만들기 위해 ▭를 탭합니다.

`02` [새로운 페이지]를 탭합니다.

`03` 새로운 페이지가 표시되었습니다. 직접 주소를 입력해도 되고 책갈피 아이콘을 탭하여 선택해도 됩니다. 여기서는 책갈피 아이콘을 탭해 보겠습니다.

`04` [책갈피] 화면이 표시되면 [Yahoo!]를 탭해 봅니다.

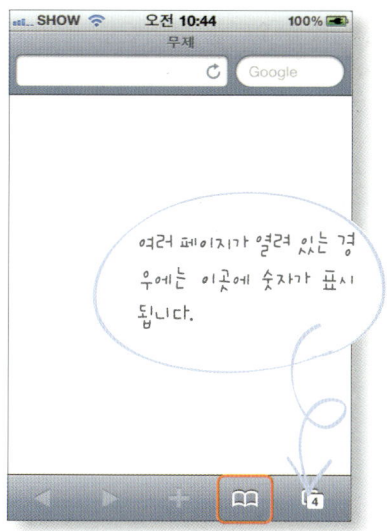

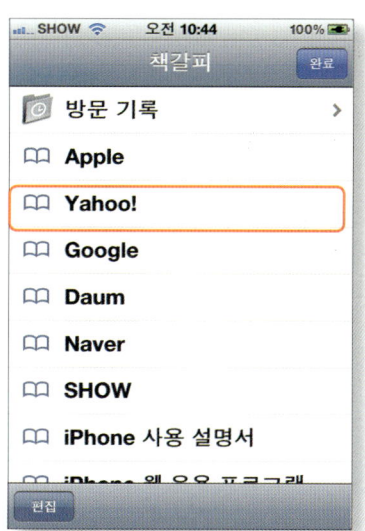

`05` Yahoo 화면이 표시됩니다. 창이 네 개 열려 있으니 페이지 아이콘에 4라는 숫자가 있습니다. 를 탭해 봅니다.

`06` 현재 열려 있는 페이지들이 작은 화면으로 표시됩니다. ❌을 탭하면 표시된 페이지가 닫힙니다.

`07` 열려 있는 다른 사이트 중 원하는 사이트를 탭하거나 [완료]를 탭하여 현재 보이는 페이지로 이동합니다.

`08` [완료]를 탭하면 앞에서 보던 페이지가 그대로 열립니다.

② 새로운 페이지에서 열기

링크로 연결된 내용을 새로운 페이지로 열 수 있습니다. 앞에서 설명한 새 페이지를 만들어 다시 사이트에 접속하는 방법이 아니라, 링크된 내용을 새 페이지로 열어서 보는 기능입니다.

`01` 보고자 하는 내용을 탭하지 말고 약간 길게 누릅니다.

`02` 메뉴가 나타나면 [새로운 페이지에서 열기] 메뉴를 선택합니다.

`03` 새로운 페이지에 문서가 열립니다. 페이지 아이콘의 숫자가 3에서 4로 늘어난 것을 알 수 있습니다.

③ 웹상의 이미지 저장하기

Safari로 접속한 웹상의 이미지를 파일로 저장할 수 있습니다.

`01` 웹에서 찾은 이미지를 저장하려면 이미지를 잠시 누르고 있습니다. 메뉴가 표시되면 [이미지 저장]을 탭합니다.

`02` 홈 화면에서 [사진]을 실행하고 카메라 롤을 살펴보면 이미지가 저장된 것을 확인할 수 있습니다.

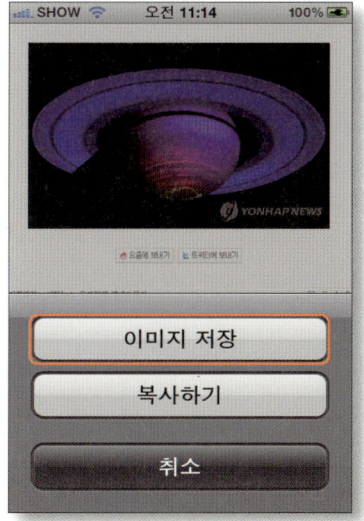
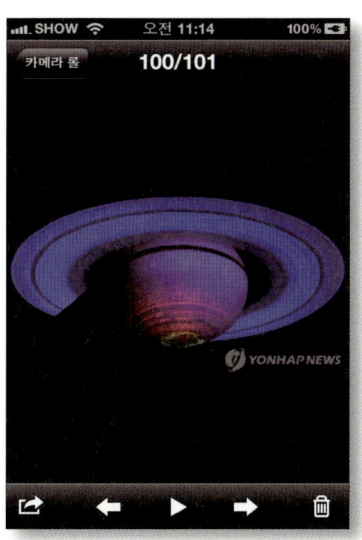

4 키워드로 웹 페이지 검색하기

책갈피에 등록하지 않은 페이지를 보려면 검색 기능을 이용합니다. Safari의 검색 필드에 키워드를 입력하고, 읽고 싶은 정보를 봅니다.

`01` 검색 필드를 표시한 다음 검색 필드를 탭합니다.

`02` Google 검색 필드에 키워드를 입력합니다. 만약 그림처럼 '이이폰'이라고 잘못 입력하면 올바른 단어가 자동으로 표시됩니다.

`03` 아이폰에 대한 내용이 검색되었습니다. 읽고 싶은 내용을 탭합니다.

`04` 해당 내용으로 페이지가 바로 이동됩니다.

⑤ 책갈피 설정하기

방문한 웹 사이트는 책갈피로 등록할 수 있습니다. 자주 가는 사이트를 책갈피로 저장해 두면 다음에 다시 접속할 때 빠르게 이동할 수 있습니다.

`01` 책갈피로 등록할 페이지를 연 다음 ➕를 탭합니다.

`02` 메뉴가 나타나면 [책갈피 추가]를 탭합니다.

`03` [책갈피 추가] 화면이 나타나면 저장을 탭합니다.

`04` 이제 [책갈피] 화면으로 이동한 다음 앞에서 추가한 책갈피를 탭하면 해당 주소로 바로 이동합니다.

05 만들어 놓은 책갈피는 언제든지 삭제할 수 있습니다. 편집을 탭합니다.

06 책갈피 앞에 빨간색 아이콘이 표시됩니다. 삭제하고 싶은 책갈피 앞의 ⊖을 탭합니다.

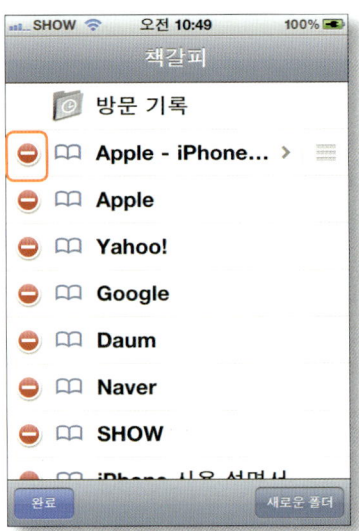

07 삭제를 탭합니다.

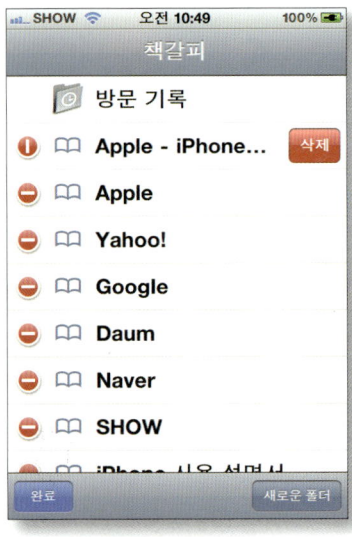

08 등록되었던 책갈피가 삭제되었습니다.

6 자주 이용하는 사이트는 홈 화면에 어플로 만들어 바로 접속하기

Safari를 이용하면 컴퓨터에서 보던 사이트 그대로 볼 수 있지만 원하는 사이트까지 가기 위해서는 여러 번의 탭이 필요합니다. 자주 가는 사이트라면 홈 화면에 아이콘을 만들어 두고 바로 접속하면 편리합니다.

01 먼저 홈 화면에 아이콘으로 등록하고 싶은 사이트에 접속한 다음 ➕를 탭합니다.

02 메뉴들이 나타나면 [홈 화면에 추가]를 탭합니다.

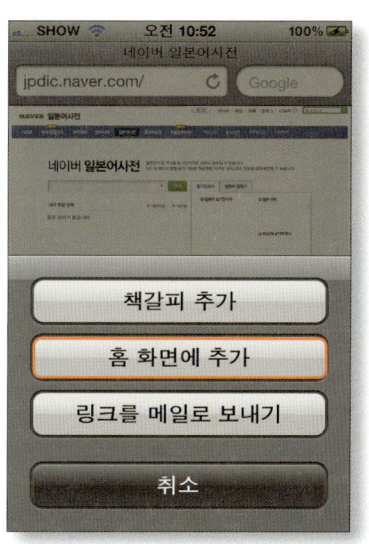

03 [홈에 추가] 화면이 표시되면 제목을 입력하고 [추가]를 탭합니다.

04 홈 화면에 아이콘이 생성되었습니다. 이제부터 해당 사이트에 접속하려면 이 아이콘을 탭하면 됩니다.

7 즐겨찾기 동기화하기

컴퓨터에서 인터넷을 사용하면서 추가해둔 즐겨찾기 주소를 아이폰에 동기화하여 그대로 사용할 수 있습니다. 즐겨찾기 동기화는 인터넷 익스플로러와 Safari에서 모두 할 수 있습니다.

● 인터넷 익스플로러의 즐겨찾기 동기화하기

먼저 인터넷 익스플로러의 즐겨찾기를 동기화하는 방법부터 알아봅니다. 즐겨찾기를 컴퓨터에서 추가하든지 아이폰에서 추가하든지 항상 같은 내용의 즐겨찾기를 유지할 수 있습니다.

`01` 먼저 컴퓨터에서 인터넷 익스플로러를 실행하고 즐겨찾기를 정리해 둡니다.

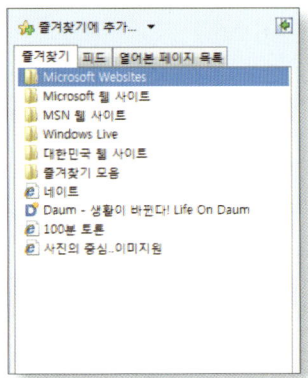

`02` 아이폰을 컴퓨터와 연결하고 iTunes를 실행한 다음 [정보] 탭을 선택합니다. 화면 아래쪽으로 내려와 [기타]에서 [책갈피를 다음과 동기화]에 체크하고 동기화할 [Internet Explorer]를 선택한 다음 [적용] 단추를 클릭합니다.

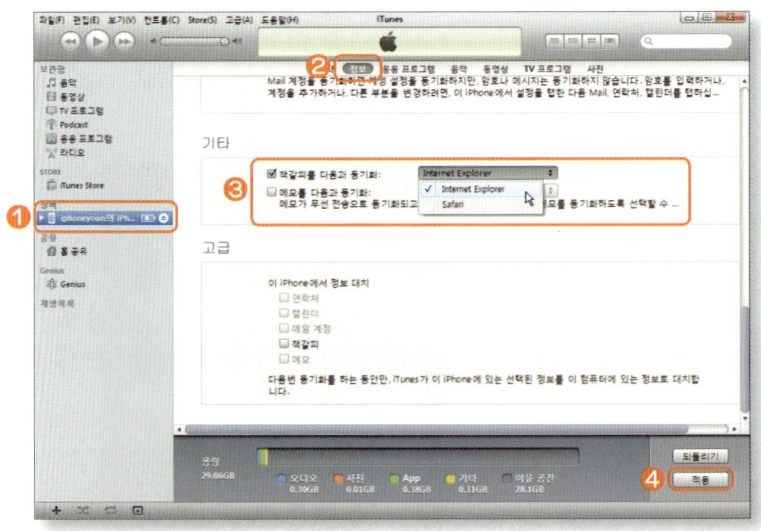

03 Safari를 실행하여 [책갈피]로 들어가보면 인터넷 익스플로러의 즐겨찾기 주소가 동기화된 것을 확인할 수 있습니다.

● Safari의 즐겨찾기 동기화하기

이번에는 Safari의 즐겨찾기를 동기화하는 방법에 대해 알아봅니다.

01 Safari를 실행한 다음 즐겨찾기를 정리하고 확인합니다.

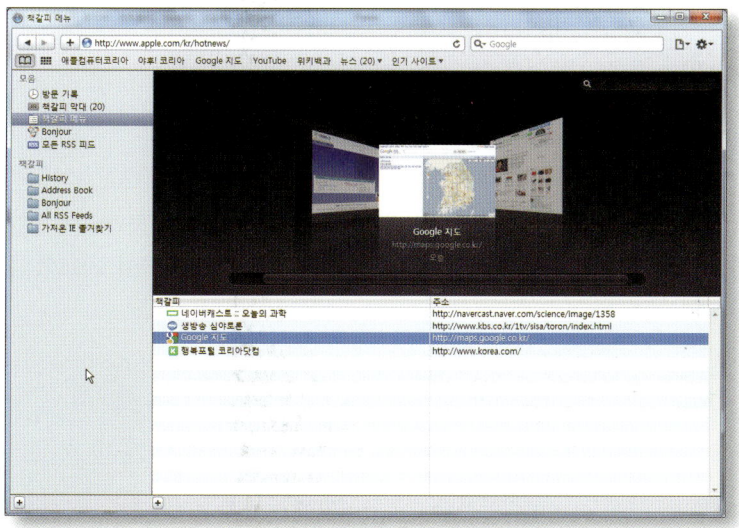

02 아이폰을 연결한 다음 iTunes에서 [정보] 탭을 선택합니다. [책갈피를 다음과 동기화]에 체크하고 [Safari]를 선택한 후 [동기화] 단추를 클릭합니다.

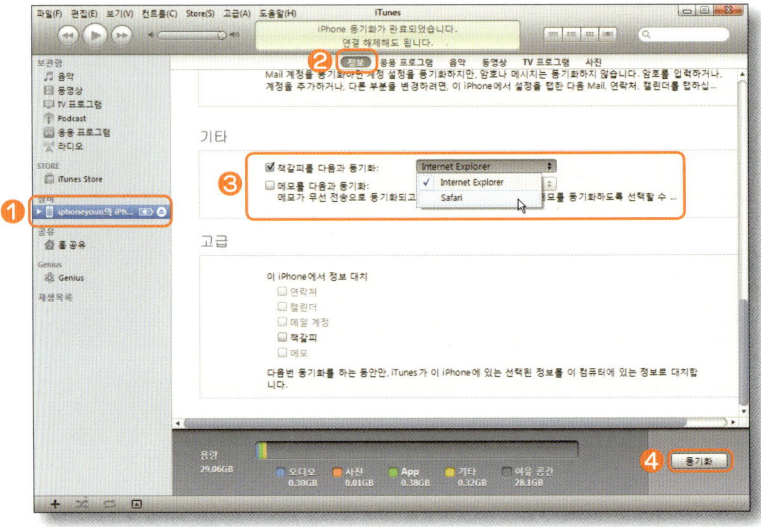

03 다음과 같은 화면이 표시되면 [전환] 단추를 클릭합니다.

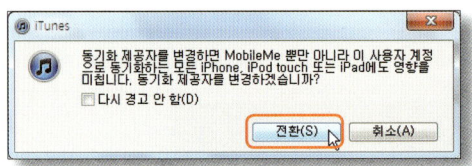

04 다음과 같이 병합할 것인지 묻는 화면이 표시되면 [병합] 단추를 클릭하여 병합합니다. [대치]를 클릭하면 인터넷 익스플로러에서 동기화한 즐겨찾기 목록이 Safari의 즐겨찾기 목록으로 대치됩니다.

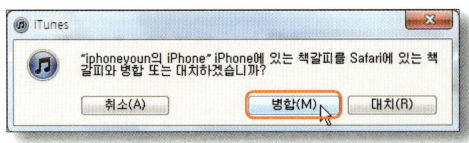

05 [동기화 경고] 화면이 표시되면 [허용] 단추를 클릭하여 동기화를 진행합니다.

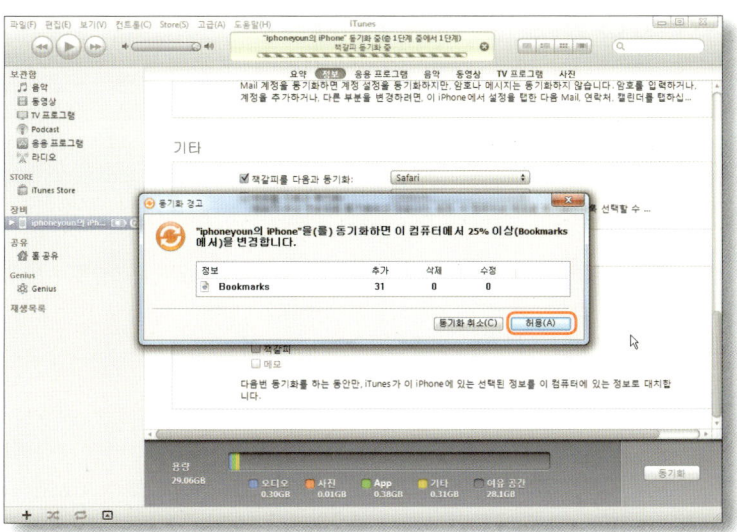

06 책갈피에 접속한 다음 [책갈피 메뉴]를 탭합니다.

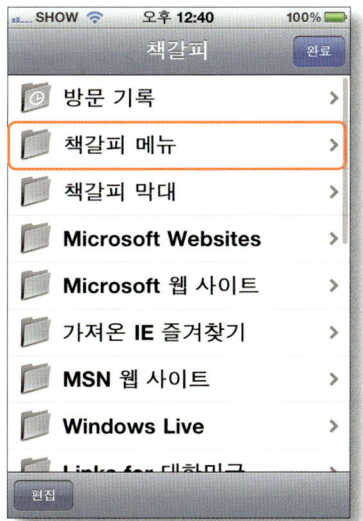

07 Safari의 책갈피 목록이 표시됩니다.

15 아이폰제대로쓰기
메일 수신하여 활용하기

아이폰에서는 여러 개의 메일 계정을 이용하여 컴퓨터에서 사용하는 메일처럼 메일을 주고받을 수 있으므로 언제 어디서나 자신의 메일을 확인하고 관리할 수 있습니다.

1 컴퓨터용 메일 수신하기

컴퓨터에서 사용하는 메일을 아이폰에서 보기 위한 설정을 해 봅니다.

01 홈 화면에서 [설정]을 탭합니다.

02 [Mail, 연락처, 캘린더]를 탭합니다.

`03` [계정 추가...]를 탭합니다.

`04` 아이폰에서 사용할 수 있는 여러 메일 계정이 나타납니다. 여기서는 [Gmail]을 탭해 보겠습니다.

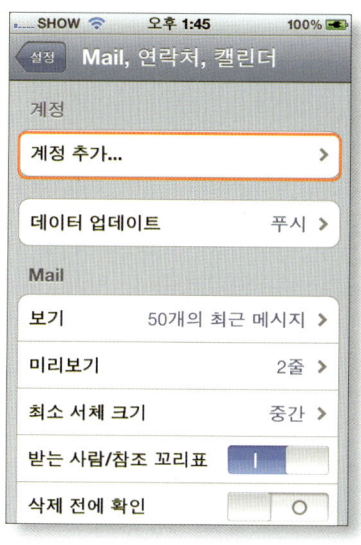

`05` [Gmail] 화면이 나타나면 자신의 지메일 계정 정보를 정확하게 입력하고 [다음]을 탭합니다.

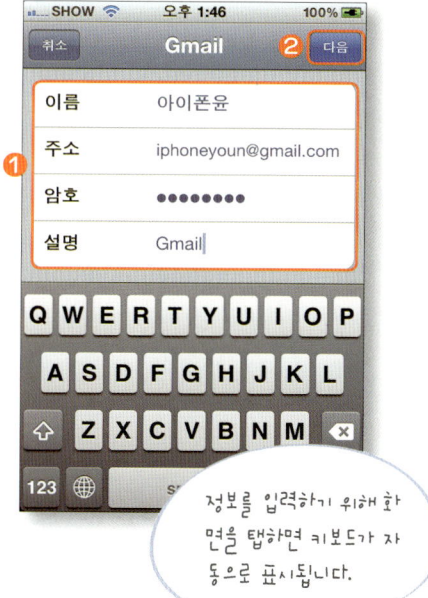

정보를 입력하기 위해 화면을 탭하면 키보드가 자동으로 표시됩니다.

06 계정이 정상적으로 등록되었으면 동기화할 항목이 표시됩니다. 동기화할 항목을 [On]으로 하고 저장 을 탭합니다. [Mail]과 [메모]를 [On]으로 설정해 봅니다.

07 새로운 Gmail 계정이 추가되었습니다. 계정을 확인하기 위해 [Gmail]을 탭해 보세요.

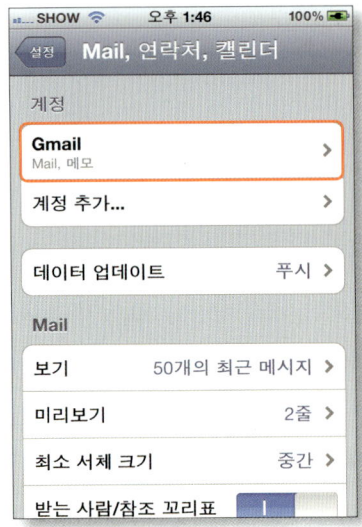

08 [계정 정보]를 탭합니다.

09 Gmail 계정 내용을 확인할 수 있습니다.

② 메일 읽기

아이폰에는 메일 어플이 들어있기 때문에 손쉽게 메일을 보내거나 읽고 메일함도 관리할 수 있습니다.

`01` 홈 화면에서 [Mail]을 탭합니다. 메일 아이콘에 숫자가 써 있으면 그 숫자만큼 읽지 않은 메일이 있다는 뜻입니다.

`02` [메일상자] 화면이 표시되었습니다. [받은 편지함]을 보면 옆에 숫자가 표시되어 있습니다. 이것이 읽지 않은 메일의 숫자입니다. [받은 편지함]을 탭합니다.

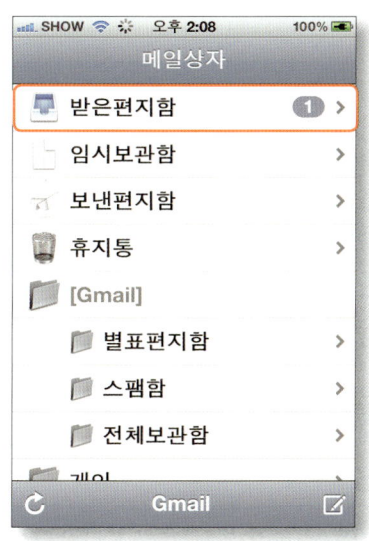

`03` 새로운 메일을 확인할 수 있습니다. 읽지 않은 메일 앞에는 파란 점이 표시됩니다. 읽을 메일을 탭합니다.

이 점이 있으면 읽지 않았다는 뜻입니다.

04 메일 내용이 표시됩니다.

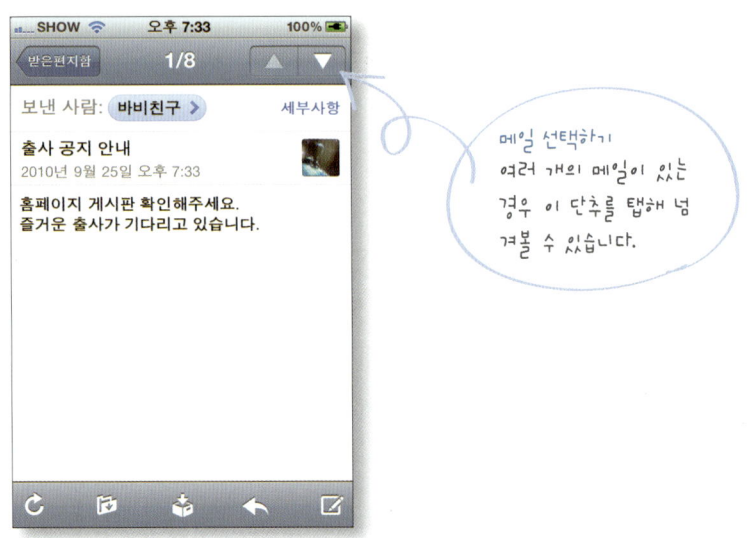

메일 선택하기
여러 개의 메일이 있는 경우 이 단추를 탭해 넘겨볼 수 있습니다.

③ 첨부 파일 열기

클립 모양의 아이콘은 첨부된 파일이 있다는 것을 뜻합니다.

01 클립 아이콘이 있는 메일을 탭합니다.

02 메일 내용이 표시됩니다. 첨부된 데이터가 사진인 경우에는 잠시 후에 바로 화면에 표시됩니다.

④ 동영상, PDF 파일 열기

메일에 첨부된 동영상 파일이나 PDF 파일을 아이폰에서 바로 확인할 수 있습니다.

`01` 동영상 파일이 첨부된 메일을 열면 다음과 같이 파일명과 크기가 표시됩니다. 이 부분을 탭합니다.

`02` 동영상이 바로 실행됩니다.

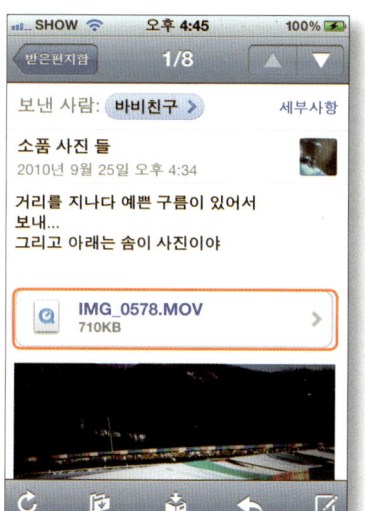

`03` 이번에는 PDF 파일을 확인해 보겠습니다. PDF 파일명을 탭합니다.

`04` PDF 내용이 바로 표시됩니다.

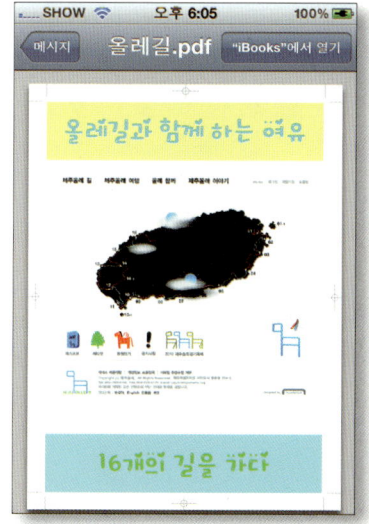

⑤ 메시지에 자동으로 만들어지는 링크 확인하기

주소나 홈페이지 주소, 전화 번호 등을 내용으로 보내면 자동으로 링크가 만들어집니다. 이 부분을 탭하여 링크 내용을 바로 확인할 수 있습니다.

`01` 다음은 링크로 만들어진 메일 내용입니다. 먼저 웹 주소를 탭해 보세요.

`02` Safari가 실행되면서 바로 해당 사이트가 열립니다.

`03` 주소를 탭하면 지도가 실행되며 해당 주소가 표시됩니다.

`04` 전화 번호를 탭하면 전화 번호가 표시되며 [통화]를 탭하면 전화가 걸립니다.

6 메일 삭제하기

보관할 필요가 없는 메일을 삭제하는 방법에 대해 알아봅니다.

`01` 받은 편지함 목록에서 [편집]을 탭 합니다.

`02` 편집 상태가 되었습니다.

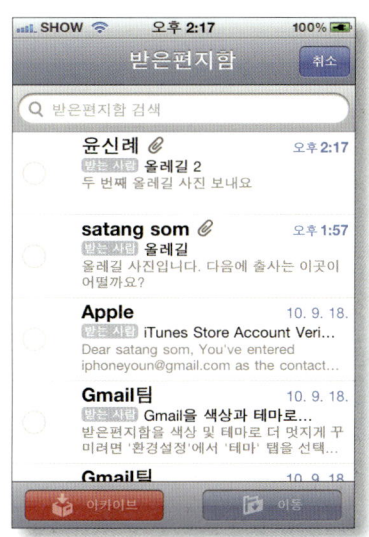

`03` 삭제할 메일을 선택하여 목록에 ✓ 표시가 되면 [아카이브(1개)] 단추를 탭합니다.

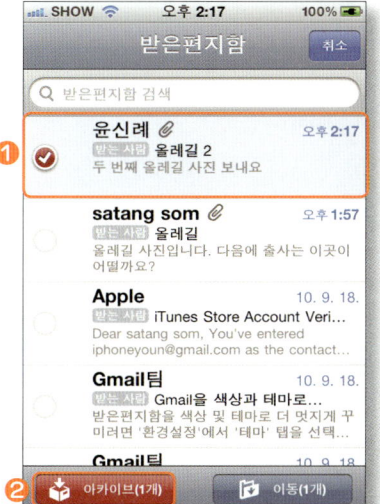

`04` 메일이 삭제되었습니다.

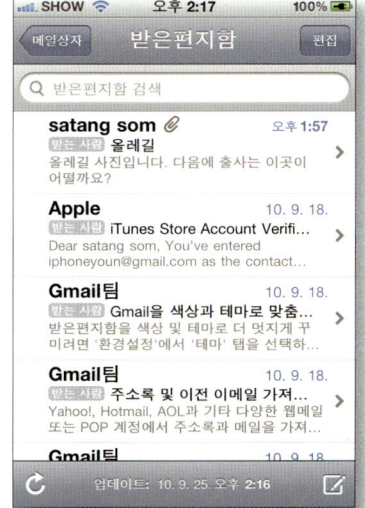

7 답장 보내기

메일을 받은 다음 보내온 사람에게 바로 답장을 하는 방법에 대해 알아봅니다.

`01` 메일을 읽은 다음 화면 아래쪽의 아이콘에서 ↩를 탭합니다.

`02` 해당 메일에 사용할 수 있는 메뉴가 자동으로 표시됩니다. 첨부된 이미지 파일이 있는 경우에는 [이미지 저장] 메뉴가 나타납니다. [답장]을 탭합니다.

`03` 바로 내용을 입력하고 [보내기]를 탭하면 됩니다.

`04` 보낸 편지함을 보면 답장이 발송된 것을 확인할 수 있습니다.

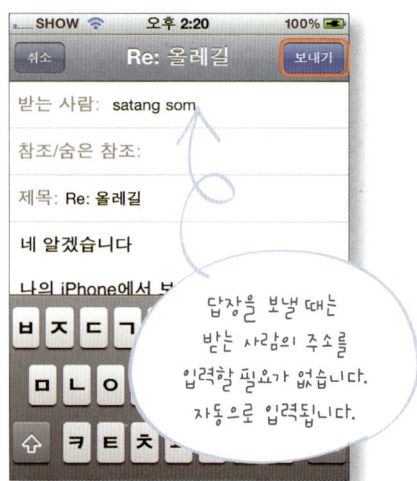

> 답장을 보낼 때는 받는 사람의 주소를 입력할 필요가 없습니다. 자동으로 입력됩니다.

8 메일 상자 변경하기

`01` 받은 편지함에 저장된 메일을 메일 상자로 이동할 수 있습니다. 📁를 탭합니다.

`02` [메일상자] 화면이 나타나면 화면을 아래쪽으로 밀어줍니다.

`03` [개인] 메일상자를 탭해 보겠습니다.

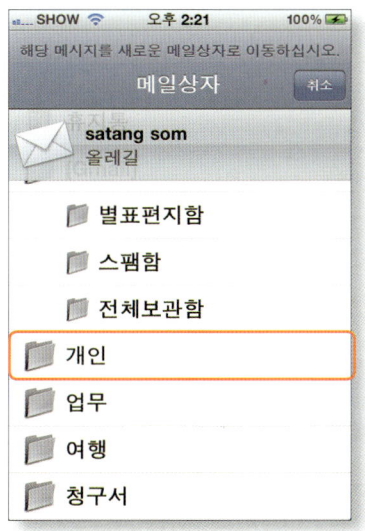

`04` [개인] 메일상자로 메일이 이동한 것을 확인할 수 있습니다.

16 메일 보내기

아이폰제대로쓰기

새로운 메일을 보내는 방법에 대해 알아보겠습니다. 메일을 보내기 위해서는 받는 사람의 메일 주소를 알면 되고, 내용을 입력한 다음 보내기를 하면 되므로 무척 간단합니다.

1 메일 보내기

3G나 와이파이로 접속하면 언제라도 메일을 보낼 수 있습니다.

`01` 홈 화면에서 [메일]을 탭해 [메일상자] 화면을 엽니다. 새로운 메일을 작성하기 위해 ✏️를 탭합니다.

`02` [새로운 메시지] 화면이 표시됩니다. [받는 사람]에 메일 주소를 직접 입력해도 되고, ➕를 탭하여 연락처에서 선택해도 됩니다.

`03` 앞에서 ➕를 탭하면 [모든 연락처] 화면이 표시됩니다. 메일을 보낼 연락처를 선택합니다.

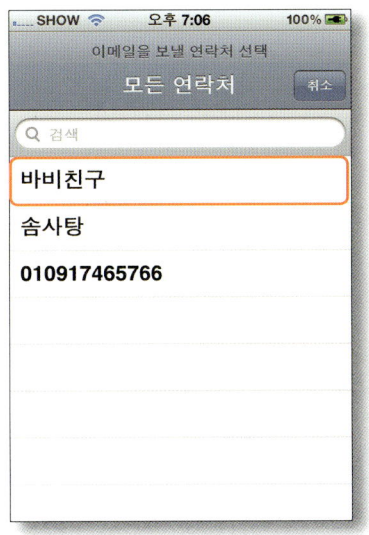

`04` 연락처에 저장된 메일 주소가 여러 개인 경우에는 선택할 수 있는 화면이 표시됩니다. 보낼 메일 주소를 탭합니다.

`05` 받는 사람란에 이름이 표시되었습니다. 제목과 내용을 입력하고 보내기를 탭합니다.

`06` [보낸 편지함]을 보면 메일이 발송된 것을 확인할 수 있습니다.

② 사진을 찍어 메일로 보내기

카메라 기능 ● 이어 보면 좋아요! ➡ 234쪽

아이폰의 뒷면에는 300만 화소 카메라가 내장되어 있습니다. 이 카메라로 촬영한 사진을 메일로 첨부하여 바로 보낼 수 있습니다.

01 홈 화면에서 [카메라] 어플을 탭하여 실행합니다.

02 📷 을 눌러 사진을 촬영한 다음 사진을 확인하기 위해서 ▼를 탭합니다.

03 찍힌 사진이 나타납니다. 사진이 마음에 들면 ➦를 탭합니다.

04 사용할 수 있는 메뉴가 표시되면 [사진 이메일]을 탭합니다.

`05` 사진 파일이 있는 상태로 [새로운 메시지] 화면이 표시됩니다.

`06` 받는 사람을 지정하고 제목과 내용을 입력한 다음 보내기를 탭하여 메일을 보냅니다.

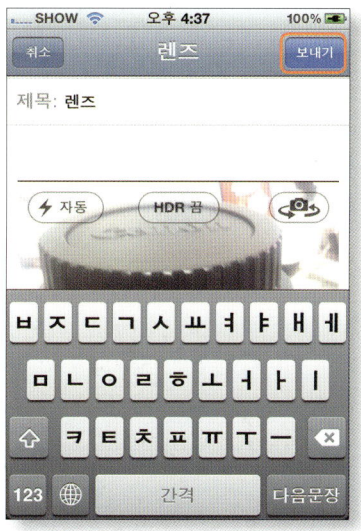

`07` 지메일에 접속하여 메일을 확인해 보겠습니다. 사진이 첨부된 메일이 송신되었습니다.

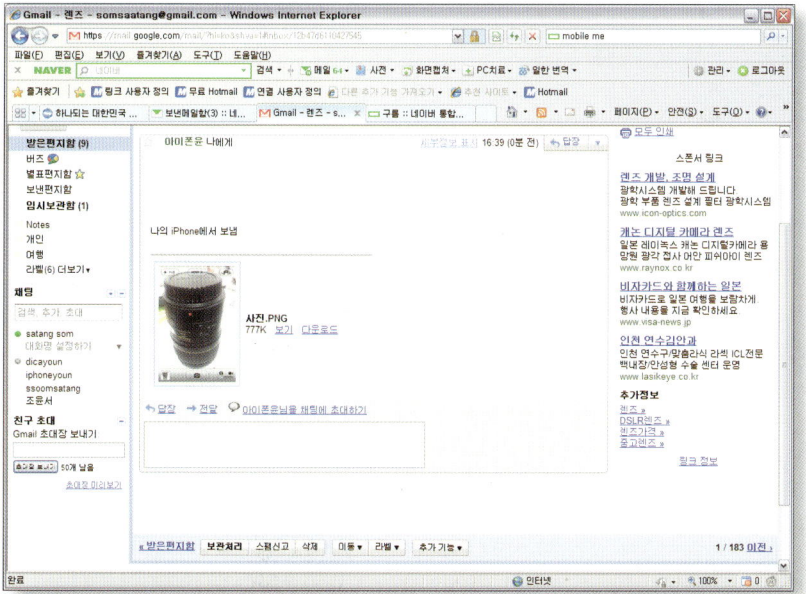

17 아이폰 제대로 쓰기
아이폰에서 서명 만들기

아이폰에서 메일을 보내는 경우 기본적으로 [나의 아이폰에서 보냄]이라는 서명이 표시됩니다. 이 서명 내용을 수정할 수 있습니다.

01 홈 화면에서 [설정] 어플을 실행하여 [설정] 화면이 표시되면 [Mail, 연락처, 캘린더]를 탭합니다. [Mail, 연락처, 캘린더] 화면이 표시되면 [서명]을 탭합니다.

02 [서명] 화면이 표시되면 지우기를 탭하여 서명 내용을 삭제합니다.

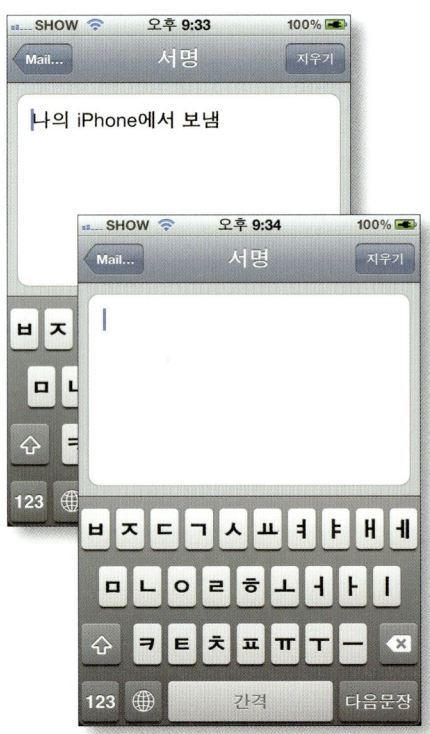

03 서명을 작성합니다. Mail...를 탭하여 메일 화면으로 돌아갑니다.

04 메일을 실행하여 새로운 메일을 보내보면 서명이 바뀐 것을 확인할 수 있습니다. 메일을 작성하고 보냅니다.

05 보낸 메일을 확인해 보면 서명이 자동으로 표시된 것을 알 수 있습니다.

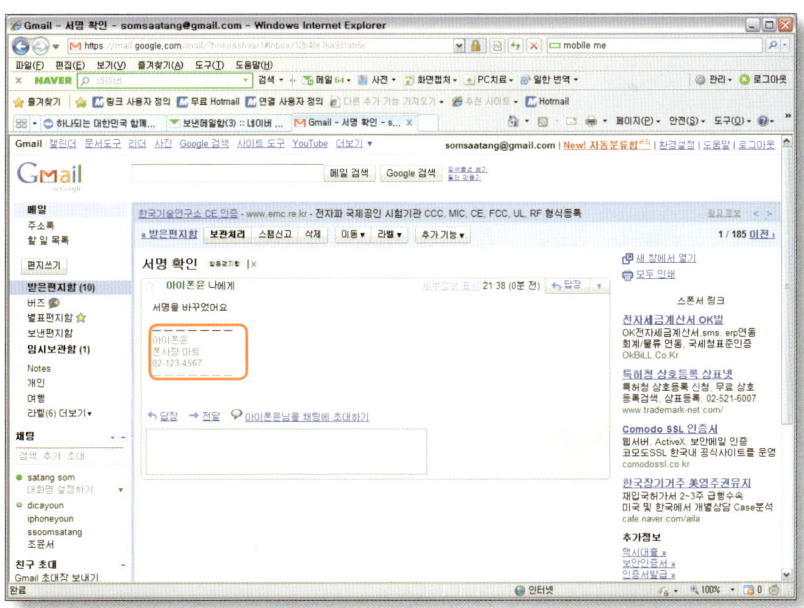

18 지도 정보를 메일로 보내기

아이폰 제대로 쓰기

상대방에게 지금 자신이 있는 곳의 주소를 알려줘야 할 때, 아이폰이 있다면 간단합니다. 아이폰에는 GPS가 탑재되어 있기 때문입니다. 상대방도 아이폰을 사용하고 있다면 보낸 지점을 그대로 지도로 표시하고 GPS와 나침반을 이용하여 상대방이 있는 위치를 쉽게 찾아볼 수 있습니다. 상대방에게 현재 위치를 메일로 보내거나 지도의 책갈피로 추가하고 연락처에 등록할 수도 있습니다.

1 자신의 위치 정보를 메일로 보내기

현재 자신이 있는 곳의 위치 정보를 메일로 바로 보낼 수 있습니다. 일일이 찾지 않고도 바로 위치 정보를 확인하고 메일로 보낼 수 있어 편리합니다.

01 홈 화면에서 [지도] 어플을 실행하면 현재 자신이 있는 곳의 위치가 표시됩니다. ◉를 탭합니다.

02 [정보] 화면이 표시되면 [위치 공유]를 탭합니다.

`03` [이메일]을 탭합니다.

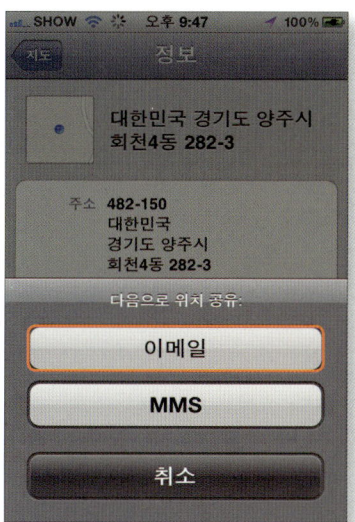

`04` 받는 사람을 선택하고 보내기를 탭하여 메일을 보냅니다.

`05` 아이폰에서 메일을 받으면 다음과 같이 표시됩니다. 주소를 탭해 봅니다.

`06` 주소에 해당하는 지도가 표시됩니다.

② 지도에서의 위치 정보를 책갈피에 등록하기

필요한 위치 정보를 매번 찾지 않고 책갈피에 등록하여 바로바로 이용할 수 있습니다. 책갈피로 등록하려면 먼저 위치 정보를 찾아야 합니다.

`01` 책갈피로 등록할 주소에서 ◎를 탭합니다.

`02` [정보] 화면이 표시되면 [책갈피에 추가]를 탭합니다.

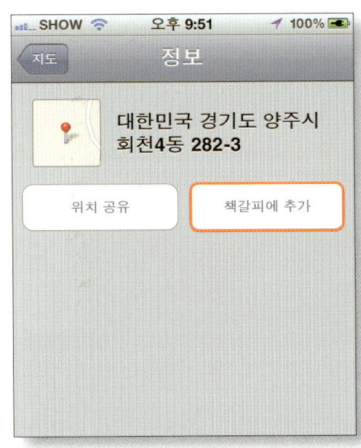

`03` [책갈피 추가] 화면이 표시되면 〔저장〕을 탭합니다.

`04` [책갈피] 화면에는 앞에서 책갈피로 등록한 목록이 표시됩니다. 위치를 볼 목록을 탭합니다. 지도에 위치 정보가 바로 표시됩니다.

③ 지도에 낙서하여 메일 보내기

사진을 찍어 메일을 보내거나 지도 등을 캡처하여 메일을 보내는 경우, 보다 알기 쉽게 표식을 해야 하는 경우가 있습니다. 이런 경우 유용한 무료 어플인 Scribble Lite를 소개합니다.

`01` 어플을 다운로드 받은 다음 실행하면 다음과 같이 표시됩니다. 화면 아래쪽을 보면 색을 지정하거나 사진을 불러오는 메뉴 아이콘이 있습니다. 먼저 [Photo]를 탭하여 사진을 불러오겠습니다.

`02` [Camera Roll]을 탭합니다.

`03` 사용할 사진을 탭하여 엽니다.

`04` 사진에 선의 굵기와 색을 지정하여 그려넣을 수 있습니다. 아이콘을 탭하면 선의 색과 굵기를 설정할 수 있는 도구 모음이 화면에 나타나며, 다시 한 번 탭하면 화면에서 사라집니다.

`05` 손을 화면에서 밀면 미는 대로 선이 그려집니다. 지도에 선을 그려 보다 찾아가기 쉽도록 설정해 보았습니다. 지도만 있는 것보다 훨씬 보기 쉽습니다. 를 탭하면 사진으로 저장됩니다.

`06` 카메라 롤을 보면 앞에서 낙서한 사진이 저장된 것을 확인할 수 있습니다. 일반 사진을 메일로 보낼 때와 같이 을 탭합니다.

`07` 메뉴가 표시되면 [사진 이메일]을 탭합니다. [새로운 메시지] 화면이 표시되면 메일을 작성하여 메일을 보냅니다.

아이폰제대로쓰기

RSS 리더로
정보 수집하기

와이파이가 되는 곳에서 수집한 새로운 정보를 와이파이가 되지 않는 곳에서 볼 수 있는 것이 RSS 의 장점입니다. 여기서 소개하는 Mobile RSS라는 어플은 무료로 사용할 수 있습니다.

1 피드 추가하기

한겨레 신문의 주요기사를 RSS 리더로 가져오는 방법에 대해 알아보겠습니다.

01 [App Store]에서 [Mobile Rss] 어플을 다운받아 실행합니다.

02 어플이 실행 되면서 [Google Reader] 화면이 표시됩니다.

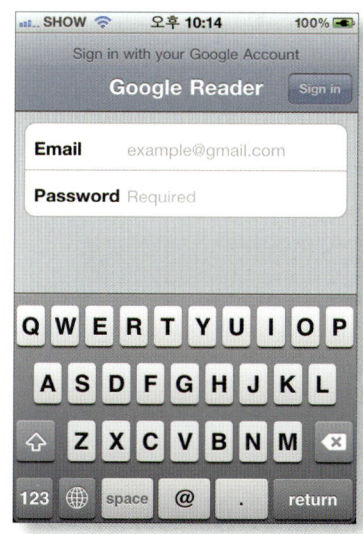

`03` 구글 메일 주소와 암호를 입력한 다음 `Sign in`을 탭합니다.

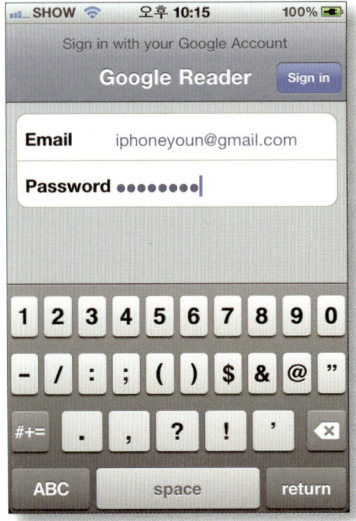

`04` 어플 화면이 표시되면 `Edit`를 탭합니다.

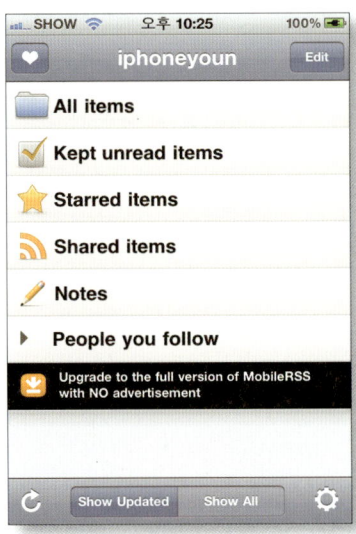

`05` RSS 주소를 새로 등록하기 위해 ➕를 탭합니다.

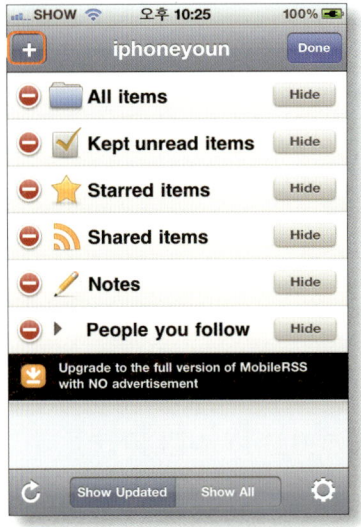

`06` [Search For Reeds] 화면이 표시되었습니다.

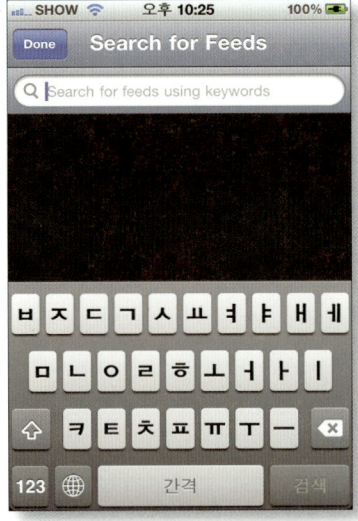

`07` RSS 주소를 찾기 위해 키워드를 입력하고 검색을 탭합니다.

`08` 검색한 키워드에 대한 내용이 검색됩니다. 구독할 뉴스 앞의 +를 탭합니다.

`09` 구독을 선택한 항목 앞에 ✓이 표시됩니다. Done을 탭합니다.

`10` Google 뉴스가 등록되었습니다. 등록한 뉴스를 탭하면 내용을 볼 수 있습니다.

② 피드 삭제하기

사용하지 않는 피드 목록은 언제든지 삭제할 수 있습니다.

`01` [Edit]를 탭하면 편집 상태가 됩니다.

`02` 삭제하고 싶은 피드 항목의 ⊖을 탭합니다.

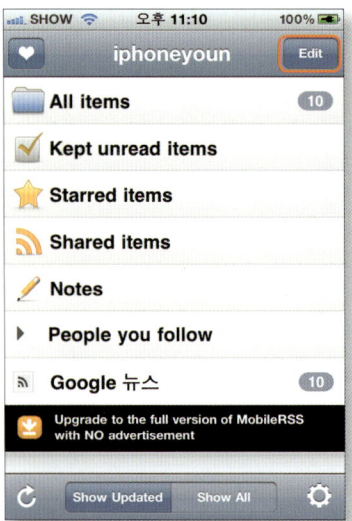

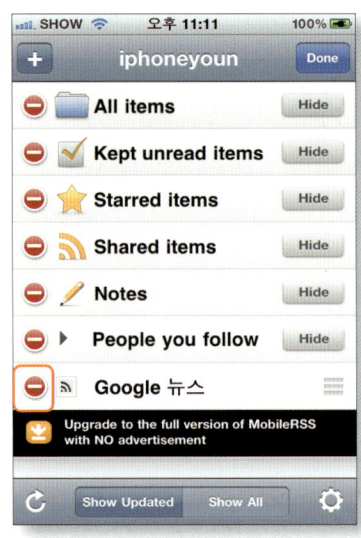

`03` [Edit Feed] 화면이 표시되면 [Unsubscribe] 단추를 탭합니다. 다음과 같은 화면이 표시되면 다시 한 번 [Unsubscribe] 단추를 탭합니다.

`04` 피드 항목이 삭제되었습니다.

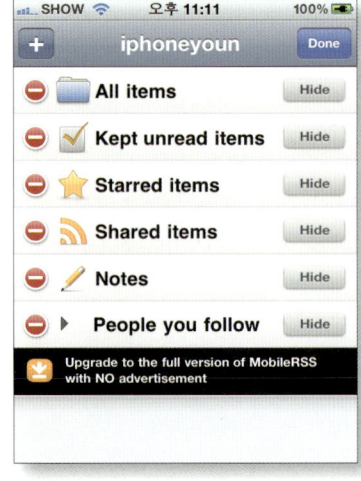

20 아이폰에서 트위터 사용하기

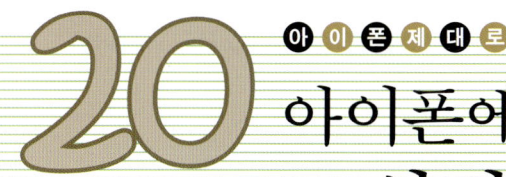

전세계를 140자로 연결하는 트위터를 즐기는 사람이라면 아이폰에서도 트위터를 이용해 언제 언디서든지 친구들과의 대화를 즐길 수 있습니다. 여기서는 한국어를 지원하는 트위터 어플인 파랑새를 소개합니다. 파랑새로 트위터를 이용하기 위해서는 http://twitter.com/에서 아이디와 비밀번호를 입력하여 자신이 사용할 이름을 만들어 두어야 합니다.

① 파랑새로 트위터하기

`01` 홈 화면에서 [App Store] 어플을 탭하여 무료 어플인 [파랑새]를 다운로드 받은 다음 어플을 실행합니다.

`02` 다음과 같은 화면이 표시되면 [승인]을 탭합니다.

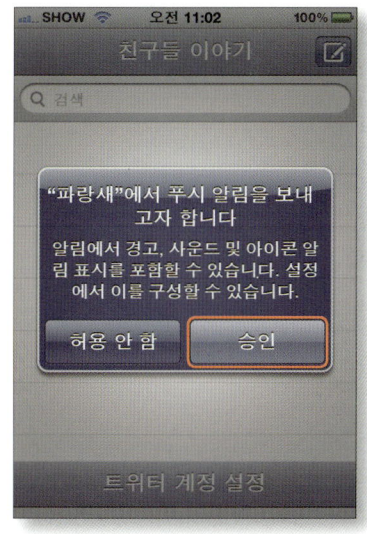

03 [트위터 계정 설정] 화면이 나타나면 [트위터 계정 인증하기]를 탭합니다.

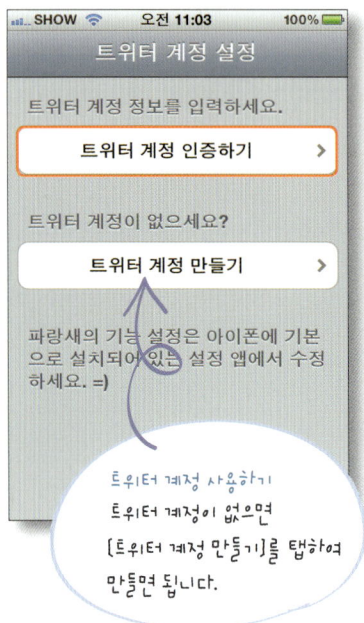

04 [트위터 인증] 화면이 표시됩니다.

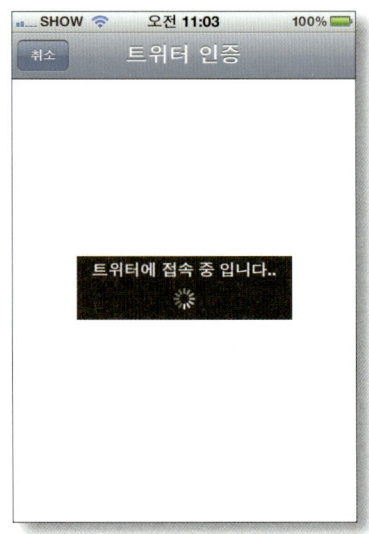

05 트위터 인증 화면에서 아이디와 암호를 입력하고 Allow 를 탭합니다.

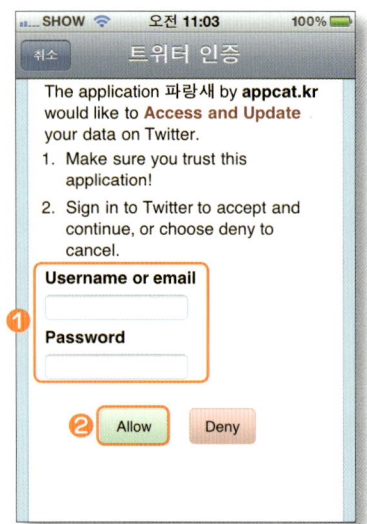

06 접속이 되면 친구들의 이야기가 바로 표시됩니다. 새로운 글을 쓰려면 새 글 쓰기 아이콘을 탭합니다.

07 새 글 쓰기 화면이 나타나면 내용을 입력하고 [보내기]를 탭합니다. 자신을 팔로잉하는 사람들의 타임라인에 입력한 내용이 모두 표시됩니다.

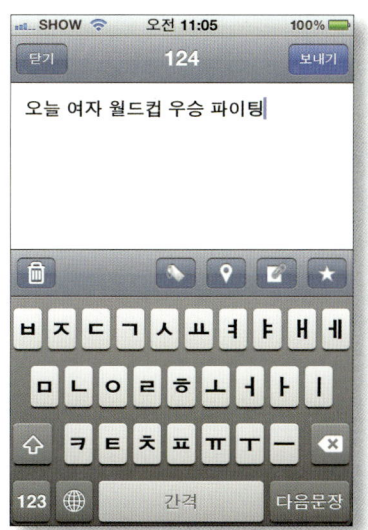

② 댓글 달기

01 댓글을 달고 싶은 친구를 탭하면 해당 글과 함께 다음과 같이 표시됩니다. 댓글을 달기 위해 [↩]를 탭합니다.

02 글을 입력할 수 있도록 화면이 표시됩니다.

`03` 내용을 입력하고 [보내기]를 탭합니다. 상대방의 타임라인에 바로 글이 표시됩니다. 하지만 다른 사람들의 타임라인에는 보이지 않습니다.

`04` 화면에서 [RT]를 탭하면 다음과 같은 메뉴가 표시됩니다. [인용하기]는 리트윗한 내용에 자신의 글도 함께 적을 수 있고, [트위터 시스템 RT]는 그냥 내용이 리트윗됩니다. [인용하기]를 탭합니다.

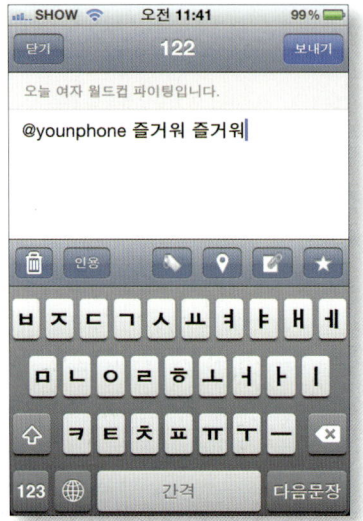

트위터의 규칙 1 @
트위터를 사용하려면 지켜야 할 규칙이 몇 가지 있습니다. 가장 기본적인 규칙은 140자 이내로 문자를 작성해야 한다는 것입니다. 이 140자에는 자신의 아이디까지 포함됩니다. 무의미해보이는 문자수 제한이지만 인사말 등을 하지 않고 바로 본론만 얘기할 수 있으므로 화제 속도가 빨라집니다. 누군가 질문을 해도 빠르게 답을 할 수 있는 것입니다. 상대방을 지정해서 말을 하고 싶은 경우에는 [@아이디]를 입력한 다음 반각 띄우고 내용을 입력하면 해당 아이디를 가진 상대방에게 바로 글이 전달됩니다. 상대방이 자신을 팔로잉하지 않아도 글은 전달됩니다.

트위터의 규칙 2 RT
트위터에서는 RT라는 문자를 자주 보게 됩니다. 이것은 [Retweet]를 줄인말로 누군가가 보낸 내용을 아이디까지 포함하여 다른 사람에게 그대로 보낼 때 이용합니다. 트위터에서는 팔로우하는 사람들만 볼 수 있으므로 유용한 정보인 경우에는 RT를 넣어 발신자를 표시해주는 것입니다. 따라서 Retweet은 중요한 정보나 흥미로운 내용을 공유할 때 많이 이용하며, 사적인 대화 시에는 가급적 사용하지 않는 것이 좋습니다.

`05` 내용을 입력하고 [보내기]를 탭합니다. 앞에서 [인용하기]를 탭했으므로 자신의 글도 함께 트윗됩니다.

③ 다른 사람을 팔로우하기

팔로우하면 팔로우한 사람의 글이 자신의 타임라인에 표시됩니다. 팔로우하고 싶은 사람을 검색한 다음 [팔로우하기]를 탭하면 바로 팔로우가 됩니다. 팔로우가 되면 [팔로우하기] 단추는 [팔로우 끊기]로 바뀌어 표시됩니다.

`01` 파랑새 기본 화면에서 [검색]을 탭하면 다음과 같은 검색 화면이 표시됩니다. 찾고자 하는 사람의 계정을 알면 바로 입력하고 [Search]를 탭합니다.

`02` 입력한 단어가 포함된 계정을 가진 사람들이 검색됩니다. 찾던 사람을 탭합니다.

03 팔로우할 사람의 프로필이 표시됩니다. [팔로우하기]를 탭합니다.

04 [팔로우하기]가 [팔로우 끊기]로 변경되어 표시됩니다.

➕ 컴퓨터에서의 트위터 화면
트위터에 접속해 보면 같은 댓글이 등록된 것을 확인할 수 있습니다.

④ 번역하기

친구의 글이 영문인 경우 한글로 번역하여 보는 기능이 있습니다. 영어를 잘 하지 못해도 전세계 사람들과 친구로 통할 수 있습니다.

`01` 친구를 탭하면 친구의 글이 표시됩니다. 다음 표시되는 글은 Lady Gaga의 글인데 영문으로 표시되죠. 이 글을 한글로 보고 싶으면 ★을 탭합니다.

`02` 메뉴가 표시되면 [번역하기]를 탭합니다.

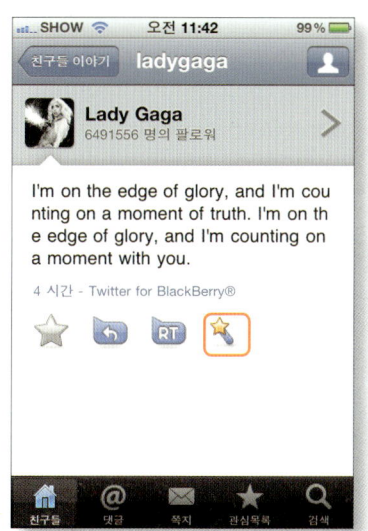

`03` 바로 한글로 번역되어 표시됩니다.

⑤ 트윗 내용을 메일로 보내기

01 화면에서 을 탭합니다.

02 메뉴 화면이 표시되면 [트윗을 메일로 보내기]를 탭합니다.

03 메일을 보낼 수 있는 화면이 표시되면 받는 사람을 입력하고 [보내기]를 탭하여 메일을 보냅니다.

⑥ 쪽지 보내기

서로 등록한 사람끼리는 쪽지를 보낼 수 있습니다. 상대방만 볼 수 있으며, 트위터에서는 Direct Messages에서 볼 수 있습니다. 약속 장소를 지도로 첨부하거나 사진을 함께 보낼 수도 있습니다.

`01` 화면에서 🔧 을 탭합니다. 메뉴가 표시되면 [쪽지 보내기]를 탭합니다.

`02` 쪽지 보내기 화면이 표시되면 쪽지 내용을 입력합니다. 위치를 삽입하기 위해 📍 을 탭합니다.

`03` 메뉴가 표시되면 원하는 방법을 선택합니다. 여기서는 [위치를 찾아 삽입합니다]를 탭하겠습니다.

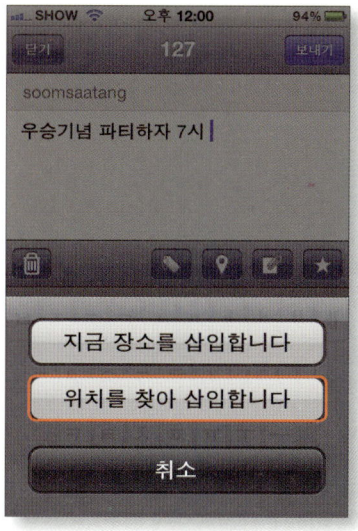

04 지도가 실행되면 원하는 장소를 찾은 다음 █을 터치합니다.

05 핀이 표시되면 핀을 탭한 다음 ◉를 탭합니다.

06 다음과 같은 메뉴가 표시되면 [내용에 구글 맵 링크 삽입] 메뉴를 선택하고 █을 터치합니다.

07 지도가 주소 형태로 삽입되었습니다. 이번에는 사진까지 보내기 위해 █를 탭합니다.

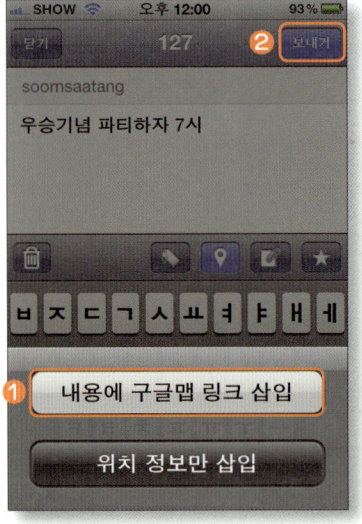

`08` 사진이 있으면 바로 선택하고, 다시 찍어서 보낼 것이라면 ◙를 탭하여 사진을 찍습니다.

`09` 사진도 주소 형태로 입력됩니다. 를 탭합니다.

`10` 쪽지가 발송되었습니다. 다음은 쪽지를 받은 트위터의 내용입니다.

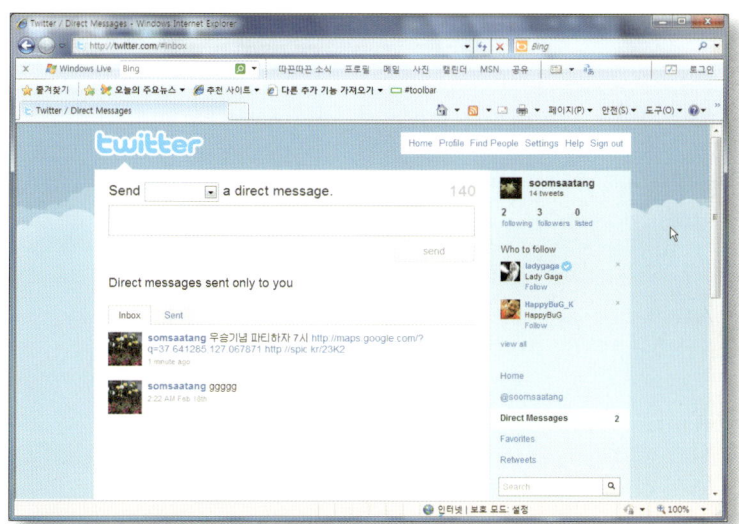

11 ░░░░ 쪽지에 링크된 주소를 클릭하면 다음과 같이 지도와 사진을 볼 수 있습니다.

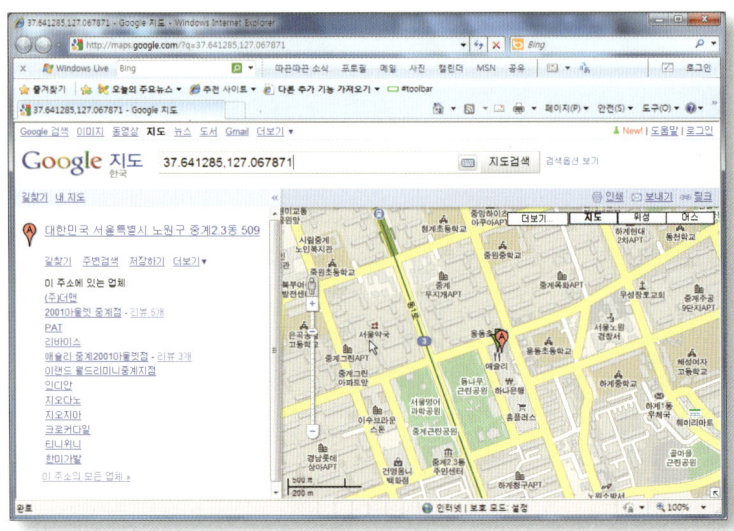

아이폰제대로쓰기

PART·5
어플편

카메라로
즐기는 나만의 세상

카메라 어플을 이용하면 자신이 좋아하는 세상을 사진으로 찍어 보관할 수 있을 뿐만 아니라 메일이나 메시지에 첨부하여 전송할 수 있습니다. 다양한 곳에서 카메라를 이용하여 아이폰의 세계를 경험해 봅시다.

카메라로 사진 찍기 ⊙ 기억나세요? ← **33**쪽

1 카메라로 사진 찍기

홈 화면에서 [카메라] 어플을 탭하면 바로 사진을 찍을 수 있는 화면이 표시됩니다. 다음은 카메라 화면에서 설정할 수 있는 기본 기능들입니다.

▶ LED 플래시를 탭하여 [자동], [켬], [끔] 중에서 선택하여 이용합니다.

▶ [HDR 켬]과 [HDR 끔]을 선택하여 이용합니다. 빛에 의한 밝기 편차가 큰 경우 이용합니다.

▶ 앞쪽과 뒤쪽 카메라가 번갈아 작동합니다.

▶ 피사체를 확대/축소하는 줌 기능은 슬라이드를 드래그하여 이용합니다.

▶ 카메라 롤로 이동합니다.

▶ 카메라와 비디오 중에서 선택합니다.

▶ 셔터를 탭하면 사진을 찍습니다.

② 카메라로 찍은 사진 보기/지우기

사진을 찍은 다음 바로 확인할 수 있습니다. 또 필요없는 사진은 바로 삭제할 수 있습니다.

`01` 사진을 촬영한 후 왼쪽 아래의 사진을 탭하면 카메라 롤로 이동합니다.

`02` 카메라 롤 화면이 표시되었습니다. ▭을 탭합니다.

`03` 카메라 롤 화면이 표시되면 저장되어 있는 사진이 모두 표시됩니다. 사진을 삭제하려면 먼저 ⬈를 탭합니다.

`04` 삭제하고 싶은 사진을 탭하여 선택합니다. ✓ 표시가 된 사진이 삭제할 사진입니다. 삭제 단추를 클릭하여 삭제합니다.

`05` 선택한 사진들이 삭제되었습니다.

`06` 사진을 보면서 삭제하려면 앨범 화면에서 🗑를 탭합니다. 사진이 바로 삭제됩니다.

➕ **피사체 확대하기**
화면 아래의 확대/축소 슬라이드 바를 움직여 피사체를 확대하거나 축소할 수 있습니다.

③ 사진을 배경화면으로 바로 설정하기

카메라 롤에 있는 사진을 바로 배경화면으로 설정할 수 있습니다. 이 기능은 [사진] 어플을 이용하여 앨범을 볼 때도 이용할 수 있습니다.

`01` 앨범 화면에서 배경 화면으로 사용할 사진을 탭하여 선택한 다음 ⬆을 탭합니다.

`02` 메뉴가 표시되면 [배경화면으로 사용]을 탭합니다.

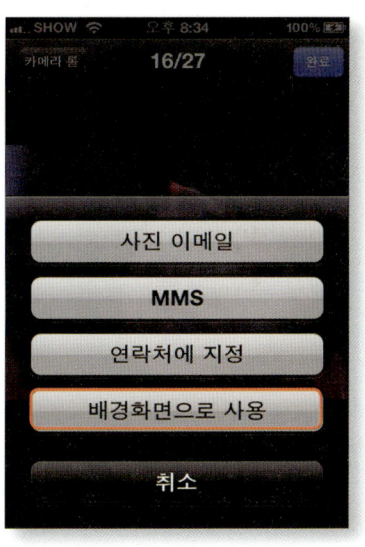

`03` 다음과 같이 표시되면 [설정]을 탭합니다.

`04` [둘 다 설정]을 탭하여 설정합니다.

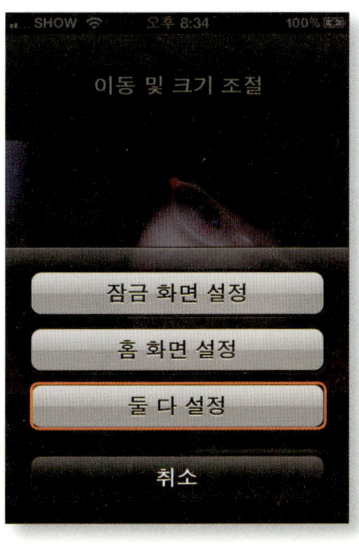

`05` [배경화면 설정 중] 화면이 표시된 다음 홈 화면의 배경화면이 변경됩니다.

`06` 앞에서 [둘 다 설정]을 선택하였으므로 잠금 화면에도 동일한 배경화면이 설정되었습니다.

밝기 조정하기

카메라 어플을 이용하여 사진을 찍을 때 탭하는 곳에 따라 사진 밝기가 달라집니다. 밝은 곳을 탭하면 전체적으로 어둡게 찍히고, 어두운 곳을 탭하면 전체적으로 밝게 찍힙니다. 다음은 그 두 가지를 예로 표시한 것입니다.

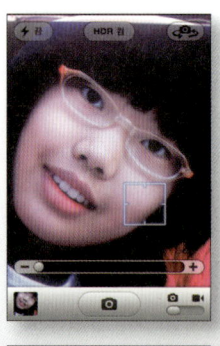

▲ 전체적으로 어두운 사진

▲ 전체적으로 밝은 사진

찍은 곳을 기준으로 사진 보기

같은 곳에서 찍은 사진을 한번에 볼 수 있습니다.

`01` 홈 화면에서 [사진] 어플을 실행하면 다음과 같이 [앨범] 화면이 표시됩니다. [장소]를 탭합니다.

`02` 지도가 표시되면서 사진을 찍은 곳에 빨간 핀이 표시됩니다. 빨간 핀을 탭합니다.

`03` 다음과 같이 몇 장의 사진이 있는지 표시됩니다. ▶를 탭합니다.

`04` 지도에 표시된 곳에서 찍은 사진이 모두 표시됩니다.

컴퓨터에 있는 사진 아이폰에서 보기

컴퓨터에 저장되어 있는 사진을 아이폰에 넣어 감상할 수 있습니다. 또 3.5인치 와이드 화면에서 슬라이드 쇼로 즐길 수도 있습니다. 아이폰에서 사진을 찍으면 카메라 롤에 저장되며, 컴퓨터에서 전송한 사진은 사진 보관함에 저장됩니다. 카메라 롤에 저장된 사진은 아이폰에서 직접 삭제할 수 있지만, 사진 보관함에 있는 사진은 아이폰에서 직접 삭제할 수 없고 컴퓨터상에서 삭제한 다음 동기화해야 합니다.

01 먼저 아이폰에 넣고 싶은 사진을 폴더별로 미리 준비합니다.

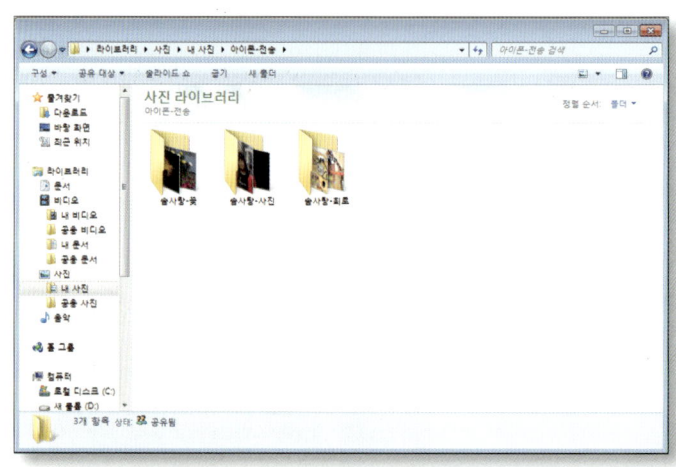

`02` 컴퓨터와 아이폰을 연결하고 iTunes를 실행합니다. 장비에서 자신의 아이폰을 선택하고 [사진] 탭을 선택합니다.

`03` 앞에서 정리한 사진을 아이폰에 넣기 위해 [다음으로부터 사진 동기화]를 선택하여 체크하고 [폴더 선택]을 선택합니다.

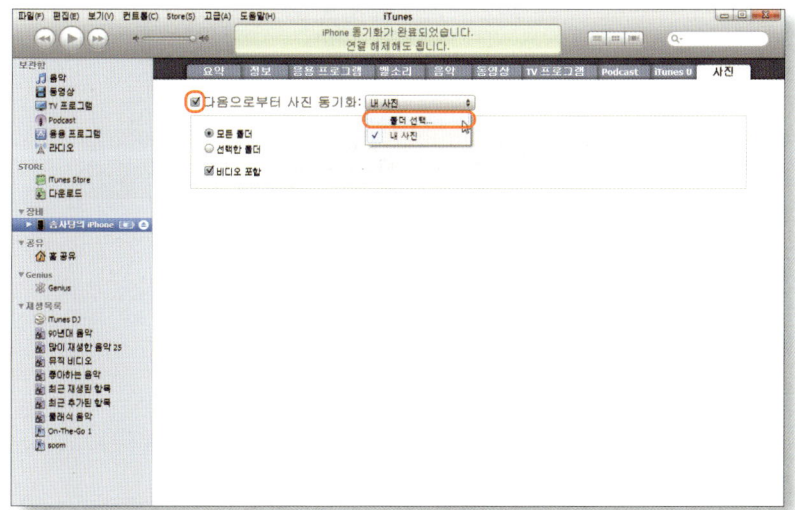

`04` 아이폰으로 보낼 사진이 저장되어 있는 폴더를 선택하고 [폴더 선택] 단추를 클릭합니다.

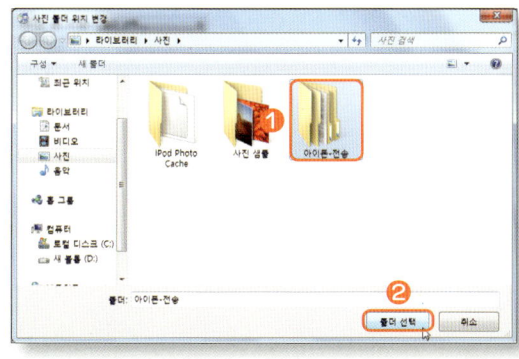

`05` 선택한 폴더 안의 사진을 모두 동기화하려면 그대로 두고, 그 중에서도 원하는 폴더만 선택하려면 [선택한 폴더] 항목을 체크합니다. 폴더에 항목이 표시되면 전송하고 싶은 폴더를 체크하고 [적용] 단추를 클릭합니다.

`06` 사진이 동기화됩니다. 아이폰을 확인해 보세요. 다음과 같이 3개의 폴더가 생겼을 것입니다. 아이폰에서는 이 사진들을 편집할 수 없습니다. 사진 보관함에는 전송한 사진이 모두 모여 있고, 각 폴더에는 컴퓨터와 같이 폴더별로 사진이 저장되어 있습니다.

 폴더 확인

[사진 앨범]에 있는 폴더 중에서 [카메라 롤]은 아이폰에서 직접 찍은 사진들이 저장된 곳이고, 나머지는 컴퓨터와 동기화된 폴더입니다.

23 아이폰 제대로 쓰기
카메라 롤에 있는 사진 컴퓨터에 옮기기

아이폰을 컴퓨터와 연결하여 카메라 롤에 있는 사진을 컴퓨터로 옮길 수 있습니다. 이때의 아이폰은 USB 외장 하드로 인식됩니다.

01 아이폰을 구입할 때 받은 USB 케이블을 아이폰에 꽂은 다음 컴퓨터와 연결합니다. [자동 실행] 창이 나오면 [사진 및 비디오 가져오기]를 선택합니다.

02 [사진 및 비디오 가져오기] 대화상자가 나타나면 복사할 파일의 이름으로 사용할 태그를 입력하고 [가져오기] 단추를 클릭합니다.

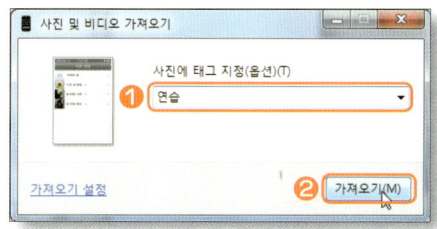

03 사진이 자동으로 내 컴퓨터에 복사됩니다.

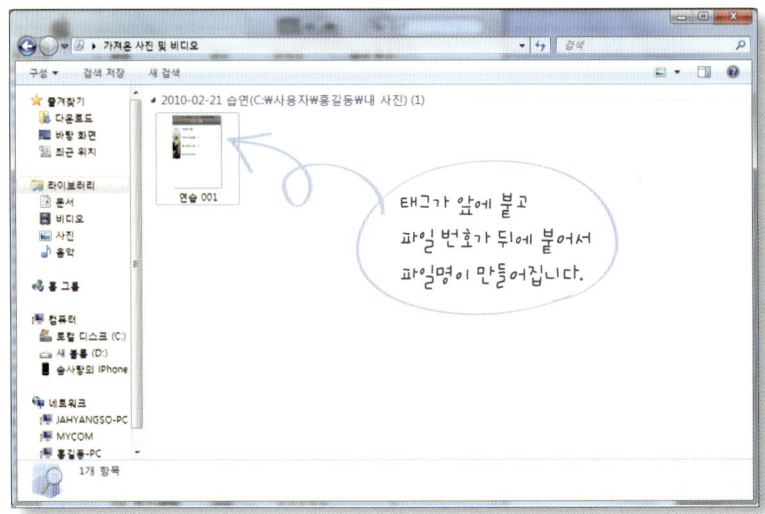

태그가 앞에 붙고
파일 번호가 뒤에 붙어서
파일명이 만들어집니다.

04 아이폰과 컴퓨터를 연결했을 때 나타나는 [자동 실행] 창에서 [장치를 열어 파일 보기]를 선택하면 다음과 같이 내 컴퓨터가 실행됩니다. 이때 보이는 Internal Storage가 바로 아이폰의 저장 장치입니다.

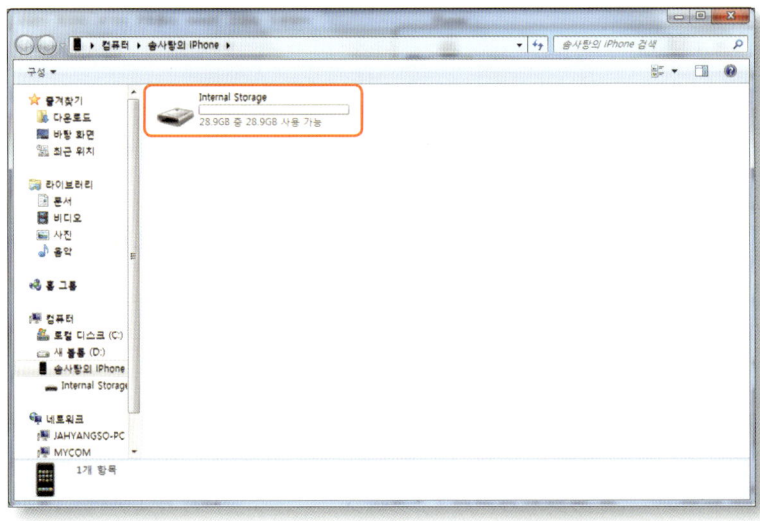

05 [Internal Storage]-[DCIM]-[100APPLE] 폴더를 열면 아이폰에 있는 사진을 확인할 수 있습니다. 파일 관리를 할 때와 동일한 방법으로 복사하거나 이동하면 됩니다.

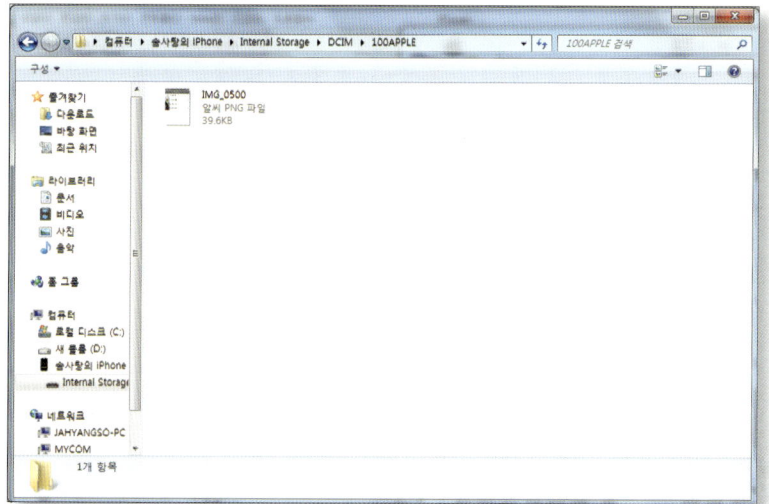

24 카메라로 비디오 촬영하기

아이폰에 탑재되어 있는 카메라를 이용하여 비디오 촬영을 할 수 있습니다. 촬영한 영상은 편집하여 컴퓨터에 저장하거나 YouTube나 인터넷에 업로드할 수 있으며 메일로 전송할 수도 있습니다.

1 비디오 촬영하기

01 홈 화면에서 [카메라] 어플을 탭 하면 다음과 같은 화면이 나타납니다.

02 슬라이드 바를 비디오쪽으로 밀어 비디오 촬영 상태로 만든 다음, 가운데 빨간 단추를 눌러 녹화를 시작합니다.

`03` 녹화를 끝내려면 다시 한 번 빨간 단추를 탭하여 저장합니다.

`04` 촬영한 동영상을 보려면 홈 화면에서 [사진]을 탭합니다. [사진] 어플이 실행되면 보고 싶은 동영상을 탭합니다.

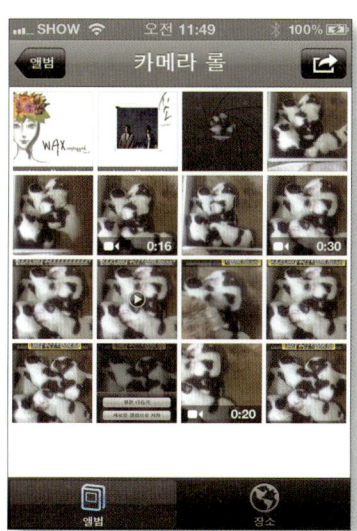

녹화를 시작할 때와 끝날 때 모두 이 단추를 탭합니다.

`05` 재생 단추를 탭하여 비디오를 재생합니다.

`06` 동영상이 재생됩니다.

② 동영상 편집하기

촬영한 동영상을 편집할 수 있습니다. 필요없는 부분은 잘라내고 원하는 부분만 남기는 방식으로 편집합니다.

`01` 편집하고 싶은 비디오를 선택한 다음 재생 단추를 탭하여 비디오를 재생합니다.

`02` 슬라이드를 길게 누르면 다듬기 단추가 나타납니다. 여기서 비디오를 편집합니다.

비디오를 편집하려면 이곳을 길게 누릅니다.

`03` 위쪽의 화면 슬라이드 바를 이동하여 남기고 싶은 부분만 노란색 바 안에 둡니다. 편집이 끝났으면 다듬기 를 탭합니다.

노란색 바 안에 있는 부분만 남고 나머지는 삭제됩니다.

`04` 편집 메뉴가 표시됩니다. 원본을 바로 수정하려면 [원본 다듬기]를 탭하고, 새로운 클립으로 저장하려면 [새로운 클립으로 저장]을 탭합니다. 여기서는 [새로운 클립으로 저장]을 탭하였습니다.

`05` 비디오가 트리밍되어 저장됩니다. [다듬기] 단추가 [완료]로 변경되면 [완료] 단추를 탭하여 마칩니다.

25 음악 파일 아이폰에 넣기

아이폰제대로쓰기

좋아 하는 음악을 iTunes에서 재생목록으로 등록하고 아이폰에 전송하는 방법에 대해 알아봅니다. 즐겨 듣는 음악을 항상 가지고 다니면서 들을 수 있습니다. 아이폰에서 음악을 듣기 위해서는 아이폰에서 재생 가능한 음악 파일을 사용해야 합니다.

① iTunes 보관함에 음악 파일 넣기

현재 듣고 있는 음악 파일을 iTunes를 이용하여 아이폰에 넣어 두면 원하는 음악을 언제든지 아이폰에서 들을 수 있습니다.

01 iTunes를 실행하고 [보관함]의 [음악]을 선택합니다. 현재 컴퓨터에 있는 음악 파일이 자동으로 불러와집니다. 다음 화면에 보이는 것은 윈도우 7에 기본적으로 저장되어 있는 파일들입니다.

02 [파일]-[보관함에 폴더 추가] 메뉴를 선택합니다.

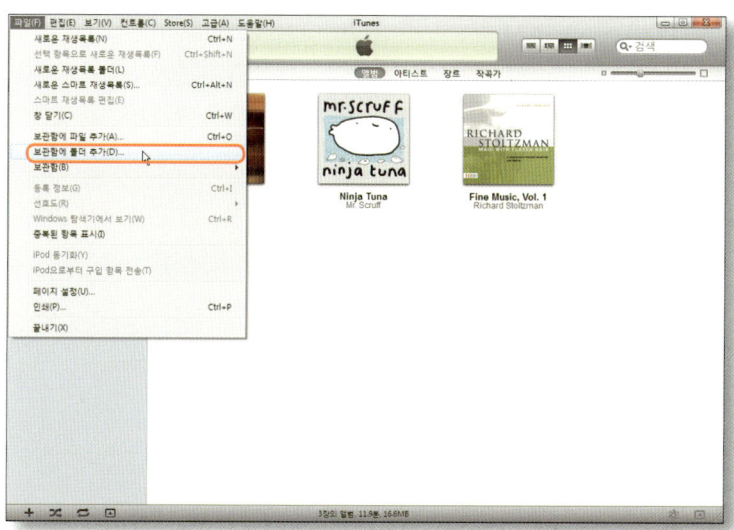

03 [보관함에 추가] 대화상자가 나타나면 음악 파일이 있는 폴더를 선택하고 [폴더 선택] 단추를 클릭합니다.

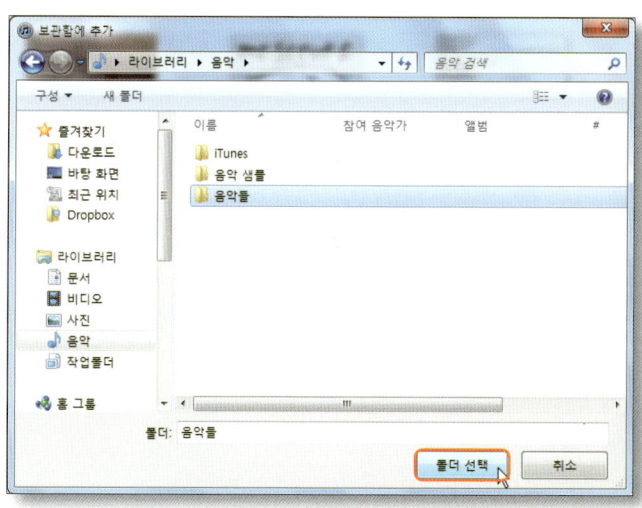

04 해당 폴더에 있는 음악 파일이 보관함에 담깁니다.

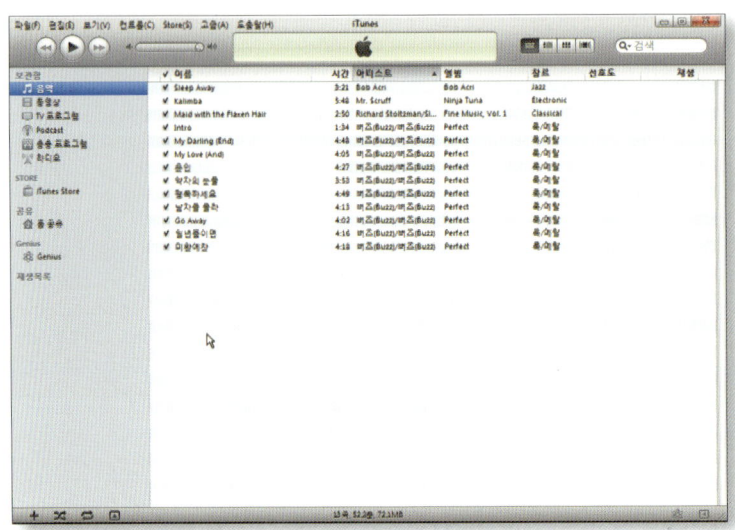

05 같은 방법으로 다른 음악 파일들도 보관함으로 가져옵니다.

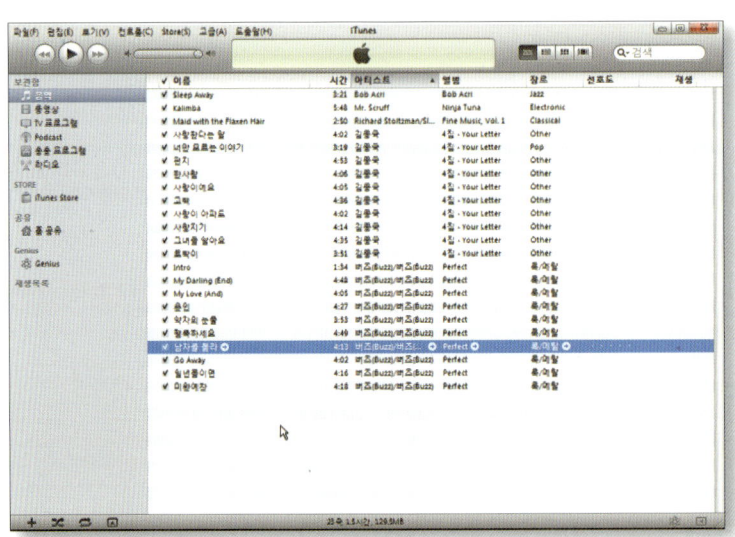

음악 CD 리핑하기

iTunes에서는 음악 CD의 파일을 컴퓨터로 쉽게 리핑할 수 있습니다. iTunes에서는 AAC 인코더를 사용하여 확장자가 m4a인 음악 파일을 생성하도록 기본 설정이 되어 있습니다. m4a 파일은 아이폰이나 아이팟 등에 최적화된 파일이지만 다른 휴대용 재생 기기나 소프트웨어에서 재생하기에는 번거로울 수 있습니다. mp3 파일로 리핑하고 싶다면 CD의 노래를 가져올 때 iTunes의 화면 아래에서 [가져오기 설정]을 클릭하여 인코더를 바꾸면 됩니다

06 [앨범별로 보기] 아이콘을 클릭하면 다음과 같이 앨범 목록으로 표시됩니다. 앨범 표지가 보이지 않는 것도 있을 것입니다. 이런 경우에는 앨범 표지를 설정해주면 됩니다. 앨범을 마우스 오른쪽 단추로 클릭하고 [등록 정보] 메뉴를 선택합니다.

07 [iTunes] 대화상자가 나타나면 [예] 단추를 클릭합니다.

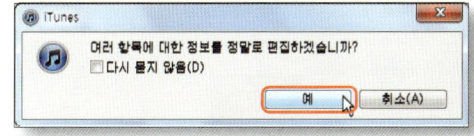

08 [여러 개의 항목 정보] 대화상자가 나타납니다. 필요한 항목에 내용을 입력합니다. 앨범 사진은 이미지 파일을 먼저 복사해둔 다음 [앨범 사진] 항목을 클릭하고 붙여넣기를 하면 됩니다. [확인] 단추를 클릭합니다.

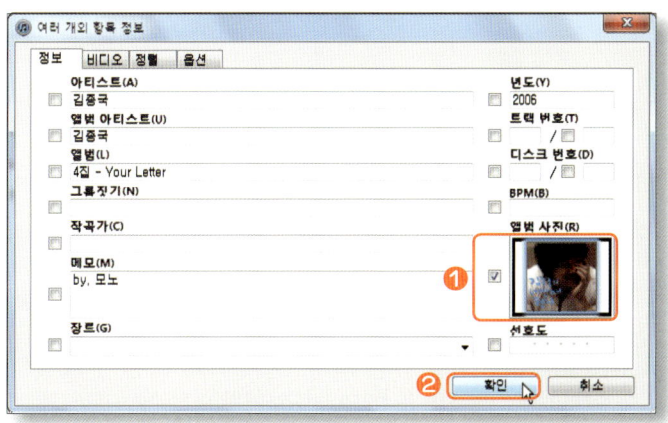

`09` 앨범 표지가 표시되어 훨씬 알아보기 좋게 되었습니다.

`10` 다른 앨범들도 자켓 사진을 설정하고, 지우고 싶은 파일들은 선택한 다음 삭제하여 보관함을 정리합니다

여러 개의 항목 정보 설정 내용

앨범 사진뿐 아니라 아티스트와 앨범명 등도 없다면 입력합니다. 다소 번거롭더라도 이처럼 음악 파일의 정보를 정리해 두는 것이 바람직합니다. 처음에는 큰 차이가 느껴지지 않을 수 있지만 보관함의 파일이 점점 많아지면 iTunes로 정리해 둔 정보의 위력을 실감할 수 있게 될 것입니다.

② iTunes에 보관한 음악을 아이폰에 넣기

01 아이폰을 컴퓨터에 연결합니다.

02 아이폰에 넣을 음악을 정리하려면 재생목록을 만들어 두는 것이 좋습니다. [재생목록 만들기] 아이콘을 클릭합니다.

03 [무제 재생목록] 폴더가 만들어집니다.

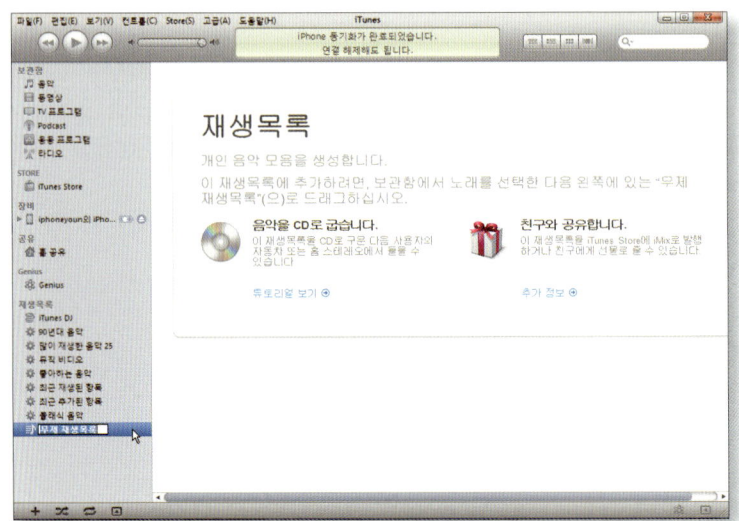

04 모아 놓은 음악에 알맞은 폴더명을 입력합니다. 여기서는 [아이폰4]라고 입력했습니다.

05 이제 보관함에서 파일을 선택하고 아이폰4 재생목록으로 드래그합니다.

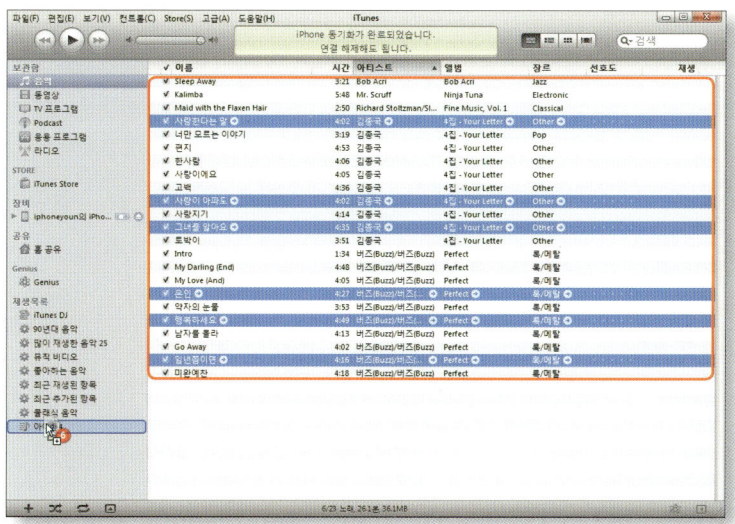

06 [아이폰4] 재생목록을 선택하면 파일이 표시됩니다.

 재생 목록 추가

iTunes에서 만드는 재생목록은 음악을 본인만의 기준에 따라 분류해놓은 목록입니다. 따라서 재생목록으로 음악을 드래그하여 추가하여도 음악 파일 자체가 복사되는 것은 아닙니다. 또한 이후에 아이폰으로 재생목록을 동기화하면, 선택한 목록에 있는 음악의 원래 파일들이 아이폰으로 복사가 됩니다.

07 이제 음악 파일을 아이폰과 동기화해 보겠습니다. 장비에서 아이폰을 선택하고 [음악] 탭을 클릭하여 화면이 다음과 같이 변경되면 [음악 동기화]를 체크합니다. 선택한 파일만 아이폰에 넣을 것이므로 [선택한 재생목록, 아티스트 및 장르]를 선택하고, 앞에서 만든 재생 목록인 [아이폰4]를 선택하여 체크하고 [적용] 단추를 클릭하면 동기화가 진행됩니다.

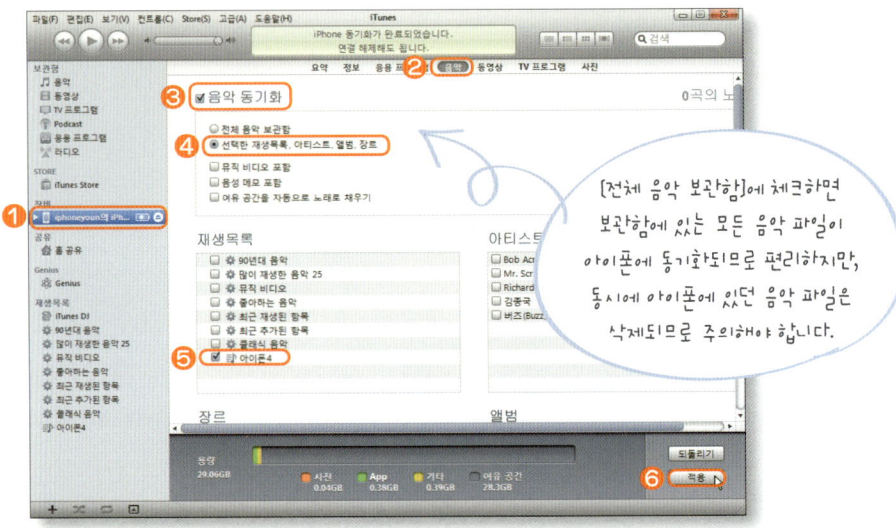

[전체 음악 보관함]에 체크하면 보관함에 있는 모든 음악 파일이 아이폰에 동기화되므로 편리하지만, 동시에 아이폰에 있던 음악 파일은 삭제되므로 주의해야 합니다.

26 iPod에서 음악 듣기

아이폰에 저장한 음악은 언제든지 들을 수 있으며, 음악을 들으면서 인터넷을 하거나 다른 어플을 실행할 수 있습니다. 반복 재생하여 듣거나 듣고 싶은 음악만 선택하여 들을 수도 있고, 재생목록도 편집할 수 있으므로 다양한 방법으로 음악을 즐겨봅니다.

1 음악 재생하기

01 iTunes를 통해 음악을 아이폰으로 전송한 다음, 아이폰을 컴퓨터에서 분리하고 [iPod] 어플을 탭하여 실행합니다.

02 [재생목록] 화면이 표시됩니다. iTunes에서 만들어 동기화한 폴더를 탭합니다.

`03` 재생목록이 표시됩니다.

`04` 듣고 싶은 음악을 탭하면 다음과 같이 화면이 바뀌며 음악이 재생됩니다.

이전 화면으로 돌아가기

음량 조절하기

`05` 아이폰을 가로로 세우면 음악 파일들의 앨범 표지 사진이 표시됩니다. 화면을 좌우로 밀어 앨범을 볼 수 있습니다.

06 보고 싶은 앨범이 표시되면 탭합니다. 앨범의 제목 등을 확인할 수 있습니다. 앨범 안의 음악을 보려면 다시 앨범을 탭합니다.

07 선택한 앨범에 해당하는 노래의 목록이 열립니다. 듣고 싶은 노래를 탭하면 선택한 음악이 바로 실행됩니다.

② 음악의 반복 재생과 셔플 설정하기

음악 재생 중에 화면을 탭하면 화면에 재생 바가 표시됩니다. 여기서 반복 재생과 셔플을 설정합니다.

◀ 음악을 반복 재생합니다.

◀ 현재 듣고 있는 음악을 반복 재생합니다.

◀ 반복 재생하지 않습니다.

◀ 셔플 아이콘을 탭하면 재생목록에 있는 곡을 랜덤으로 재생합니다.

③ 듣고 싶은 음악만 골라 듣기

아티스트별로, 혹은 앨범이나 작곡가, 장르 별로 음악을 골라 들을 수 있습니다. 이 역시 아이폰으로 음악을 듣는 재미입니다. 다만 이렇게 선별해 들으려면 곡의 정보가 잘 정리되어 있어야 합니다.

● 아티스트별로 듣기

01 화면 아래에 있는 🔲 아이콘을 탭합니다.

02 재생목록의 곡들이 아티스트 별로 표시됩니다. 가수를 탭합니다.

03 선택한 가수의 노래 목록이 표시됩니다. 듣고 싶은 노래를 탭하면 바로 음악이 재생됩니다.

● 장르별로 듣기

`01` 화면 아래서 ■를 탭합니다.

`02` [기타] 화면이 표시됩니다. [장르]를 탭합니다.

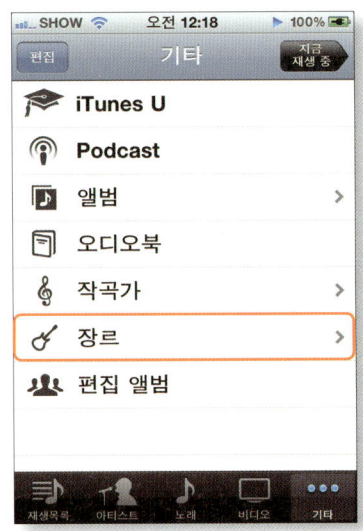

`03` [장르] 화면이 표시됩니다. 여기서는 [발라드]를 선택해 보겠습니다. 장르가 [발라드]인 목록이 아티스트로 분류되어 표시됩니다.

`04` 가수를 선택하면 해당 가수의 노래 목록이 표시됩니다. 듣고 싶은 곡을 탭하면 음악을 재생합니다.

재생목록 내 맘대로 설정하기

재생목록을 사용자가 마음대로 설정하고 관리할 수 있습니다. 좋아하는 곡이나 분위기에 맞는 음악 등을 골라서 재생목록을 만들어 이용합니다. 재생목록 관리 방법에 대해 알아봅니다.

1 아이폰에서 재생목록 만들기

아이폰에서도 바로 재생목록을 만들어 이용할 수 있습니다.

01 [재생목록]을 탭한 다음 [재생목록 추가...]를 탭합니다.

02 [새로운 재생목록] 화면이 표시되면 목록 이름을 입력하고 [저장] 단추를 탭합니다.

`03` 바로 재생목록에 추가할 수 있도록 노래 목록이 나타납니다.

`04` 추가할 노래를 탭하여 선택한 다음 완료를 탭합니다.

`05` [가을] 재생목록이 만들어졌습니다. 이제 재생목록을 탭해 봅니다.

`06` 재생목록이 추가된 것을 확인할 수 있습니다. 이제 이 목록을 탭하여 가을 노래를 모아 들어 봅니다.

② 재생목록 편집하기

재생목록에 노래를 추가하거나 순서를 변경하거나 삭제하는 등의 작업을 할 수 있습니다.

`01` 재생목록에서 편집할 항목을 탭합니다.

`02` 편집할 재생목록이 표시됩니다. 목록을 편집하기 위해 편집 을 탭합니다.

`03` 순서를 변경하려면 곡목을 원하는 위치까지 드래그합니다.

04 음악을 지우려면 ●를 탭한 다음 삭제 를 탭하여 삭제합니다. 완료 를 탭하면 편집이 종료됩니다.

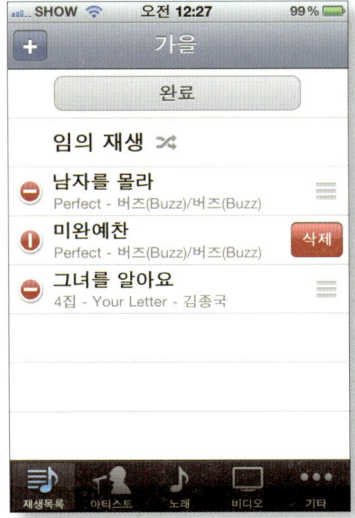 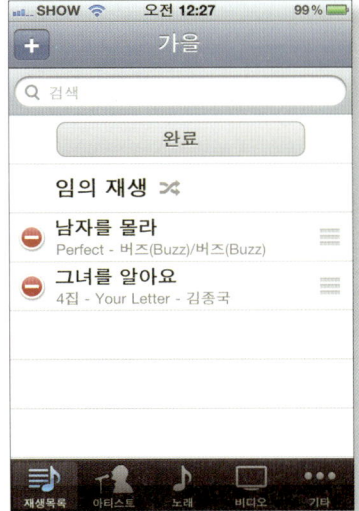

28 아이폰제대로쓰기

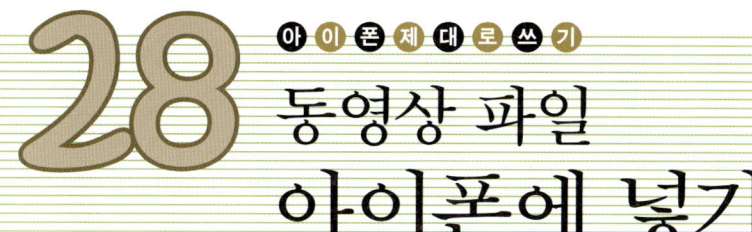

동영상 파일 아이폰에 넣기

음악 파일을 아이폰에 넣듯이 동영상 파일도 아이폰에 넣을 수 있습니다. 예전에는 핸드폰 따로, 동영상 기기 따로 들고 다녔지만 이제 그럴 필요가 없습니다. 이때 한 가지 주의할 점은 아이폰에 넣을 동영상은 mp4 형식으로 변환해야 한다는 것입니다.

① 다음 팟인코더를 이용하여 mp4로 변환하기

아이폰에서 동영상을 보려면 mp4 형식으로 변환해야 합니다. avi 파일을 mp4로 변환하는 프로그램은 많이 있지만 여기서는 다음 팟인코더를 이용해 보겠습니다.

01 다음과 같이 팟인코더 프로그램을 다운 받는 사이트(http://tvpot.daum.net/encoder/PotEncoderSpec.do)에 접속합니다. [팟인코더 다운로드] 단추를 클릭하여 다운을 실행합니다. 인터넷에서 검색해서 프로그램을 찾아도 됩니다.

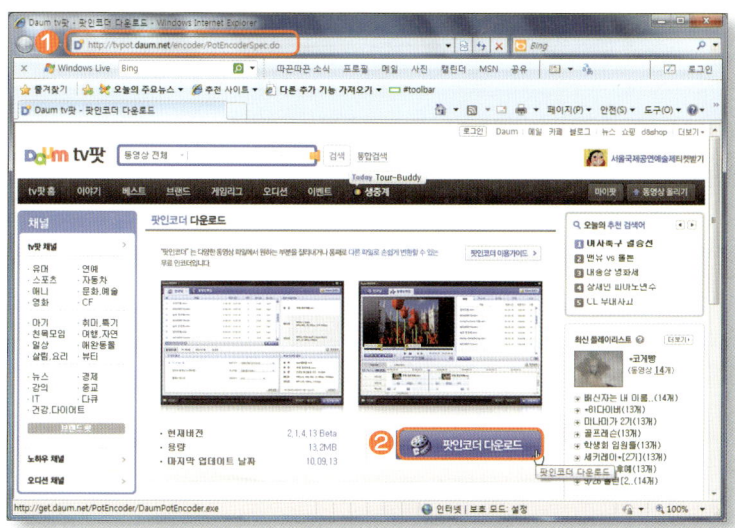

02 다음과 같은 대화상자가 나타나면 [실행] 단추를 클릭하고 설치를 진행합니다.

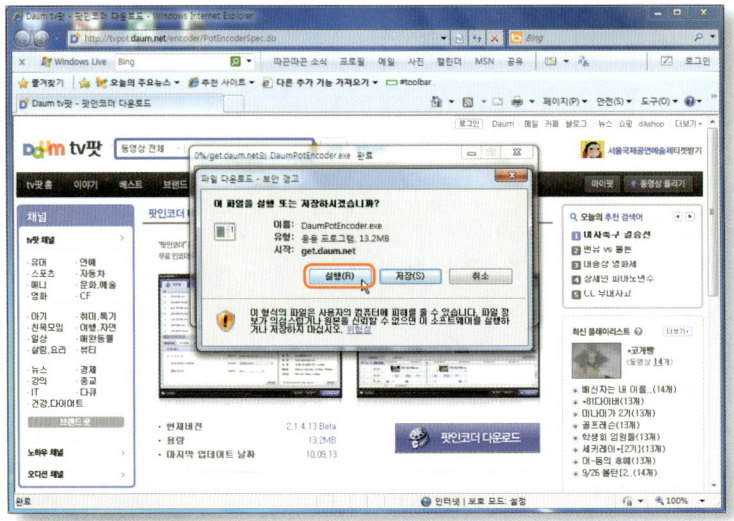

03 [Daum 팟인코더]를 실행하면 다음과 같은 화면이 표시됩니다. [인코딩] 탭에서 [불러오기] 단추를 클릭합니다.

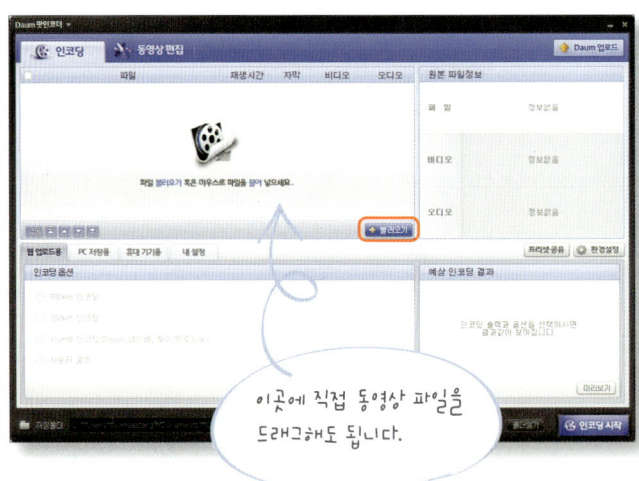

`04` [파일 열기] 대화상자가 나타나면 변환할 파일을 선택하고 [열기] 단추를 클릭합니다.

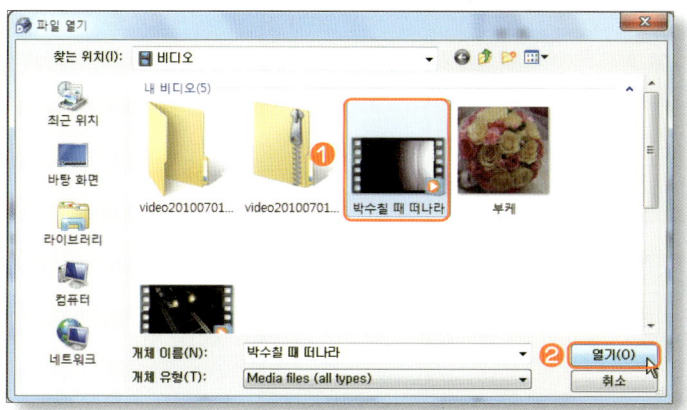

`05` 변환할 파일을 불러왔으면 [휴대 기기용] 탭에서 [애플]-[아이폰4 고화질(AVC)]를 선택한 다음 [인코딩 시작] 단추를 클릭합니다.

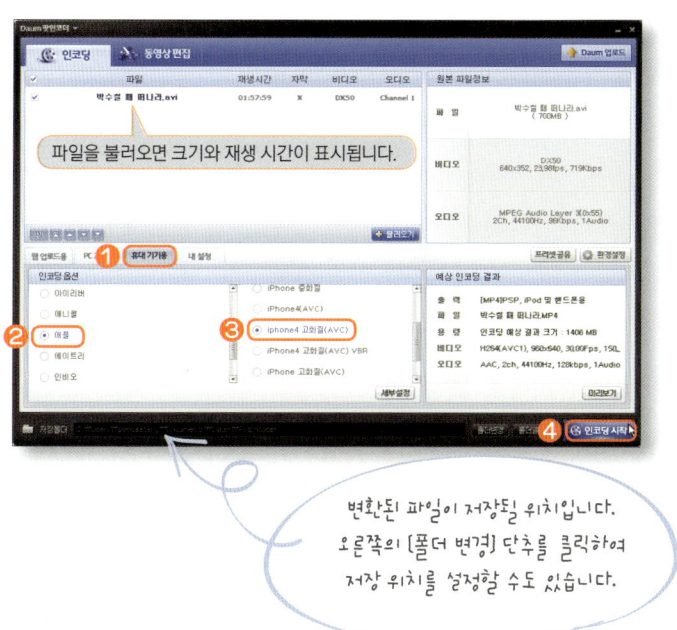

변환된 파일이 저장될 위치입니다.
오른쪽의 [폴더 변경] 단추를 클릭하여
저장 위치를 설정할 수도 있습니다.

➕ **외화의 자막이 있는 경우**
동영상과 동일한 폴더에 자막 파일이 있으면 [자막] 부분에 ○가 표시됩니다. 자막 파일과 함께 인코딩을 하면 자막이 동영상 파일에 합해집니다.

06 인코딩이 시작됩니다. 인코딩에는 약간의 시간이 걸립니다. 끝날 때까지 기다려야 합니다.

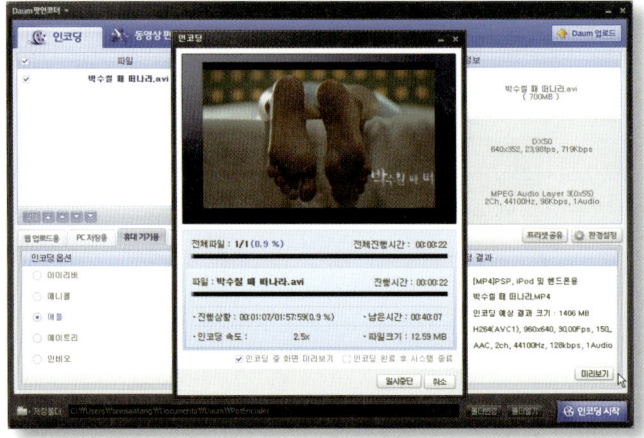

07 인코딩이 끝나면 다음과 같은 [알림] 대화상자가 표시됩니다. [폴더 열기]를 눌러 변환된 파일을 확인하거나 [닫기] 단추를 클릭하여 대화상자를 닫습니다.

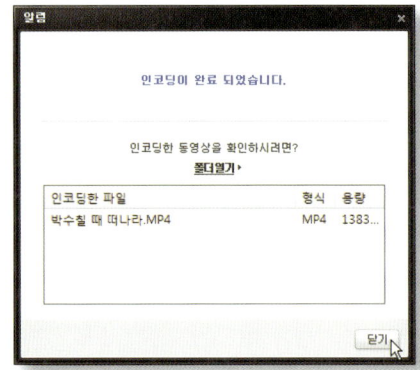

08 mp4로 변환된 파일이 폴더에 저장되었습니다.

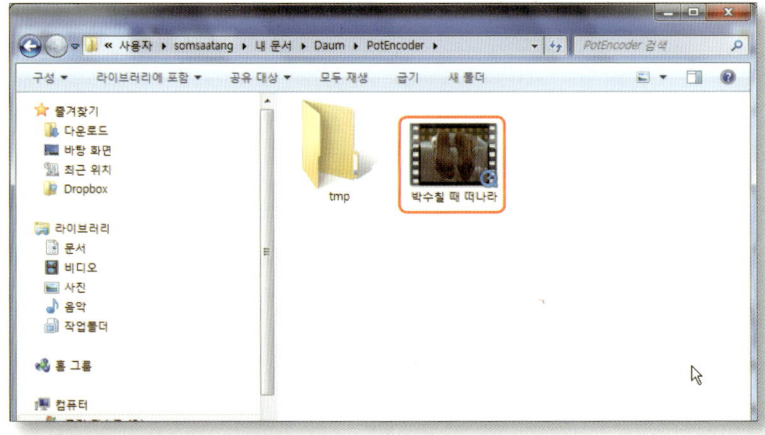

아이폰에 동영상 넣기

아이폰에 동영상을 넣으려면 우선 iTunes의 보관함에 동영상을 추가한 다음 아이폰으로 동기화를 해야 합니다.

01 iTunes를 실행한 다음 [동영상] 보관함을 선택하고 [파일]-[보관함에 파일 추가] 메뉴를 선택합니다.

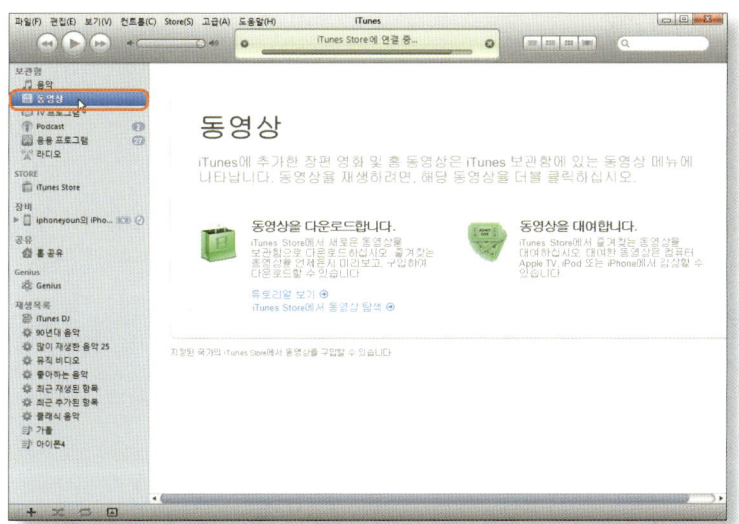

02 [보관함에 추가] 대화상자가 나타나면 앞에서 변환한 파일을 선택하고 [열기] 단추를 클릭합니다.

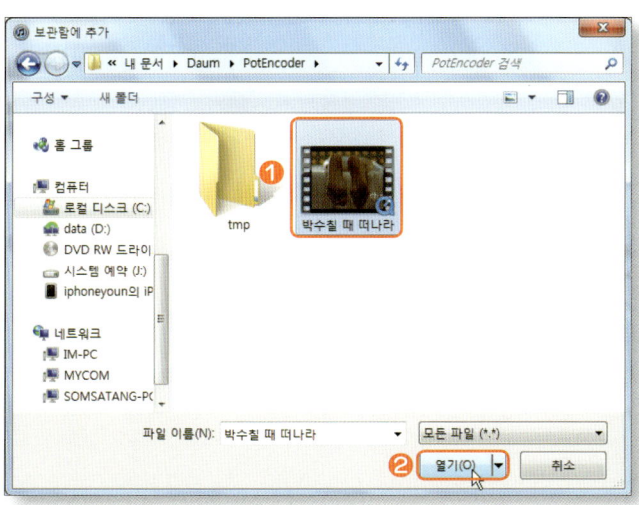

03 　　 동영상 보관함에 동영상 파일이 하나 추가되었습니다. [재생목록 만들기] 아이콘을 클릭합니다.

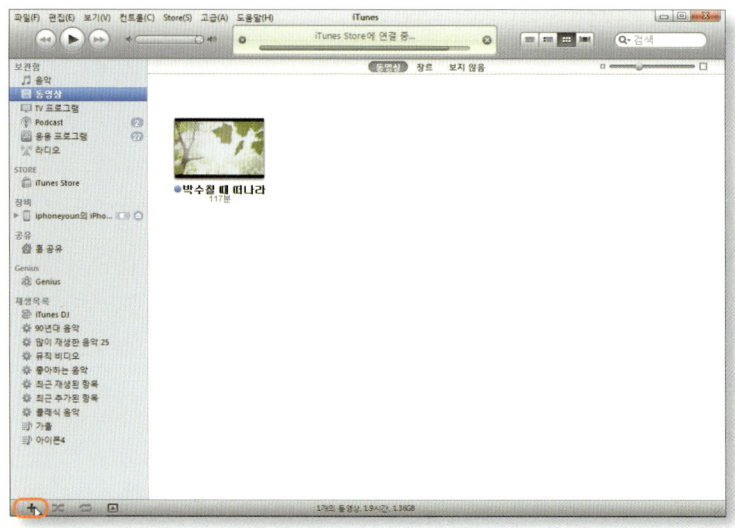

04 　　 [무제 재생목록]이 만들어지면 이름을 [한국영화]로 수정하고 동영상 보관함에 있는 파일을 이곳으로 드래그하여 복사합니다.

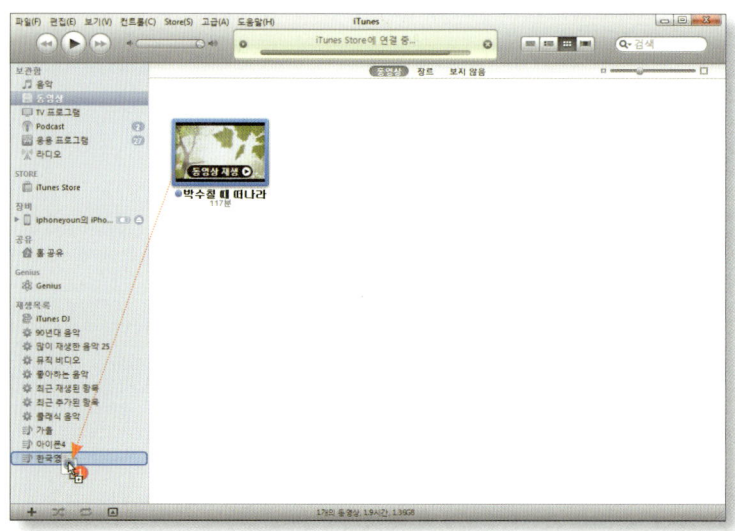

05 [한국영화] 재생목록에 동영상 파일이 추가되었습니다.

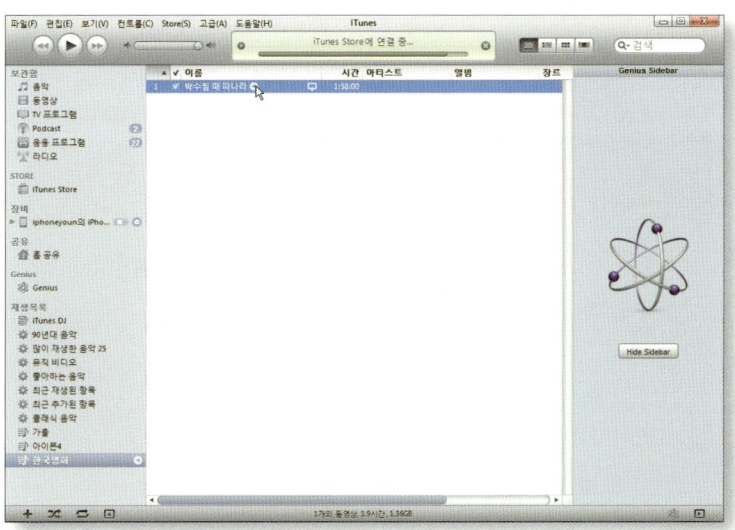

06 아이폰을 컴퓨터에 연결합니다. 아이폰을 선택하고 [동영상] 탭을 클릭합니다. 보관함에 있는 모든 동영상을 아이폰에 넣을 것이 아니므로 [다음을 자동으로 포함] 항목의 체크를 해제합니다.

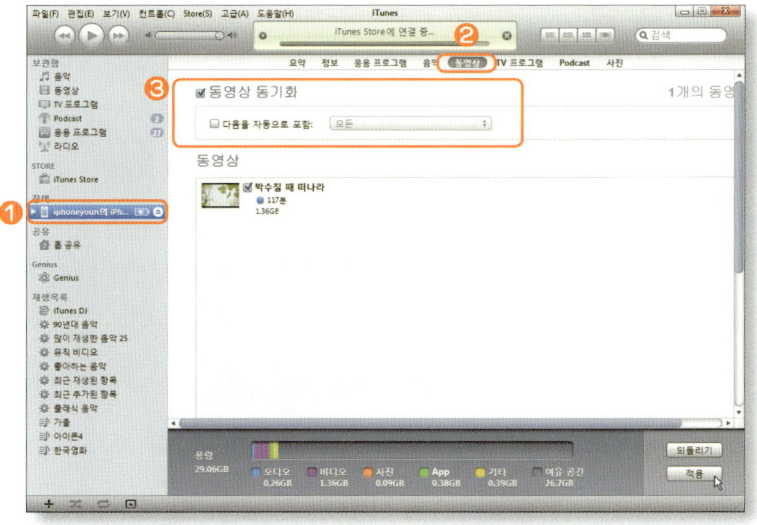

07 이어 [재생목록의 동영상 포함]에서 앞서 작성한 동영상 재생목록인 [한국영화]를 선택하고 [적용] 단추를 클릭하여 파일을 동기화합니다.

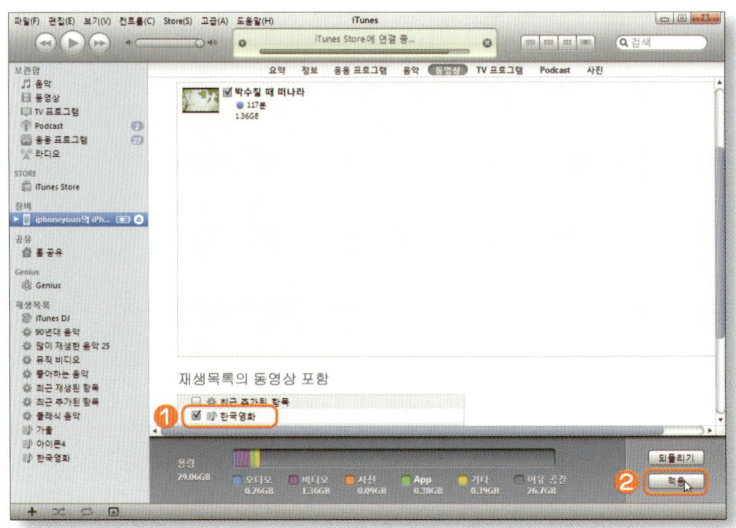

08 이제 아이폰을 컴퓨터에서 분리하고 동영상 파일을 확인해 보겠습니다. 아이폰의 홈 화면에서 [iPod]을 탭하면 [재생목록] 화면이 표시됩니다. 앞에서 동기화한 [한국영화]를 탭합니다.

09 동영상 파일이 아이폰에 저장되어 있습니다. 영화를 보려면 파일 이름을 탭합니다.

10 동영상이 재생됩니다.

11 아이폰을 가로로 돌리면 와이드 화면으로 영화를 볼 수 있습니다.

비디오 보기

아이폰의 홈 화면에서 [비디오]를 탭해도 iTunes와 동기화된 동영상 목록을 볼 수 있으며 재생할 수 있습니다.

29 아이폰제대로쓰기
팟캐스트로 즐기는 생활

Podcast는 iPod의 Pod와 방송인 Broadcast의 cast가 합쳐진 단어로, 자신이 보고 싶은 방송을 매번 선택하여 보지 않고 업데이트되는 방송을 구독 형태로 볼 수 있는 기능입니다. 자신이 구독한 방송이 새롭게 업로드되면 자동으로 컴퓨터나 아이폰에 전송되기 때문에 사용자는 구독하고 싶은 방송과 업데이트 주기만 설정하면 됩니다. 팟캐스트 이용은 무료이며, 다양한 콘텐츠를 즐기려면 미국 계정이 필요합니다.

1 팟캐스트 구독하기

iTunes와 아이폰을 이용하여 팟캐스트를 구독할 수 있습니다. 원하는 방송을 구독하면 iTunes를 실행할 때마다 새로운 방송을 다운받고, 아이폰과 동기화하여 언제 어디서나 구독한 방송을 보고 들을 수 있는 것입니다.

`01` iTunes를 실행하고 [Store]-[iTunes Store]를 선택한 다음 [Podcasts] 탭을 선택합니다.

02 팟캐스트에 접속되면 구독하고 싶은 에피소드를 선택합니다. 여기서는 [유희열의 라디오 천국]을 선택했습니다.

03 [유희열의 라디오 천국] 화면이 표시되었습니다. [Subscribe Free] 단추를 클릭합니다.

04 다음과 같은 대화상자가 나타나면 [Subscribe] 단추를 클릭하여 에피소드 구독을 설정합니다.

05 항목 다운로드 중이라는 메시지가 표시되면 완료될 때까지 기다립니다.

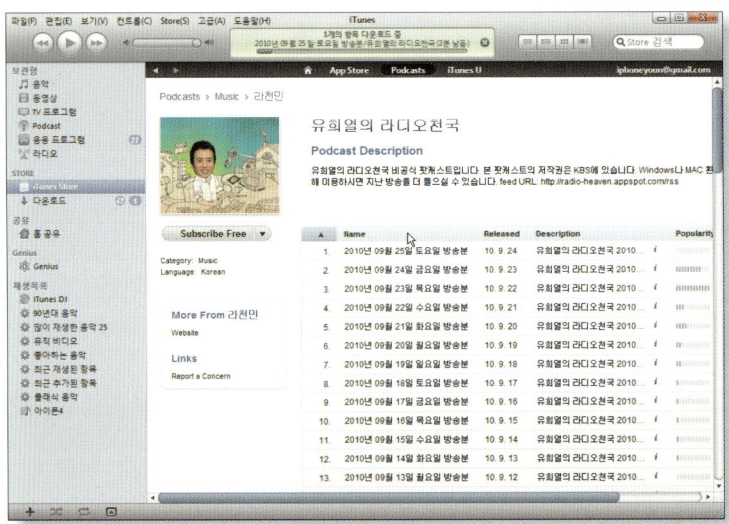

06 [보관함]에서 [Podcast]를 클릭하면 구독을 신청한 항목이 표시됩니다.

구독한 항목의 목록이 표시됩니다.

07 [설정] 단추를 클릭하면 [Podcast 설정] 대화상자가 나타납니다. [새로운 에피소드 확인] 주기를 설정하고 [확인] 단추를 클릭합니다.

08 다른 팟캐스트도 구독을 신청해 보았습니다. 이제 동기화를 해 보겠습니다. 아이폰을 연결한 다음 사용자의 아이폰을 클릭하고 [Podcast] 탭을 선택하면 구독한 두 개의 항목이 표시됩니다. [Poscast 동기화] 항목을 선택하여 체크하고 [동기화] 단추를 클릭합니다. 이제 구독한 항목이 아이폰에 저장됩니다.

② 구독한 팟캐스트 아이폰에서 보기

01 홈 화면에서 [iPod] 어플을 실행한 다음 [기타]를 선택하면 다음과 같은 화면이 표시됩니다. [Podcast]를 탭합니다.

02 [Podcast] 화면이 표시되면 동기화한 팟캐스트 항목이 보입니다. [손석희의 시선집중]을 탭하여 내용을 보겠습니다.

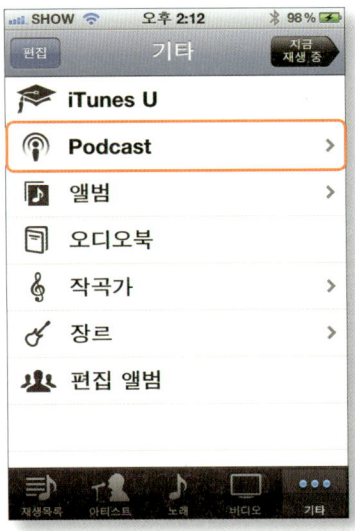

03 에피소드가 표시되면 현재까지 업로드된 항목을 확인할 수 있습니다. 에피소드를 탭합니다.

04 선택한 에피소드가 바로 재생됩니다.

③ 아이폰에서 팟캐스트 구독하기

아이폰에서도 팟캐스트 구독을 신청할 수 있습니다. 어떻게 하는지 알아보겠습니다.

01 홈 화면에서 [iTunes]를 탭하여 실행합니다. [기타]를 탭한 다음 [Podcasts]를 탭합니다.

02 찾고자 하는 단어를 검색하기 위해 [Search]를 탭합니다.

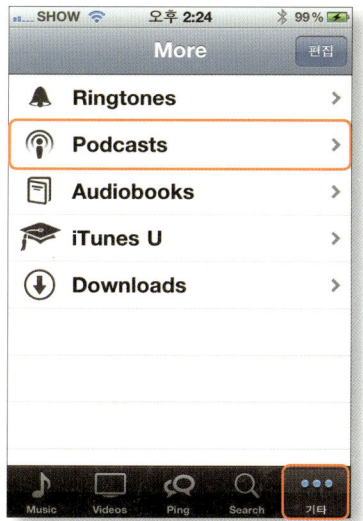
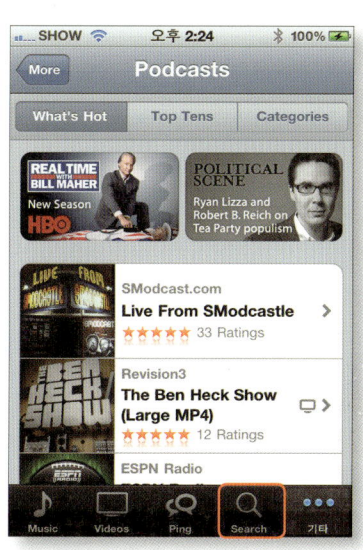

03 검색 화면이 나타나면 찾고자 하는 단어를 입력하여 검색합니다. 여기서는 mbc를 검색했습니다. 내용을 검색한 다음에는 화면을 아래쪽으로 이동합니다. [Podcasts]가 나타나면 [See All Podcasts]를 탭합니다.

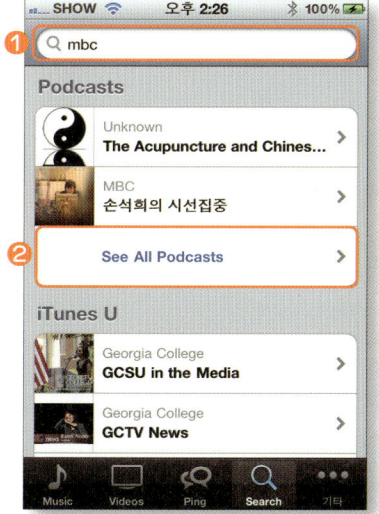

04 관련 팟캐스트 목록이 표시됩니다. 화면을 드래그하여 원하는 팟캐스트를 선택합니다. 여기서는 [두시의 데이트 박명수입니다]를 선택했습니다.

05 목록이 표시되면 원하는 에피소드에서 FREE 를 탭하여 구독합니다. [DOWNLOAD]를 탭하여 에피소드를 다운로드합니다.

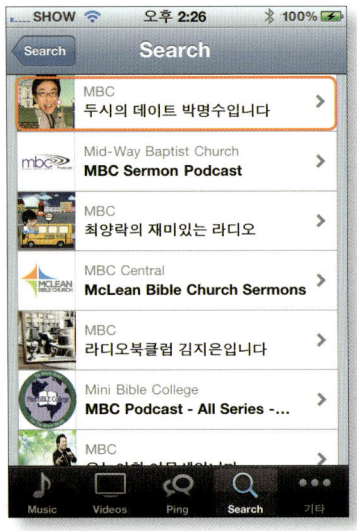

06 [기타] 단추를 보면 숫자 1이 표시되어 있는 것을 확인할 수 있습니다. 현재 1개를 다운받는다는 표시입니다.

07 다시 iPod를 실행하여 [기타]-[Podcast]를 탭하면 아이폰과 iTunes에서 구독한 목록이 모두 있습니다. 이제부터는 지정한 날짜에 새로운 데이터가 있으면 다운받아 들을 수 있습니다.

30 YouTube로 전세계 동영상 보기

아이폰제대로쓰기

인터넷상에서 많은 사람들이 영상을 제작하고, 공유하는 사이트가 바로 YouTube입니다. '기타 신동 YouTube 1억 회 이상 조회'와 같은 말을 들은 적이 있을 것입니다. 개인이 올린 동영상을 전세계의 1억 명이 넘는 사람이 보았다는 뜻입니다. 이러한 YouTube 세상을 아이폰에서도 경험할 수 있습니다.

① YouTube 시작하기

01 홈 화면에서 [YouTube] 어플을 탭하여 실행합니다.

02 [YouTube] 어플이 실행되었습니다. 동영상을 볼 수 있도록 화면이 표시됩니다. 먼저 원하는 동영상을 찾기 위해 [검색]을 탭합니다.

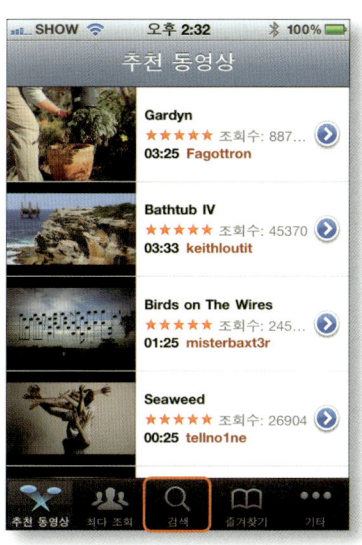

`03` 키패드가 나타나면 관심있는 단어를 입력하고 검색 를 탭합니다.

`04` 검색한 단어에 해당하는 목록이 표시됩니다. 원하는 동영상을 탭합니다.

`05` 잠시 기다리면 동영상이 재생됩니다. 동영상이 모두 재생되면 자동으로 정보 화면이 나타나 동영상에 대한 내용과 다른 사람들이 올린 댓글을 확인할 수 있습니다.

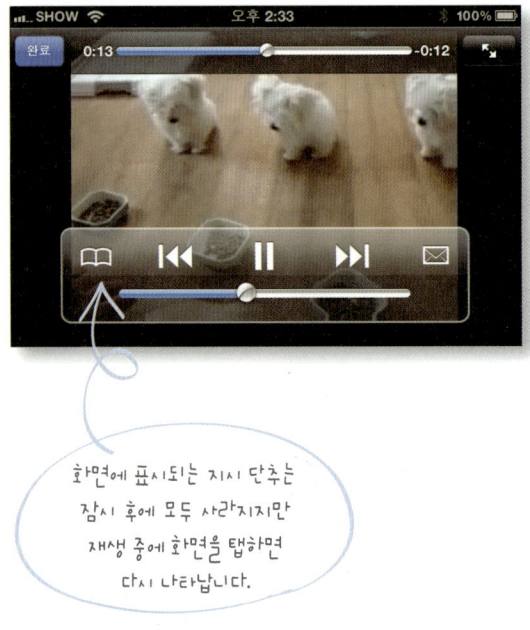

화면에 표시되는 지시 단추는 잠시 후에 모두 사라지지만 재생 중에 화면을 탭하면 다시 나타납니다.

② 동영상 즐겨찾기로 등록하기

01 [즐겨찾기]를 탭하면 다음과 같이 아무것도 없는 화면이 표시됩니다. 현재 YouTube에 로그인하지 않았기 때문입니다. [로그인] 단추를 탭합니다.

02 다음과 같은 화면이 표시되면 YouTube의 사용자 이름과 암호를 입력하고 [로그인]을 탭합니다.

03 [검색]을 탭하고 관심 있는 항목을 입력하여 검색한 다음 목록에서 즐겨찾기로 등록할 동영상의 ●를 탭합니다.

04 동영상 화면이 표시되면 [즐겨찾기에 추가]를 탭합니다. [즐겨찾기]를 탭하면 즐겨찾기에 등록한 목록을 볼 수 있습니다.

③ 등록된 목록 편집하기

즐겨찾기로 등록한 목록을 편집할 수 있습니다.

`01` 즐겨찾기 목록을 편집하기 위해 편집을 탭합니다.

`02` 목록 앞에 ⊖이 표시됩니다.

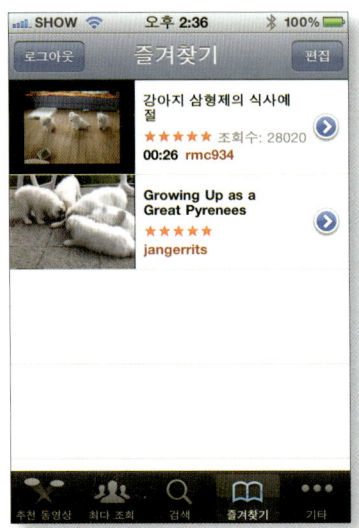

`03` 지울 동영상의 ⊖를 탭하고 삭제를 탭합니다.

`04` 동영상이 삭제되었습니다.

동영상을 YouTube에 올리기

아이폰에서 동영상을 YouTube에 올리는 방법에 대해 알아봅니다.

`01` 앨범에서 YouTube에 올릴 동영상을 선택한 다음 ⬆를 탭합니다.

`02` 메뉴가 표시되면 [YouTube로 보내기]를 탭합니다.

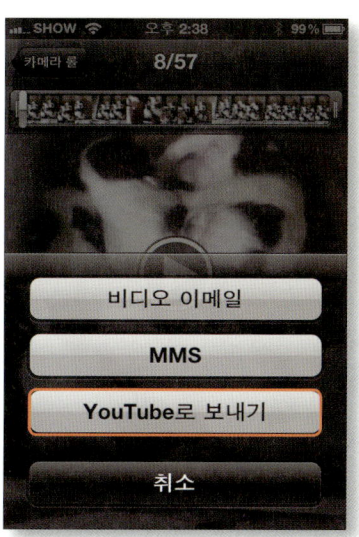

`03` [동영상 발행] 화면이 표시됩니다.

`04` 제목과 설명을 입력합니다.

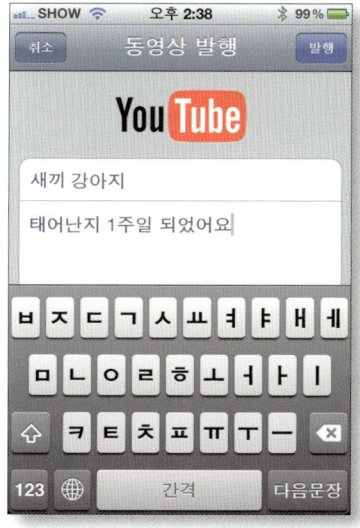

[05] 계속해서 태그를 입력하고 카테고리 등을 선택한 다음 [발행]을 탭합니다.

[06] [비디오 준비중...]이라고 표시되면서 비디오가 업로드됩니다.

[07] 동영상 발행이 모두 끝나면 다음과 같은 메뉴가 자동으로 표시됩니다. 원하는 기능을 선택합니다.

[08] 앞에서 [YouTube에서 보기]를 선택한 화면입니다. 방금 업로드한 동영상을 확인할 수 있습니다.

아이폰 캘린더 사용하기

아이폰에서 일정을 관리하고 확인할 때는 아이폰에서 기본적으로 제공하는 [캘린더] 어플을 사용합니다. 따로 설치하지 않고 홈 화면에서 [캘린더] 어플을 탭하면 이용할 수 있습니다.

① 캘린더 사용하기

01 홈 화면에서 [캘린더] 어플을 탭하여 실행합니다.

02 캘린더 화면이 표시됩니다. 오늘 날짜가 파랗게 표시됩니다. 새로운 일정을 입력하려면 ➕를 탭합니다.

오늘 날짜입니다.

`03` [이벤트 추가] 화면이 표시됩니다. [제목 위치]를 탭합니다.

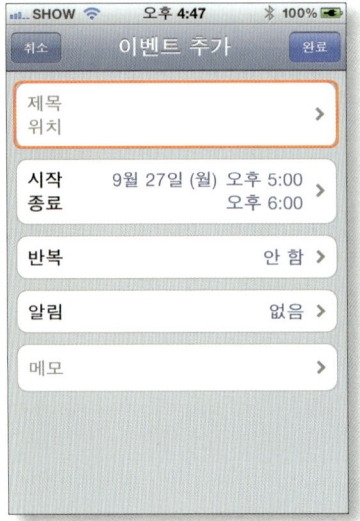

`04` [제목 및 위치] 화면이 나타납니다. [제목]을 탭합니다.

`05` 일정 제목을 입력하고 완료를 탭합니다.

`06` [이벤트 추가] 화면으로 돌아오면 [시작 종료]를 탭합니다.

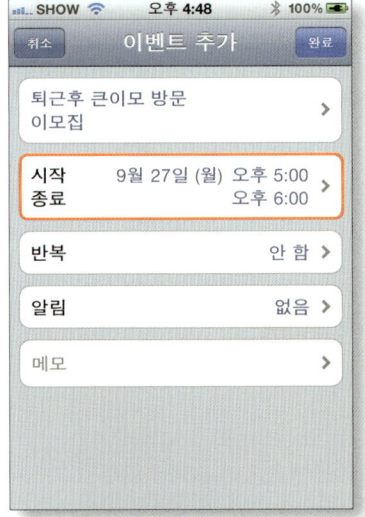

07 시간과 분을 밀어서 시간을 조정하고 완료를 탭합니다.

08 시작과 종료 시간이 설정되었습니다. 완료를 탭합니다.

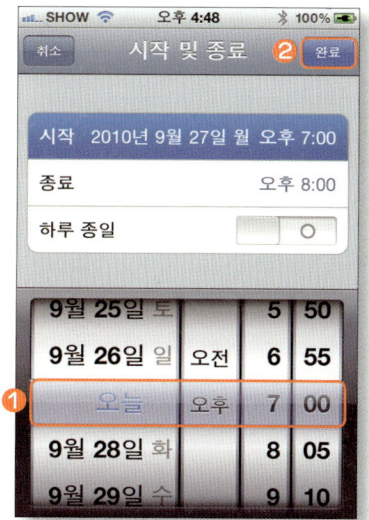

09 캘린더가 표시됩니다. 오늘 날짜 밑에 점이 표시되어 있군요. 이 점이 있으면 해당 날짜에 이벤트가 있다는 의미입니다. 화면 아래에서 일정을 확인할 수 있습니다.

② 캘린더 일정 변경하기

`01` 일정을 변경할 날짜를 탭한 다음 일정을 탭합니다.

`02` [이벤트] 화면이 나타나면 편집을 탭합니다.

`03` 여기서는 시간을 변경할 것이므로 분을 밀어서 00분으로 수정하고 완료를 탭합니다.

`04` 시간이 변경되었습니다. 이번에는 [알림]을 탭합니다.

05 [이벤트 알림] 화면이 나타나면 언제 알려줄 것인지를 지정하고 완료를 탭합니다.

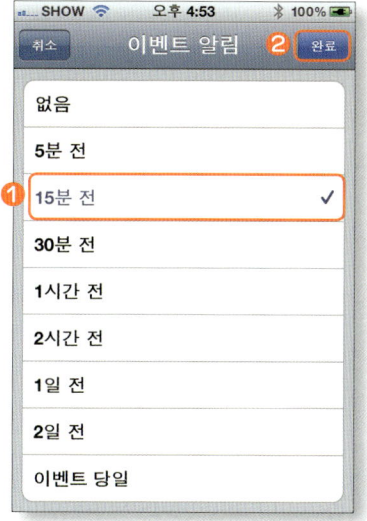

06 알림이 설정되었습니다. 완료를 탭합니다.

07 [이벤트] 화면이 나타납니다. 일정 시간이 변경된 것을 확인할 수 있습니다. 날짜를 탭합니다.

08 월 일정의 해당 날짜에서도 일정의 시간이 변경된 것을 확인할 수 있습니다.

③ 일정 삭제하기

01 취소할 일정이 있는 날짜를 선택하고 일정을 탭합니다.

02 [이벤트] 화면이 나타나면 편집을 탭합니다.

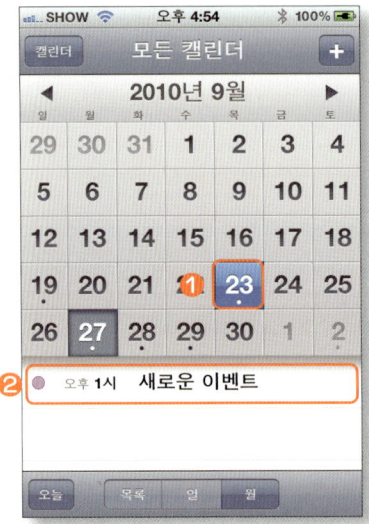

03 [이벤트 삭제]를 탭합니다. 다시 한 번 [이벤트 삭제]를 탭합니다.

04 캘린더로 돌아오면 해당 날짜에 있던 작은 점이 없어진 것을 알 수 있습니다.

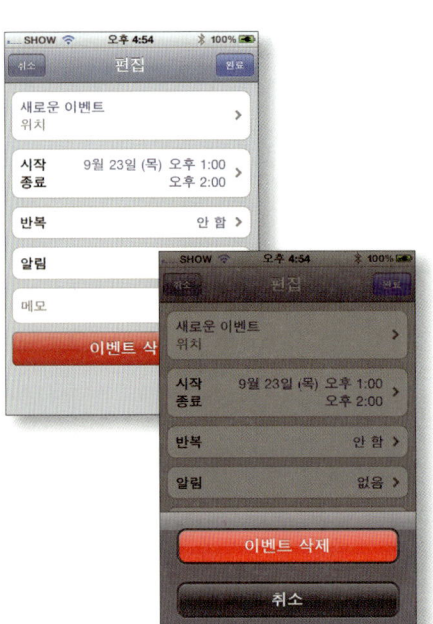

32 아이폰 제대로 쓰기
아웃룩 캘린더와 일정 동기화하기

아웃룩의 일정과 아이폰의 캘린더를 동기화하여 일정을 공유할 수 있습니다. 최신 일정을 항상 공유할 수 있으며 공유하는 일정 기간은 iTunes에서 지정할 수 있습니다.

01 아웃룩을 실행하여 일정을 작성합니다.

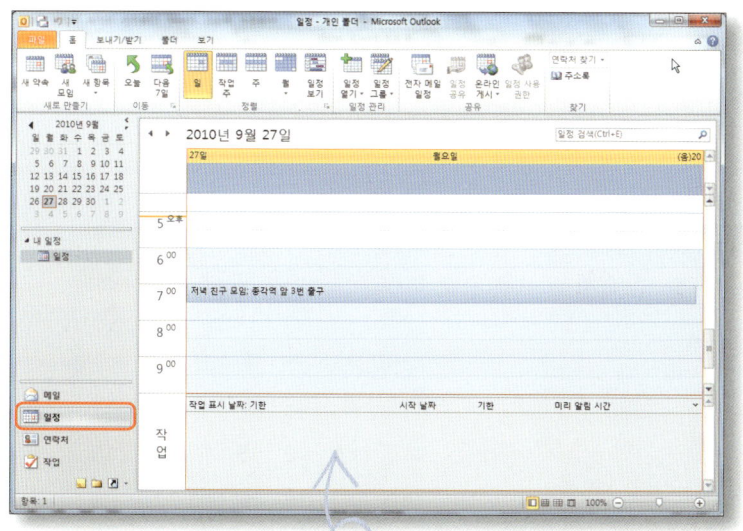

아웃룩에서 일정을 작성합니다. 아이폰과 아웃룩에서 같은 일정을 볼 수 있습니다.

02 iTunes를 실행하고 아이폰을 연결합니다. 장비에서 본인의 아이폰을 선택하고 [정보] 탭을 선택합니다. [캘린더를 다음과 동기화] 항목에서 [Outlook]을 선택하고 [다음보다 오래된 이벤트 동기화 안 함]에서 날짜를 지정한 다음 [적용] 단추를 누르면 동기화가 진행됩니다.

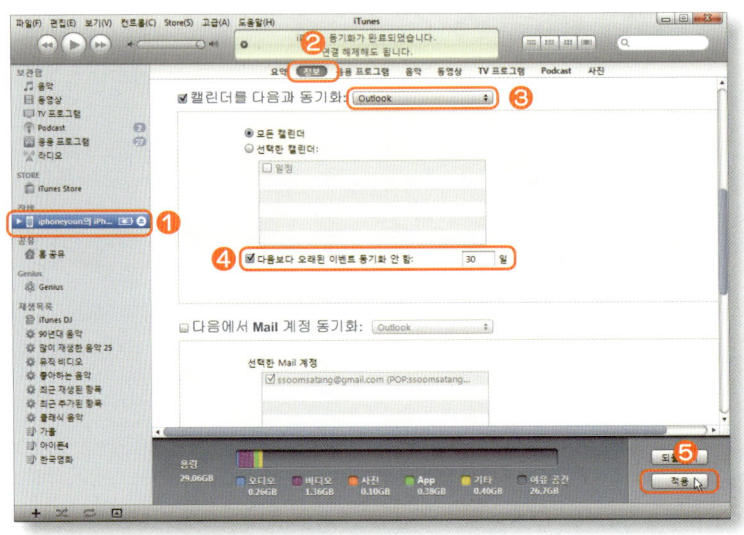

03 동기화가 끝나면 아이폰의 홈 화면에서 [캘린더] 어플을 탭합니다.

04 캘린더 화면이 나타나면 동기화된 일정이 함께 표시되어 일정을 확인할 수 있습니다.

아웃룩에서 작성한 일정 내용입니다.

33 아이폰 일정에 음력 표시하기

아이폰에는 기본적으로 음력이 들어있지 않습니다. 하지만 매년 돌아오는 음력 생일이나 제사 등과 같은 것을 아웃룩에 설정해 놓고 매년 해당 음력일에 맞추어 일정을 표시하는 방법이 있습니다. 아주 간단하니 잘 익혀두었다가 편리하게 활용하기 바랍니다.

01 아웃룩을 실행하고 음력 일정이 필요한 날짜에서 마우스 오른쪽 단추를 클릭한 다음 [새 되풀이 행사] 메뉴를 선택합니다.

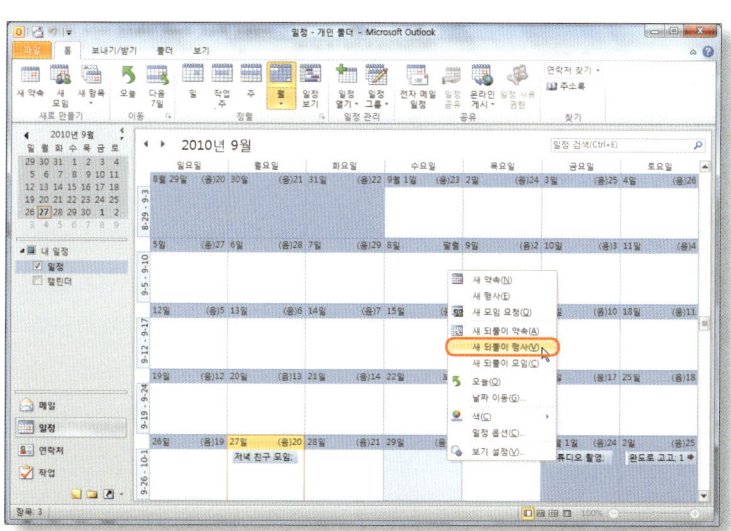

`02` [약속 되풀이] 대화상자가 나타나면 [되풀이 방법]을 [매년]으로 설정하고, 날짜를 지정한 후 [음력]을 체크하고 [확인] 단추를 클릭합니다.

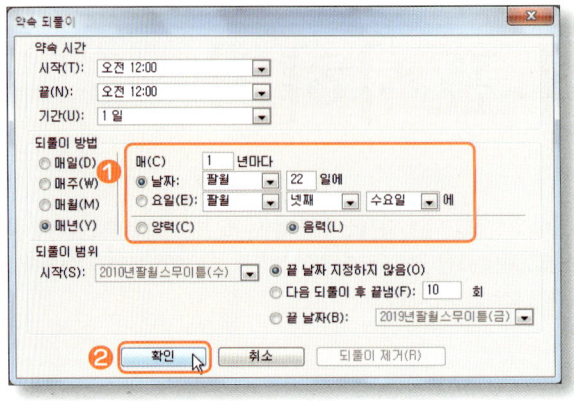

`03` 제목과 내용을 입력한 다음 [저장 후 닫기] 아이콘을 클릭합니다.

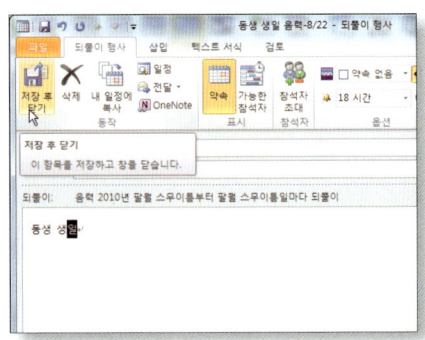

`04` iTunes에서 동기화한 다음 아이폰의 홈 화면에서 해당 날짜를 선택하면 앞서 지정한 일정이 표시됩니다.

▲ 2010년 음력 날짜

`05` 2011년 일정을 살펴보면 해당 날짜의 음력 날짜에 일정이 자동으로 표시되는 것을 확인할 수 있습니다.

▲ 2011년 음력 날짜

Exchange로 아이폰에서 구글과 싱크하기

구글 주소록을 비롯하여 메일, 캘린더까지 한 번에 동기화하여 사용하는 방법에 대해 알아보겠습니다. 앞에서 지메일의 메일 주소를 아이폰에서 연동하는 방법에 대해 알아보았습니다. 지금부터 하는 연결은 메일뿐만 아니라 연락처, 캘린더 사용까지 한 번에 동기화할 수 있는 방법입니다.

01 아이폰의 홈 화면에서 [설정]-[Mail, 연락처, 캘린더]를 탭합니다. [Mail, 연락처, 캘린더] 화면이 표시되면 [계정 추가]를 탭합니다.

02 [계정 추가] 화면이 표시되면 [Microsoft Exchange]를 탭합니다.

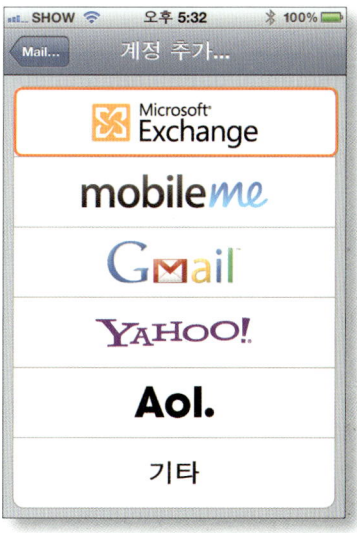

`03` [Exchange] 계정 정보 입력 화면이 표시됩니다.

`04` Exchange 메일에서 사용하는 이메일을 입력합니다.

`05` 사용자 이름과 암호, 설명을 입력하고 [다음]을 탭합니다.

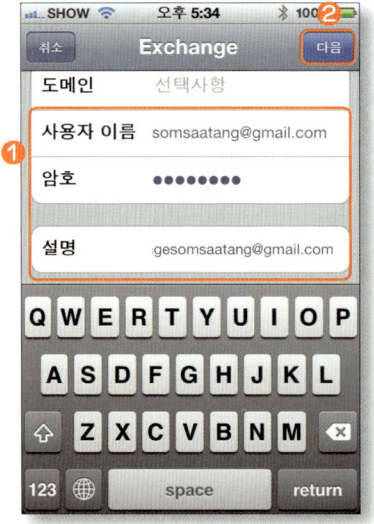

`06` [Exchange] 계정 정보 입력 화면이 표시되면 [서버] 항목이 하나 추가된 것을 확인할 수 있습니다. 서버에 m.google.com이라고 입력하고 [다음]을 탭합니다.

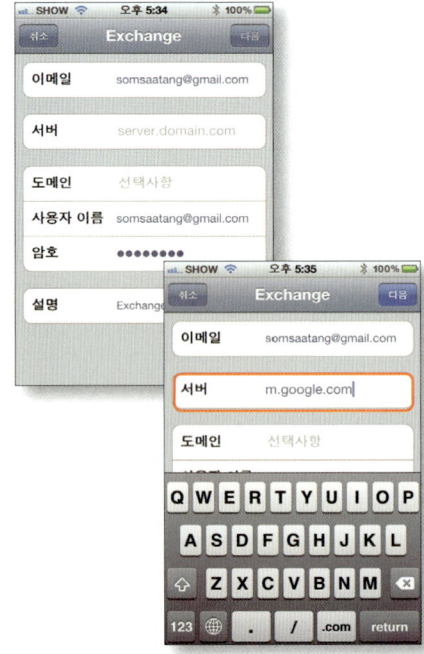

[07] 다음과 같이 Mail, 연락처, 캘린더 3개의 항목이 표시됩니다. 연락처를 On으로 설정하기 위해 탭합니다.

[08] 로컬 연락처를 처리할 방법을 묻는 화면이 표시되면 [나의 iPhone에 유지]를 탭합니다. 이어서 경고 화면이 표시되면 [나의 iPhone에 유지]를 탭합니다.

[09] 계속해서 캘린더를 On으로 설정하기 위해 탭하면 다음과 같은 화면이 나타납니다. [나의 iPhone에 유지]를 탭합니다. 이어서 경고 화면이 표시되면 [나의 iPhone에 유지]를 탭합니다.

[10] 다음과 같이 3개 항목을 모두 설정했으면 [저장]를 탭합니다.

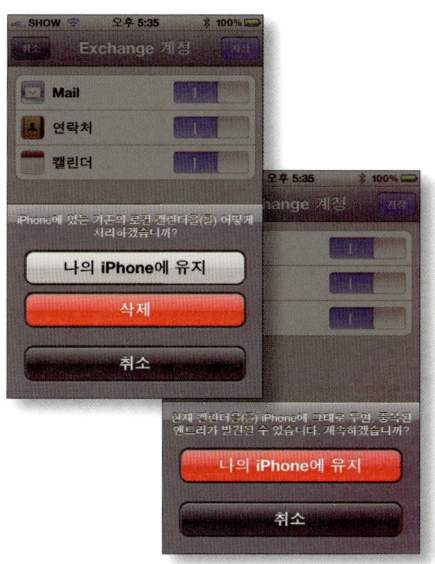

`11` Exchange 계정이 추가되었습니다. 계정을 탭해 봅니다.

`12` 다음과 같이 계정 정보를 볼 수 있습니다.

`13` 연락처를 보면 구글 주소록에 등록해 둔 연락처가 모두 들어와 있는 것을 확인할 수 있습니다.

`14` 구글에서 가져온 캘린더의 일정도 확인해 봅니다.

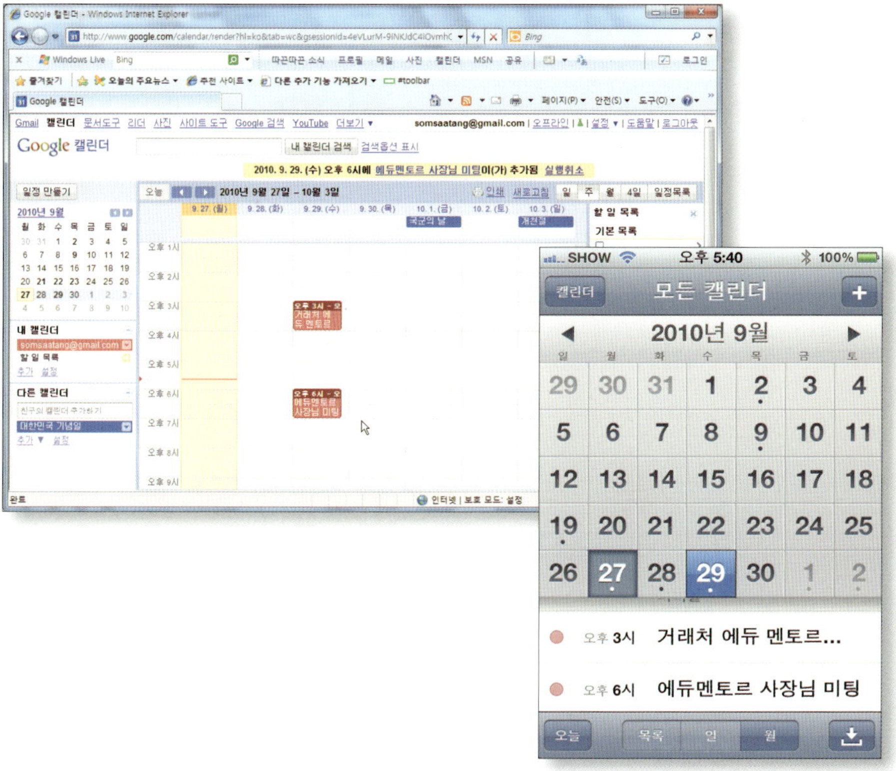

 그룹 선택하여 보기

연락처 그룹과 캘린더에서는 다음과 같이 그룹을 선택하여 볼 수 있습니다.

35 아이폰 제대로 쓰기
언제든 메모가 가능한 메모 어플

[메모] 어플을 이용하면 언제든지 필요한 메모를 작성할 수 있고, 작성한 메모를 바로 메일로 보낼 수도 있습니다. 노트와 펜을 따로 챙기지 않아도 아이폰만 있으면 멋진 아이디어나 생각을 정리할 수 있습니다.

1 메모 작성하기

간단한 내용은 메모를 사용하여 입력할 수 있으며, 입력한 메모를 메일로 송신할 수도 있습니다.

`01` 홈 화면에서 [메모]를 탭하면 다음과 같은 메모 화면이 나타납니다. 현재는 메모가 하나도 없습니다. 새로운 메모를 입력하기 위해 ➕을 탭합니다.

`02` 키보드를 이용해 메모를 입력합니다. [다음 문장]을 탭하면 행이 바뀝니다. 메모를 모두 입력한 다음에는 완료를 탭합니다.

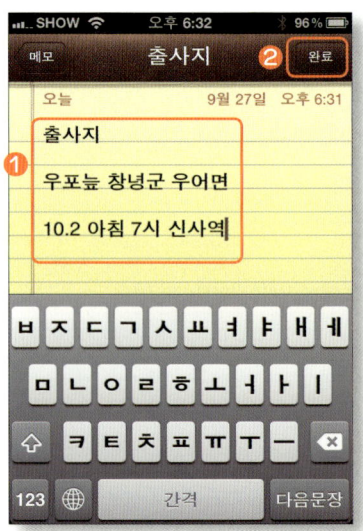

[03] 앞의 화면에서 [메모]를 탭하면 메모 목록이 표시됩니다. [+]를 탭하여 새로운 메모를 하나 더 작성해 봅니다.

② 메일로 메모 보내기

[01] 메일로 전송하고 싶은 메모를 선택한 다음 ✉를 탭합니다.

[02] 다음과 같은 화면이 나타나면 받는 사람의 메일 주소를 입력하거나 연락처에서 선택합니다. [보내기]를 탭하여 메일을 보냅니다. 입력한 메모 내용이 그대로 전송됩니다.

③ 메모 삭제하기

01 삭제하고 싶은 메모 화면에서 🗑 를 탭합니다.

02 메뉴가 표시되면 [메모 삭제] 단추를 탭합니다.

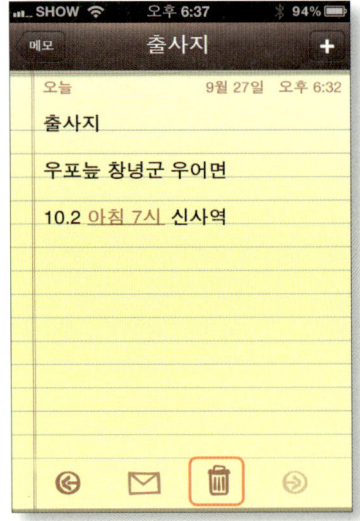

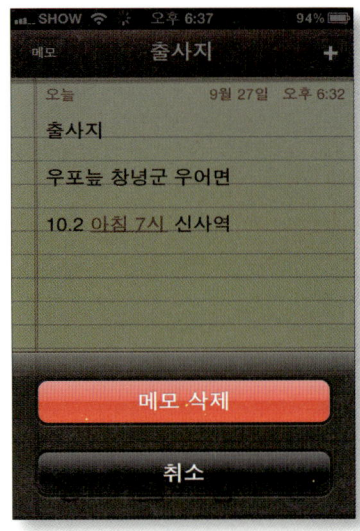

03 메모가 삭제됩니다.

04 메모가 삭제된 것을 확인할 수 있습니다.

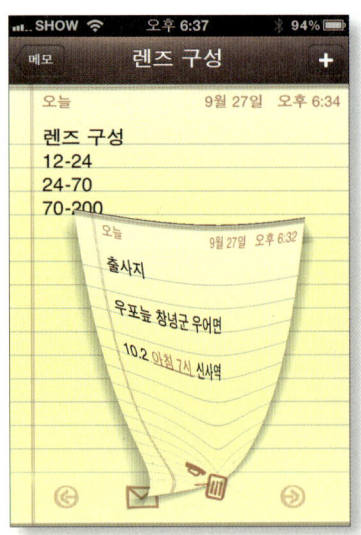

④ 메모를 다른 어플과 연동하기

메모에 주소, 웹 페이지, 전화번호가 입력되어 있다면 바로 해당 어플로 이동하여 이용할 수 있습니다.

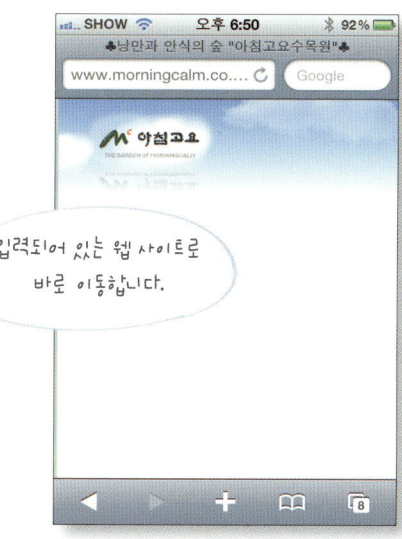

입력되어 있는 웹 사이트로 바로 이동합니다.

입력되어 있는 주소가 지도에 표시됩니다.

입력되어 있는 전화번호로 바로 전화를 걸 수 있습니다.

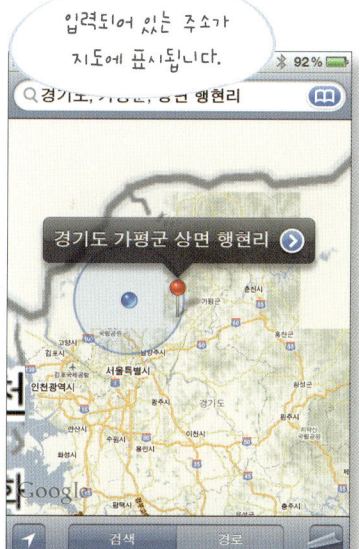

36 아이폰제대로쓰기

만능 재주꾼
시계 어플

세계 시간, 타이머, 알람, 스톱워치 등 1대 4역을 하는 [시계] 어플입니다. [시계] 어플을 실행한 다음 각 아이콘을 선택하여 해당 기능을 이용합니다.

1 세계 시간 보기

여러 도시를 설정하여 한 번에 각 도시의 현재 시각을 볼 수 있습니다. 낮과 밤의 시계 색이 다르게 표시됩니다.

01 홈 화면에서 [유틸리티] 폴더 어플을 탭합니다.

02 [유틸리티] 폴더가 열리면 [시계] 어플을 탭하여 실행합니다.

`03` 시계 어플이 실행되었습니다. ➕를 탭하여 새로운 도시를 추가합니다.

`04` 알고 싶은 도시명을 입력하여 도시가 자동으로 나타나면 탭하여 설정합니다.

`05` 설정한 도시의 시각이 표시됩니다. 서울은 밤이지만 뉴욕은 낮이라는 것을 알 수 있습니다. 시계 색이 검정이면 밤, 흰색이면 낮을 뜻합니다.

`06` 다음은 여러 도시를 설정한 화면입니다. 세계 시계를 수정하려면 편집을 탭합니다.

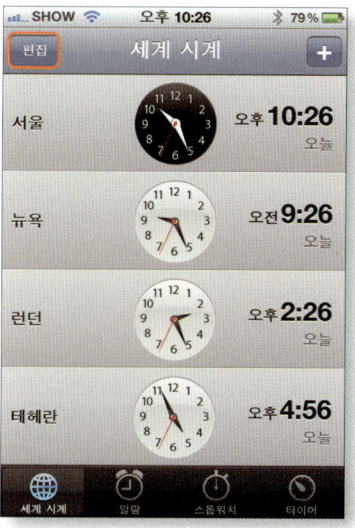

07 　 편집 화면이 표시되었습니다. 삭제하고 싶은 시계의 ●를 탭하고 삭제 를 탭하여 삭제합니다.

08 　 시계가 하나 삭제되었습니다.

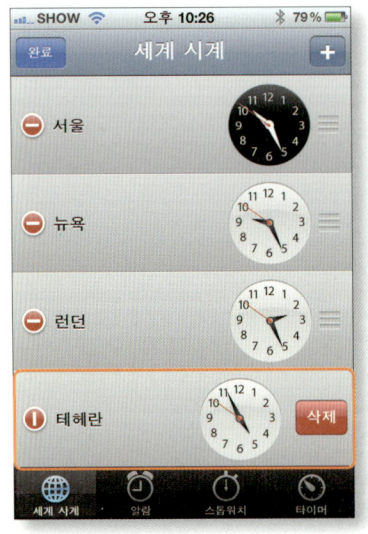

② 알람 설정하기

[시계] 어플에는 아침에 잠을 깨워주는 알람 기능도 있습니다. 알람은 몇 개라도 설정 가능합니다.

01 　 [알람]을 탭한 다음 ➕를 탭합니다.

02 　 [알람 추가] 화면이 표시되면 시간을 설정하고 [반복]을 탭합니다.

`03` 언제 알람을 울리게 할 것인지를 탭하여 선택한 다음 ⬛를 탭합니다.

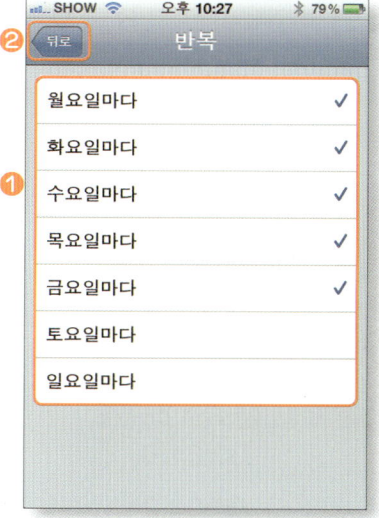

`04` 알람이 추가되면 사운드를 고르고 ⬛을 탭합니다.

`05` 알람이 설정되었습니다.

`06` 알람으로 설정한 시각이 되면 알람이 울립니다.

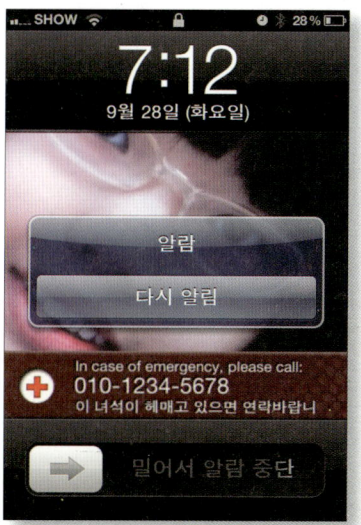

➕ 알람 설정

알람이 울릴 때 [밀어서 알람 중단]을 탭하면 알람 표시가 중단되며, [다시 알림]을 탭하면 알람을 다시 설정할 수 있습니다.

③ 스톱워치

01 [스톱워치]를 실행하면 나타나는 화면에서 [시작]을 탭합니다.

02 초가 진행되는 동안 [랩]을 탭하면 중간 타임을 표시할 수 있습니다. 다음은 3번의 랩을 표시한 화면입니다. 종료하려면 [중단]을 탭합니다.

④ 타이머

타이머는 지금부터 설정한 시간이 지나면 알람이 울리도록 하는 기능입니다. 라면을 끓이거나 시험 시간을 제한할 때 등에 유용하게 이용할 수 있습니다. 화면에서 시간을 설정하고 [시작]을 탭하면 지정한 시간 후에 알람이 울립니다.

37 나침반만 있으면 어디든 Ok

아이폰 제대로 쓰기

나침반은 사용자가 있는 현재 위치의 지리적 좌표를 이용하여 사용자가 향한 방향을 표시해주는 어플입니다. 실제 북쪽을 향하도록 나침반의 편차를 조절할 수도 있습니다. 하지만 나침반은 기본적인 내비게이션 지원에만 사용할 것을 추천하며 위치나 거리 또는 방향을 결정할 때는 정확하지 않을 수도 있으니 주의합니다. 여기서는 나침반으로 원하는 목적지를 찾아가는 방법에 대해 알아봅니다.

01 아이폰을 바닥과 수평으로 유지한 다음 홈 화면에서 [나침반] 어플을 실행하면 나침반 바늘이 회전하며 북쪽을 가리킵니다. 화면의 상단에 나타나는 것은 현재 방향이며, 화면 하단에 표시되는 것은 현재 위치의 위도입니다.

02 현재 위치 보기(▣)를 탭하면 현재 사용자가 있는 위치가 표시됩니다. ▣를 다시 한 번 탭하면 현재 위치가 파란색 원 안에 광범위로 표시되며 현재 자신의 위치에서 어느쪽이 앞쪽인지를 알려줍니다.

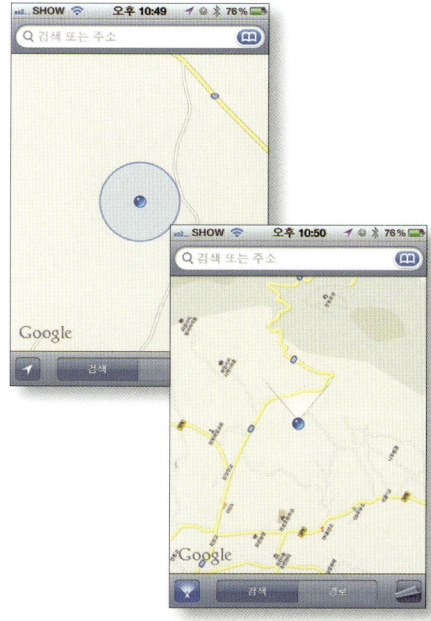

03 다시 한 번 현재 위치 보기( )를 탭하면 나침반이 현재 향하고 있는 방향이 표시됩니다. 이때 조명처럼 보이는 부분의 각도가 좁으면 좁을수록 정확합니다. 이제 목적지를 입력하기 위해 [경로]를 탭합니다.

04 경로 화면이 표시되면 [출발]에는 현재 위치가 자동 표시됩니다. [도착]에 목적지를 입력한 다음 [경로]를 탭합니다.

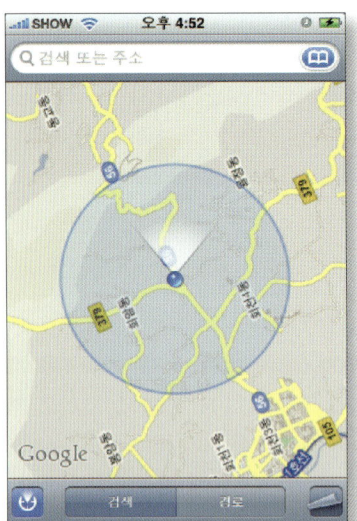

05 경로 화면이 표시되어 목적지까지의 경로를 확인할 수 있습니다.

06 을 탭하면 해당 경로에 있는 버스 노선을 검색할 수 있습니다. 버스 노선 108번이 검색되었군요.

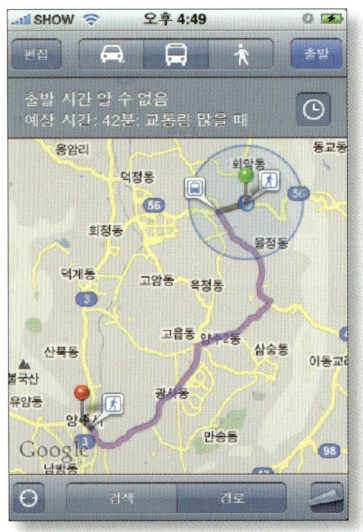
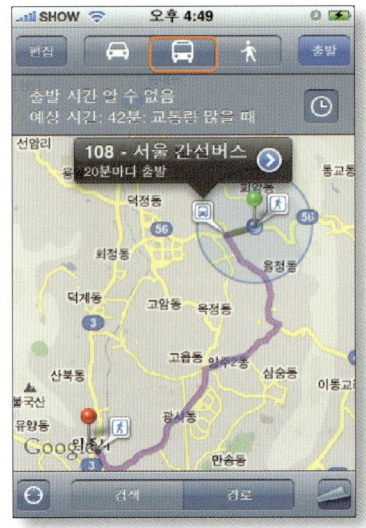

38 아이폰 제대로 쓰기
내가 가는 곳이 길이다
지도 어플

자신이 현재 있는 곳을 확인하거나 목적지를 표시하고 경로를 표시하는 등의 작업은 지도 어플을 이용하면 간단하게 할 수 있습니다.

1 목적지 표시하기

아이폰에는 위치 정보를 실시간으로 측정할 수 있는 GPS가 내장되어 있습니다. 여기서는 표준 지도를 사용하여 목적지를 표시하는 방법을 소개합니다. [나침반] 어플과 사용하는 방법이 어느 정도 비슷합니다.

01 홈 화면에서 [지도] 어플을 탭하여 실행합니다.

02 현재 아이폰이 있는 위치가 표시됩니다. [검색]을 탭합니다.

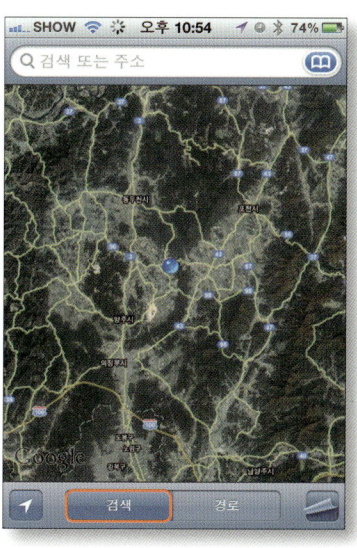

03 [검색] 화면이 표시되면 검색 필드에 찾고 싶은 위치를 입력하고 검색 을 탭합니다.

04 원하는 위치를 찾았습니다. 이 위치를 책갈피에 저장하겠습니다. ◎를 탭합니다.

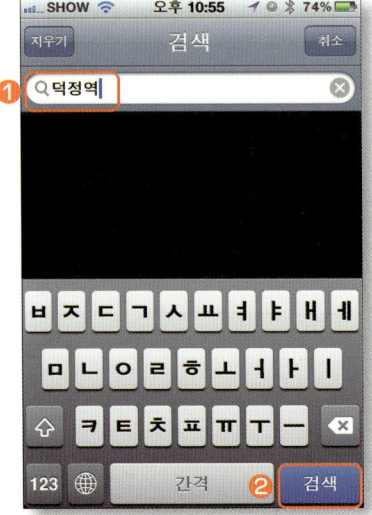

05 [정보] 화면이 표시됩니다. [책갈피에 추가]를 탭합니다.

06 [책갈피 추가] 화면이 표시되면 저장 을 탭합니다.

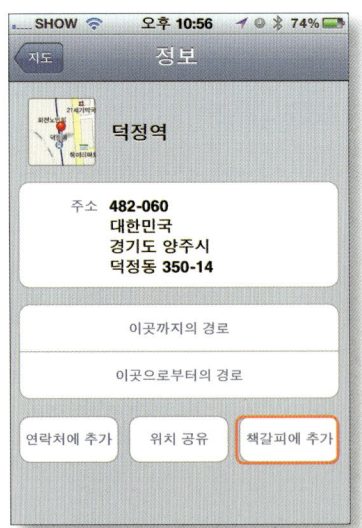

② 현재 위치에서 경로 확인하기

현재 아이폰이 있는 위치에서 원하는 곳까지의 경로를 확인할 수 있습니다. [나침반] 어플과 사용법이 같습니다.

`01` 현재 위치에서 [경로]를 탭합니다.

`02` [경로] 화면이 표시되면 [도착]에 목적지를 입력하고 경로 를 탭합니다.

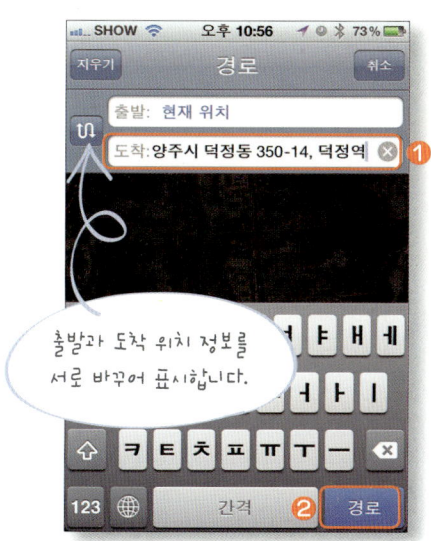

출발과 도착 위치 정보를 서로 바꾸어 표시합니다.

`03` 현재 위치에서 도착지까지의 경로가 표시됩니다. 출발 을 탭합니다.

`04` 출발지에서의 경로가 표시됩니다. ➡를 탭하면 다음 화면과 같이 경로가 자세하게 표시됩니다.

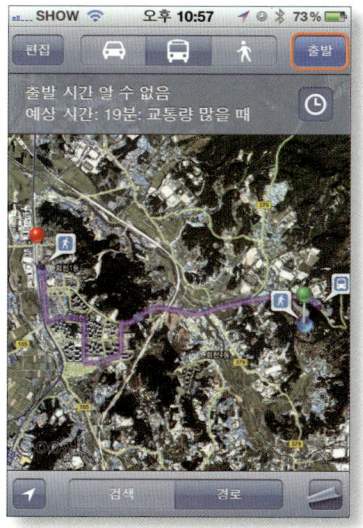

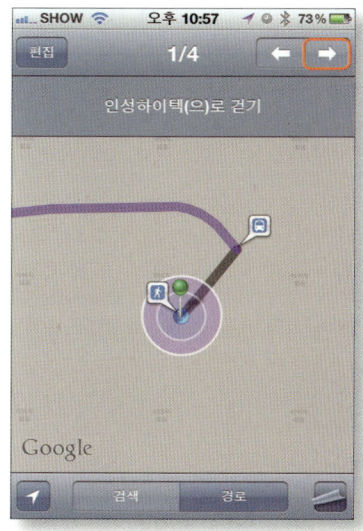

③ 근처의 마트 확인하기

잘 모르는 곳에서 마트를 찾아야 하는 경우 유용하게 이용할 수 있습니다. 이 기능을 이용하면 마트뿐만 아니라 병원, 주유소 등 다양한 곳을 검색할 수 있습니다.

01 검색을 탭합니다.

02 [검색] 화면이 표시되면 [마트]라고 입력하고 검색을 탭합니다.

03 근처의 마트가 표시됩니다. 원하는 마트의 ◎를 탭합니다.

04 해당 마트의 자세한 정보가 표시됩니다.

39 아이폰 제대로 쓰기
언제 어디서나 파일 내용 보기

구글의 [문서도구]를 이용하면 문서, 표 계산 문서, 프리젠테이션 문서, PDF 문서 등을 온라인상에서 저장, 표시, 편집할 수 있습니다. 또 이 문서들을 손쉽게 아이폰에서 확인할 수도 있습니다.

① 무료로 사용하는 웹상의 오피스 툴

먼저 구글에 접속하여 문서를 저장해야 합니다. 구글 문서에 저장한 파일은 아이폰에서 언제든지 확인할 수 있습니다. 하지만 아이폰에서 새로운 문서를 작성할 수는 없습니다.

`01` 구글에 접속하여 로그인을 한 다음 [Documents]를 선택합니다. [Upload] 단추를 클릭하여 아이폰에서 읽을 문서를 불러옵니다.

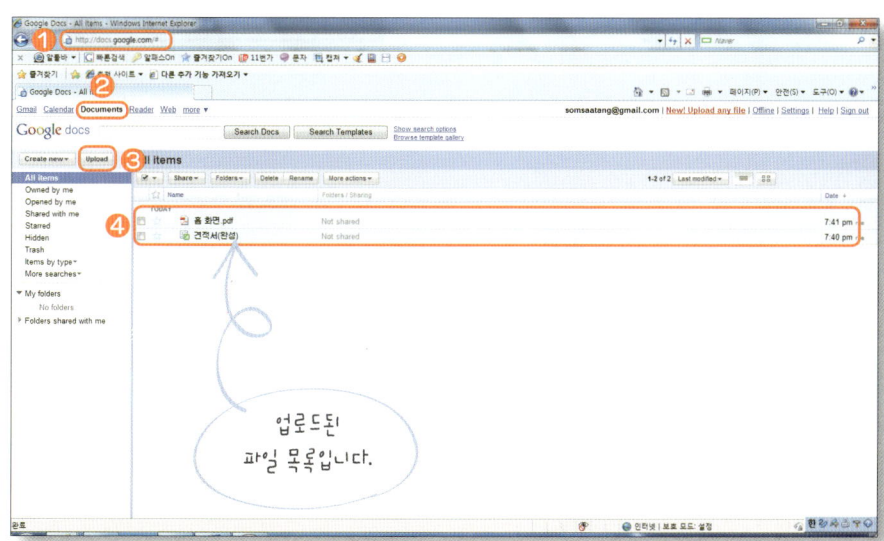

`02` 아이폰에서 [Safari] 어플을 실행하고 Google에 접속합니다.

`03` [더보기]를 탭하고 [문서도구]를 탭합니다.

`04` 구글 문서도구에 업로드되어 있는 문서가 나타납니다. 엑셀 문서를 탭하여 내용을 확인해 보겠습니다.

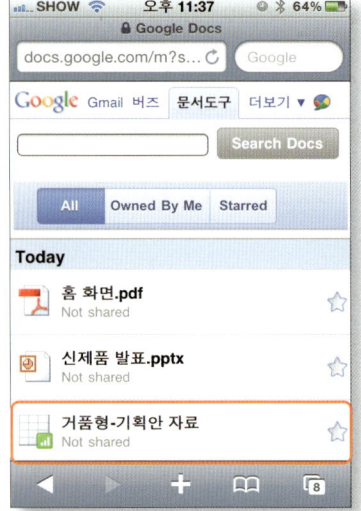

`05` 엑셀 문서의 내용이 표시됩니다.

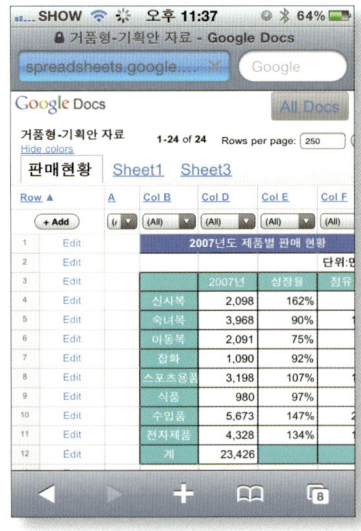

② 내용 수정하기

`02` 두 손가락으로 화면을 벌려 확대하고 수정할 셀을 탭합니다.

`03` 내용을 수정할 수 있도록 커서가 나타납니다. 커서가 원하는 셀에 있지 않은 경우에는 [이전]과 [다음]을 탭하여 이동할 수 있습니다.

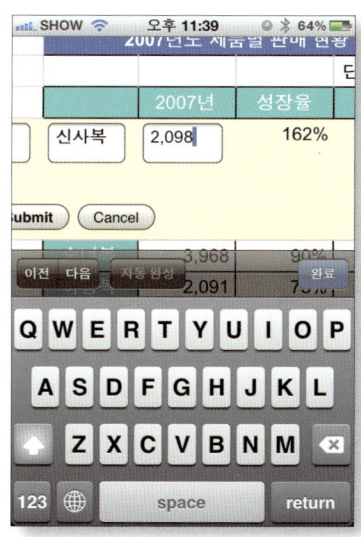

`04` 수정할 내용을 입력합니다. 내용이 수정되었으면 [완료]를 탭합니다. 변경된 내용을 적용하려면 [Submit] 단추를 탭하면 됩니다.

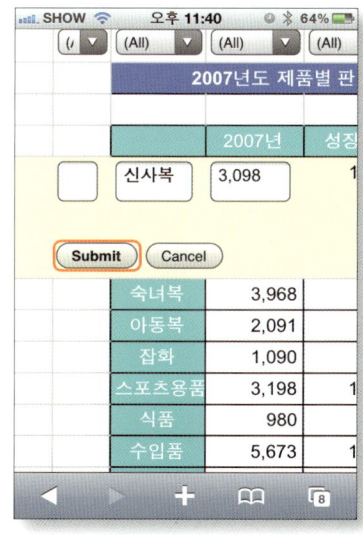

40 아이폰제대로쓰기
바코드와 QR 코드 어플
QROOQROO

상품의 바코드를 스캔하여 정보를 읽어들이는 무료 어플입니다. 여러 마켓에서 팔리는 같은 상품의 가격을 비교 검색하는 등 다양한 용도로 활용할 수 있습니다. 또한 이 어플을 이용하면 QR 코드도 읽을 수 있습니다. QR 코드는 기존의 바코드보다 많은 정보를 담은 이차원 바코드입니다. 여기서는 바코드로 상품 가격을 검색하는 방법과 QR 코드를 직접 만들어 읽어들이는 방법을 알아보겠습니다.

① 바코드로 상품 가격 검색하기

01 QROOQROO 어플을 다운받아 설치하고 실행한 다음 [Barcode Scan]을 탭 합니다.

02 자동으로 카메라가 열립니다. 박스 안에 바코드가 들어가도록 잘 맞추면 자동으로 스캔이 됩니다.

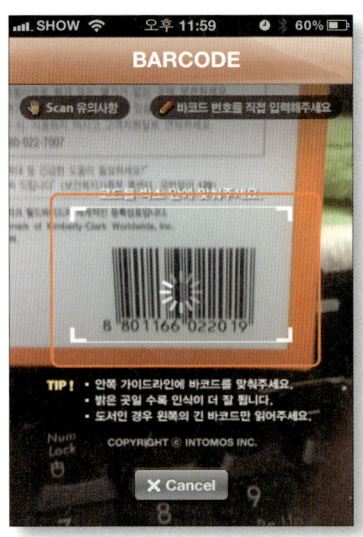

03 스캔이 되면 상품의 이름과 가격 등이 표시됩니다. 각 마트에서 판매되는 가격을 비교할 수 있습니다.

History

❶ History에서는 스캔했던 상품들의 목록을 확인할 수 있습니다.

❷ History에서 전에 스캔했던 상품을 선택하면 해당 상품의 정보를 자세하게 다시 볼 수 있습니다.

② 자신의 정보를 QR 코드로 만들기

QR 코드는 텍스트만이 아니라 이미지, 지도 등 많은 정보를 저장할 수 있다는 장점이 있습니다. 이름이나 메일 주소, 사진, 홈페이지 주소 등의 정보를 QR 코드로 만들어 명함에 넣거나 메일에 첨부해서 보내는 등 자신을 알리는 수단으로 활용하면 좋습니다. 먼저 QR 코드를 만들 수 있는 사이트인 http://www.qrooqroo.com/에 접속한 다음 아이디를 만듭니다.

`01` 사이트에 접속하여 아이디를 만든 다음 [Ceate QR code]를 클릭하여 다음과 같은 화면이 표시됩니다. 이곳에 QR 코드 제목과 이미지 등을 연결하여 정보를 작성합니다. 이미지는 컴퓨터에 저장되어 있는 것을 링크하면 되며, +를 눌러 여러 개 지정할 수 있습니다.

`02` Location은 지도를 설정할 수 있는 곳입니다. 야후 사이트에 접속하여 자신이 알리고자 하는 위치를 지도로 표시합니다. [Only YahooMap available]을 클릭해 보세요.

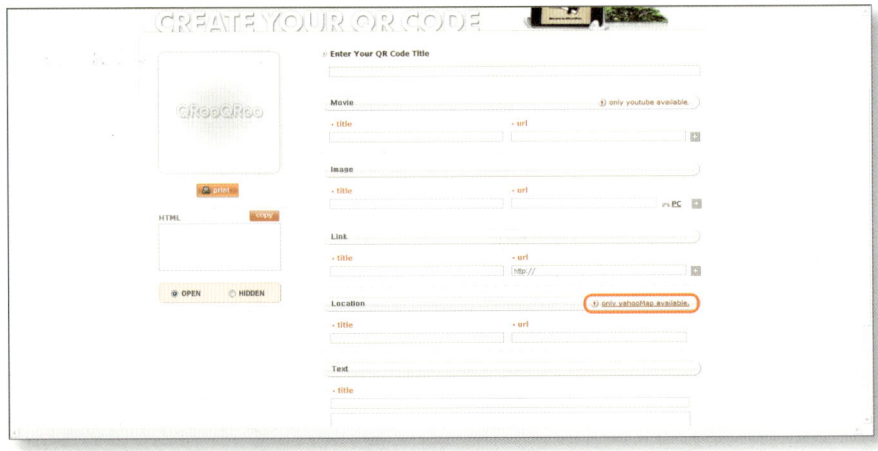

`03` 야후 지도 사이트에 바로 접속됩니다. 주소로 사용하고 싶은 지역을 검색하여 찾은 다음 [URL복사]를 클릭합니다.

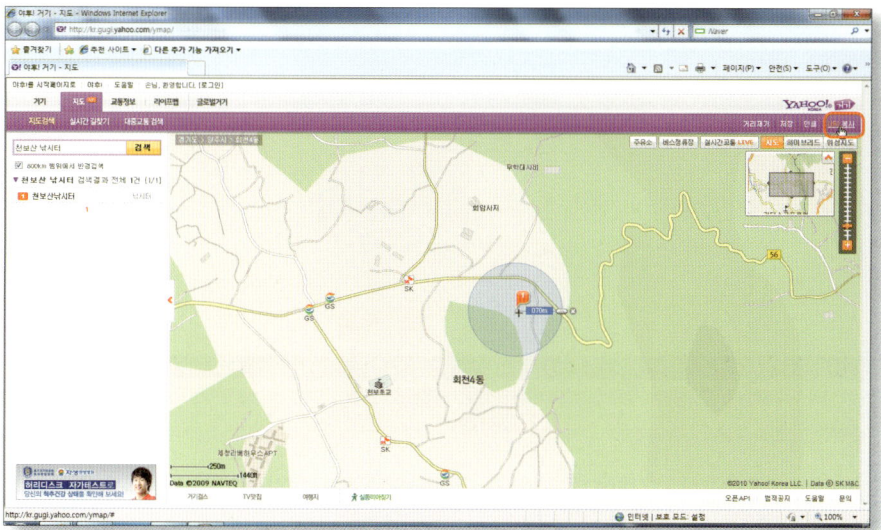

`04` [지도 URL 복사] 창이 나타나면 URL 주소를 선택하고 `CTRL` + `C` 를 눌러 복사합니다.

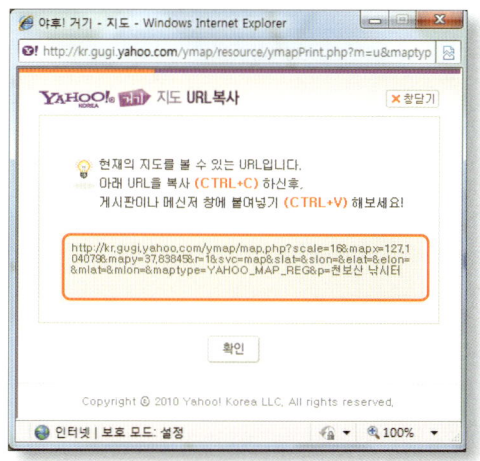

05 Location URL을 클릭하고 CTRL + V 를 눌러 붙여넣습니다.

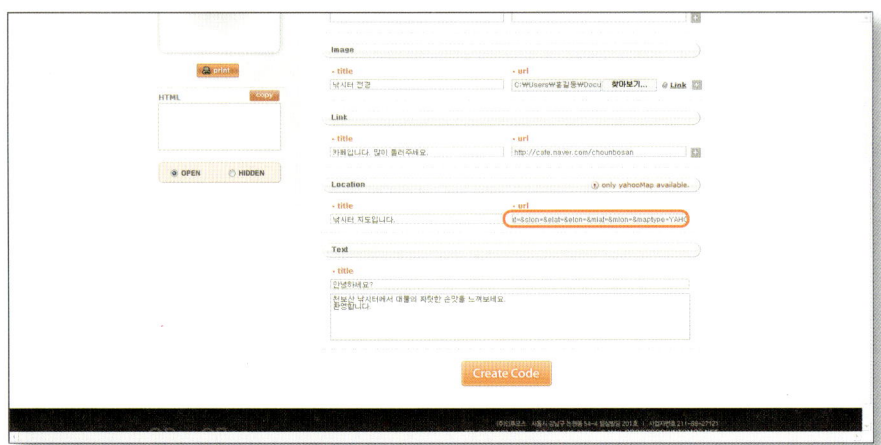

06 내용을 모두 입력한 다음 [Create Code] 단추를 클릭하여 QR 코드를 생성합니다.

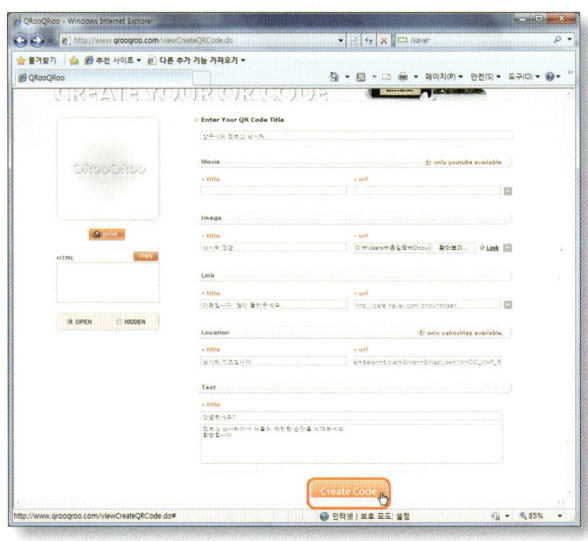

07 QR 코드가 만들어졌다는 대화상자가 나타나면 [확인] 단추를 클릭합니다.

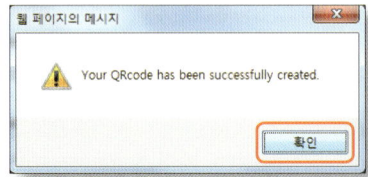

08 정보가 담긴 QR 코드가 생성되었습니다.

09 이제 아이폰에서 QROOQROO를 실행한 다음 [QRcode Scan]을 탭합니다.

10 QRcode 화면이 표시되면 [Scan]을 탭합니다. 앞에서 만든 자신의 QR 코드를 읽어 보겠습니다. 카메라가 실행되면 모니터 상의 QR 코드 부분에 맞춥니다. 자동으로 QR 코드를 읽어들입니다.

`11` 결과가 표시됩니다. 타이틀과 콘텐츠를 확인할 수 있습니다. 정보를 한 번 확인해 보겠습니다. 먼저 [IMAGE]를 탭합니다.

`12` QR 코드에 있는 이미지 정보가 표시됩니다.

`13` 이전 화면으로 돌아가 [LOCATION]을 탭하면 지도를 볼 수 있습니다.

`14` 해당 주소의 웹 페이지로 바로 연결됩니다.

컴퓨터와 아이폰에서 파일 공유하기

Dropbox를 이용하여 아이폰에서 파일을 관리하는 방법에 대해 알아보겠습니다. Dropbox는 인터넷 서버에 파일을 저장하고 그 파일을 아이폰과 컴퓨터에서 공유할 수 있도록 하는 기능입니다. 기본적으로 2GB까지 무료로 이용할 수 있습니다. 즉 아이폰에 파일을 복사하지 않고, 컴퓨터의 Dropbox 폴더에 파일을 저장하면 아이폰에도 자동으로 파일이 저장되는 공유 기능입니다.

1 Dropbox에 가입하고 설치하기

Dropbox 웹 사이트에 접속하여 먼저 가입을 해야 합니다.

01 인터넷에서 https://www.dropbox.com/에 접속한 다음 [Log in]을 클릭합니다.

계정이 이미 있는 경우에는 여기에 입력하고 [Login]을 클릭하여 접속합니다.

`02` 화면이 표시되면 [Create an Account] 탭을 선택합니다. 여기서 계정을 생성합니다. 이름과 아이디, 비밀번호를 입력하고 [Create Account] 단추를 클릭하면 바로 가입이 됩니다.

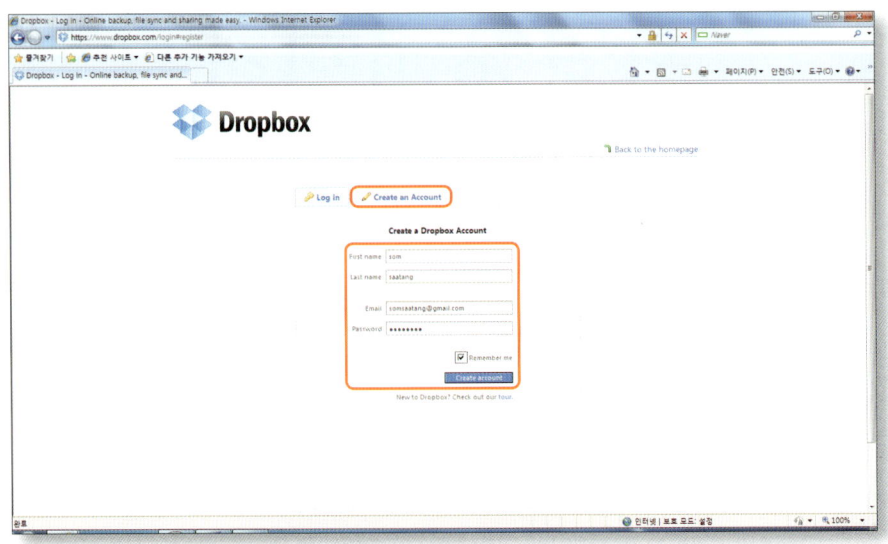

`03` 다시 처음 화면으로 돌아가 [Download Dropbox] 단추를 클릭하여 설치를 합니다. 설치는 따라하기만 하면 되므로 따로 설명은 하지 않습니다. 설치가 끝난 다음 [문서] 폴더의 [My Dropbox] 폴더를 보면 다음과 같은 3개의 샘플을 볼 수 있습니다.

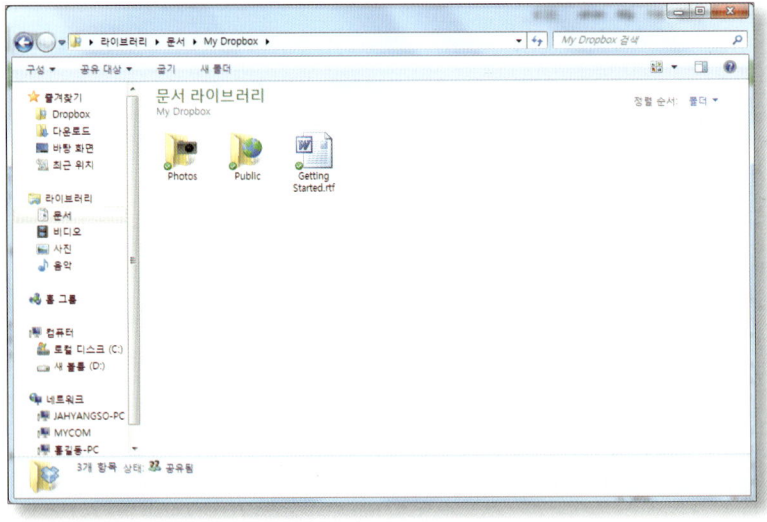

② 아이폰에서 실행하기

01 [App Store]에서 [Dropbox] 어플을 설치한 다음 실행합니다. 처음 로고 화면이 나타난 다음 사라집니다. [Welcome to Dropbox] 화면이 표시됩니다. 앞에서 계정을 만들었으니 [I'm already a Dropbox user]를 탭합니다. 바로 어플을 이용할 수 있습니다.

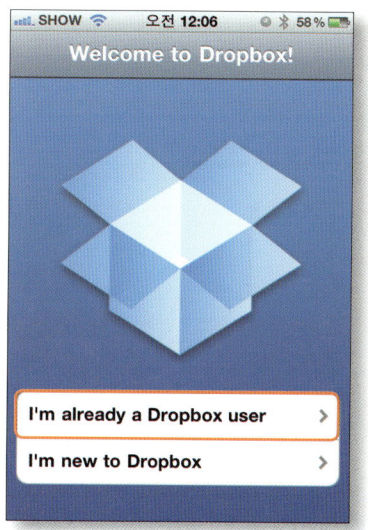

02 [Log In to Dropbox] 화면이 표시되면 Email 주소와 Password를 입력하고, [Log In to Dropbox]를 탭하여 어플을 시작합니다.

03 Dropbox 화면이 실행되었습니다. 화면 위의 왼쪽에 있는 [My Dropbox]를 탭하면 컴퓨터의 [Dropbox] 폴더에 있는 내용이 그대로 표시됩니다.

③ 컴퓨터에서 사이트 주소 저장하여 아이폰에서 바로 접속하기

01 메모장을 실행하여 자주 가는 사이트 주소를 복사한 다음 파일로 저장합니다. '카페주소.txt'로 저장을 하였습니다.

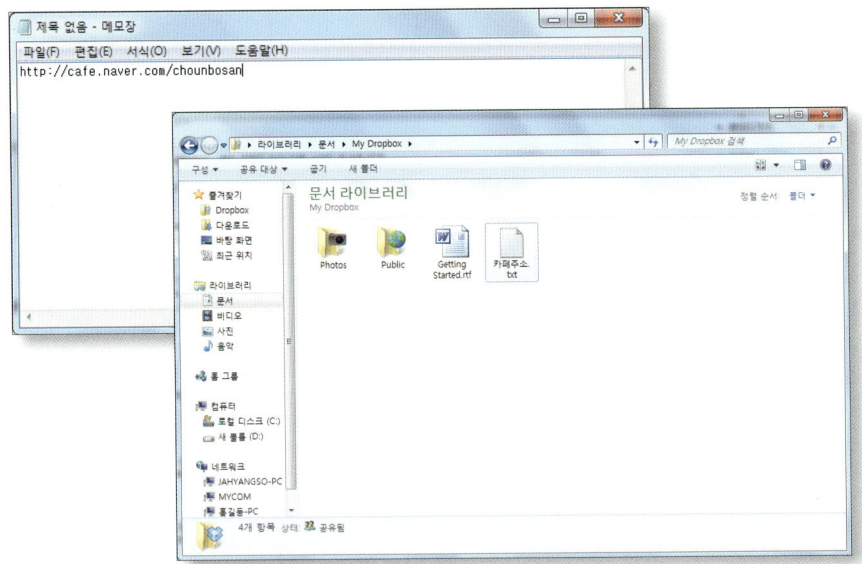

02 이제 아이폰에 파일이 저장되었는지 확인해 보겠습니다. 메모장에서 저장한 파일이 보이는군요. 이 파일을 탭합니다.

03 메모장의 내용이 나타납니다. 이 주소를 탭하면 Safari가 자동으로 실행되며 해당 사이트로 바로 이동됩니다.

④ 폴더 만들어 관리하기

`01` 컴퓨터에서 [Photos] 폴더 아래에 [솜사탕]이라는 폴더를 만든 다음 파일을 복사합니다. 아이폰에서는 어떻게 되는지 알아보겠습니다.

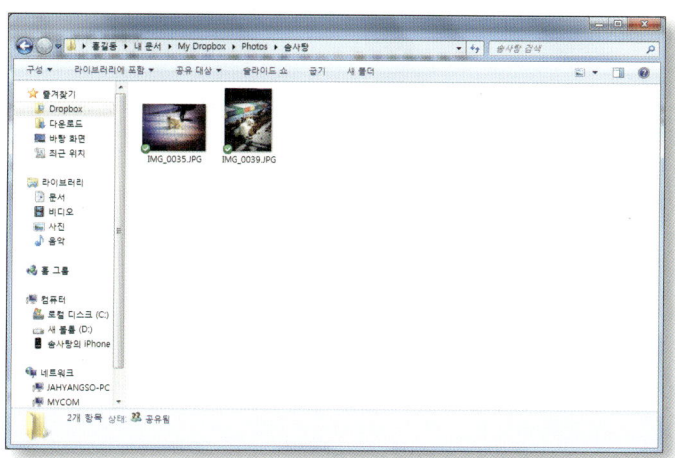

`02` 아이폰에서 [Photos]를 탭합니다.

`03` [솜사탕]이라는 폴더가 생겼습니다. 폴더를 탭합니다.

`04` 두 개의 이미지가 들어 있군요. 파일 이름을 탭합니다.

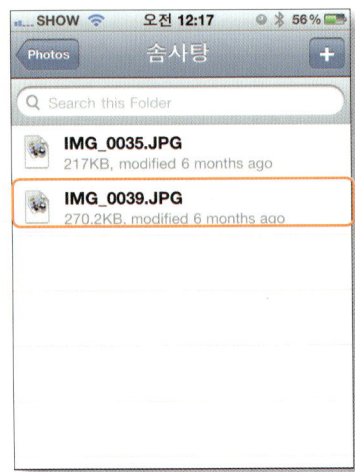

`05` 사진이 열립니다.

`06` 앞의 화면에서 [▦]를 탭하면 다음과 같은 모양으로 사진을 한번에 확인할 수 있습니다. [Done]을 탭하면 메뉴 화면으로 다시 돌아갑니다.

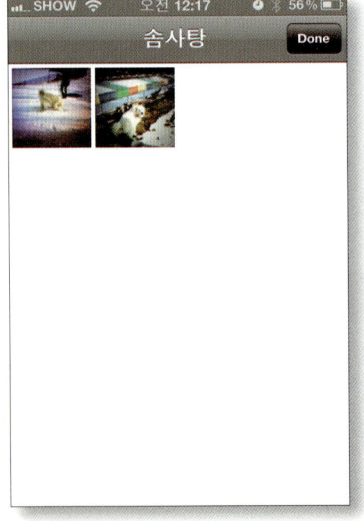

`07` 이제 [솜사탕] 폴더에 [카메라 롤]에 있는 사진을 복사하는 방법에 대해 알아봅니다. 이렇게 [카메라 롤]에 있는 사진을 가져오면 아이폰과 컴퓨터를 연결하지 않아도 파일을 복사할 수 있습니다. [솜사탕] 폴더에서 카메라 아이콘을 탭하면 나타나는 메뉴에서 [Existing Photo or Video]를 탭합니다.

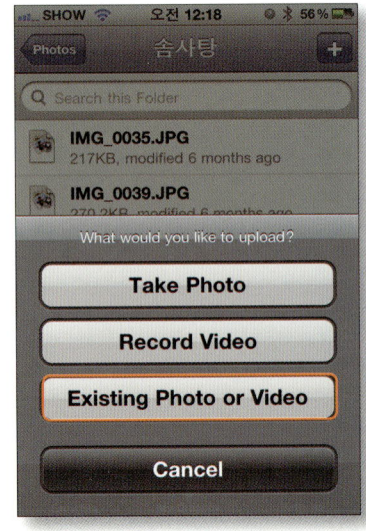

`08` [Photo Albums] 화면이 표시되면 [Camera Roll]을 탭합니다.

`09` 원하는 사진을 탭하고 잠시 기다립니다.

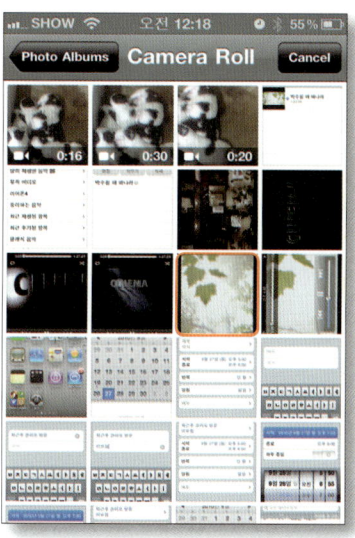

`10` [솜사탕] 폴더에 파일이 복사됩니다.

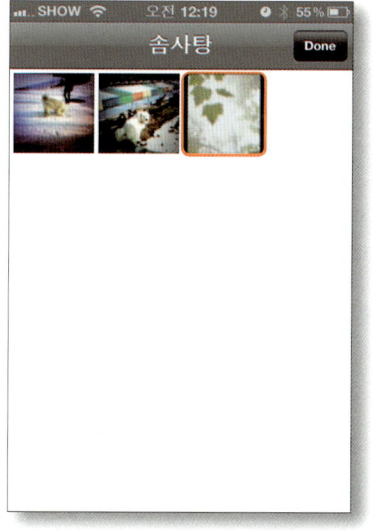

42 iBooks에서 전자책 읽기

아이폰제대로쓰기

iBooks 어플을 이용하면 전자책을 읽을 수 있습니다. 어플에서 전자책을 추가 구입할 수 있고 다운로드한 책을 카테고리별로 정리할 수도 있습니다. 여기서는 스토어에서 전자책을 구입하는 방법, TXT 파일을 전자책으로 변환하는 방법, 만화책을 PDF로 변환하는 방법 등에 대해 알아보고, iTunes와 아이폰을 동기화하여 전자책을 복사하는 방법까지 알아보겠습니다. 한 가지 아쉬운 것은 우리나라 책은 아직 많지 않다는 점입니다.

1 iBooks 어플 실행하기

홈 화면에서 iBooks 어플을 실행하여 책을 읽는 기본적인 방법에 대해 알아봅니다.

01 [iBooks] 어플을 설치한 후 홈 화면에서 [iBooks] 어플을 실행합니다. 다음과 같은 화면이 표시되면 [동기화]를 탭합니다.

02 아무 것도 없는 빈 서재가 표시됩니다. 아직 책을 구입하지 않았기 때문입니다. 책을 구입하기 위해 스토어를 탭합니다.

`03` Top Free Books 화면이 나타나면 여기서 책을 찾아 구입할 수 있습니다. ★를 선택하여 인기 있는 책을 알아보겠습니다. 무료로 구입할 수 있는 책 중에서 하나를 골라 구입합니다.

`04` 다음과 같이 표시되면 [Free]를 탭합니다.

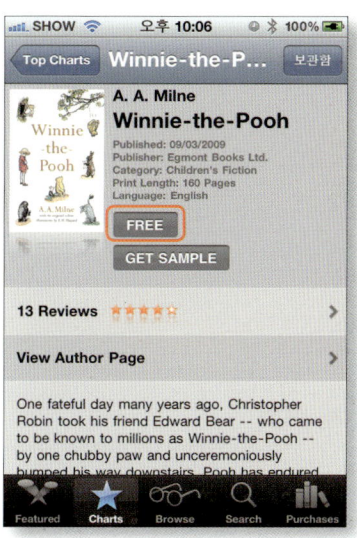

`05` 화면이 바뀌면 [GET BOOK]을 탭합니다.

`06` iTunes 암호를 입력하고 [승인]을 탭합니다.

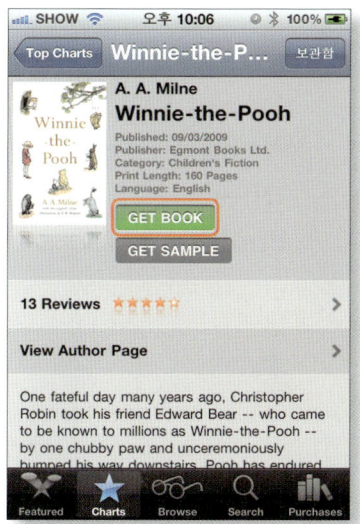

07 책을 구입하면 보관함인 서재에 책이 표시됩니다. 이제 이 책은 언제든지 읽을 수 있습니다.

② 책 읽기

구입한 책을 읽는 방법에 대해 알아봅니다.

01 보관함에서 책을 탭하면 책이 바로 열립니다.

02 화면의 왼쪽과 오른쪽 중간 부분을 탭하면 페이지가 넘어갑니다.

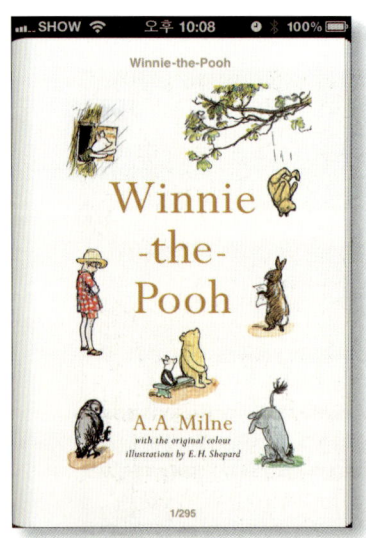
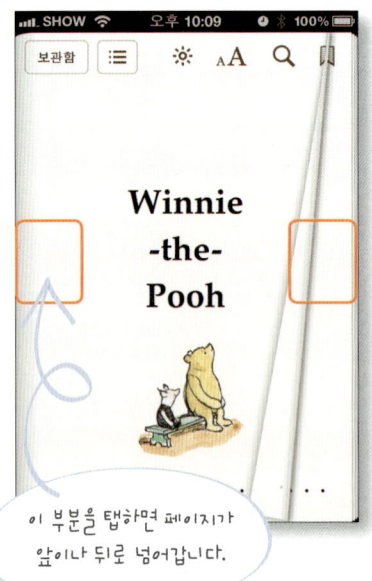

이 부분을 탭하면 페이지가 앞이나 뒤로 넘어갑니다.

③ 책에 표시되는 아이콘

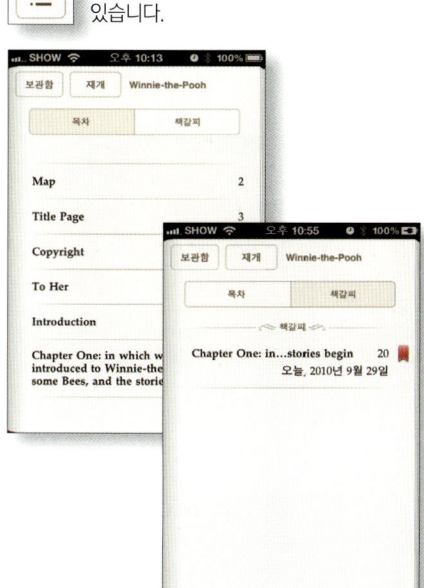

책의 목차 부분이나 책갈피를 확인할 수 있습니다.

글자 크기나 서체 등의 설정을 합니다.

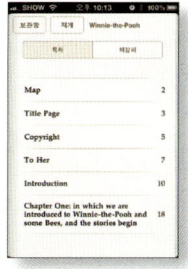

현재 페이지를 책갈피로 만듭니다.

슬라이드를 움직여 화면의 밝기를 설정합니다.

④ 책 버리기

보관함에 있는 책은 언제든지 버릴 수 있습니다.

`01` 책을 버리려면 을 탭합니다. `02` 지울 책의 ⊗를 탭합니다. 책이 삭제되어 다시 빈 서재가 됩니다.

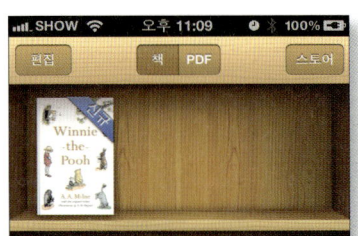 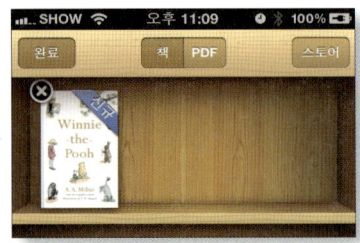

⑤ TXT 파일을 iBooks에 넣기

TXT로 작성된 내용을 PDF로 만들어 iBooks에 넣을 수 있습니다. TXT 파일은 Epub 형식으로 변환해야만 iBooks에서 읽을 수 있기 때문입니다. 이 경우에는 여러 가지 프로그램을 다운받아 실행해야 하므로 주의해서 따라해 주세요.

`01` 먼저 http://www.java.com/ko/에 접속하여 [무료 Java 다운로드] 단추를 클릭합니다.

`02` 다음과 같이 화면이 바뀌면 다시 한 번 [무료 Java 다운로드] 단추를 클릭합니다.

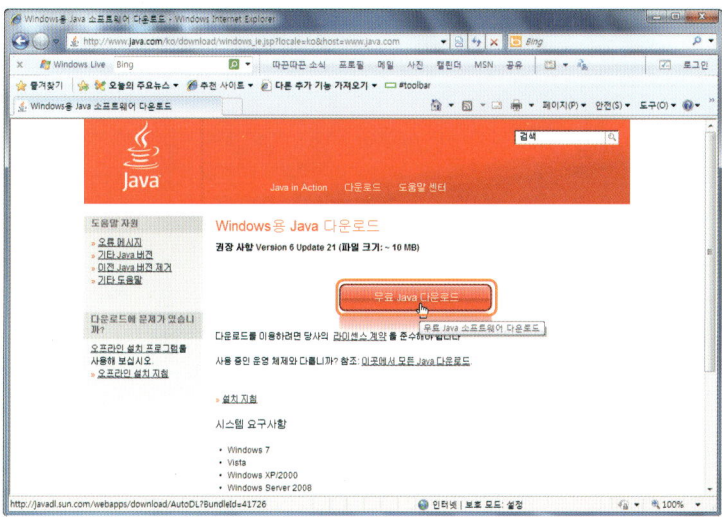

`03` [파일 다운로드] 대화상자가 열리면 [실행] 단추를 클릭하여 파일을 실행합니다.

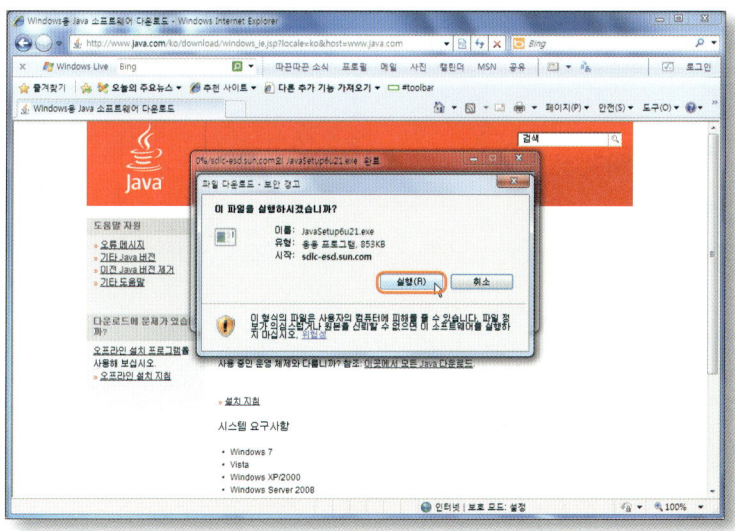

04 이번에는 검색 사이트에서 [KoTxt2Epub] 파일을 검색하여 다운로드하고 압축을 푼 다음 [RUN] 파일을 실행합니다.

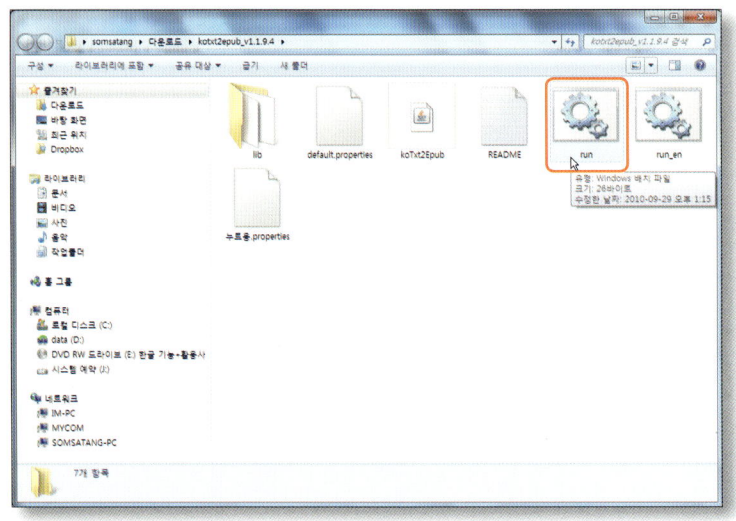

05 [파일 열기] 대화상자가 나타나면 [실행] 단추를 클릭하여 실행합니다.

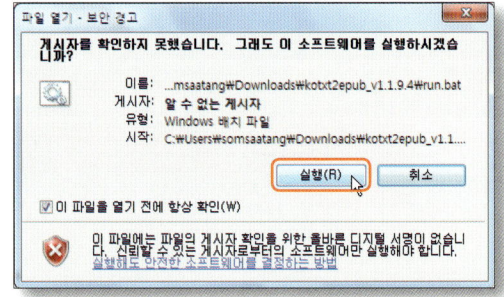

06 파일이 실행되면 다음과 같은 화면이 표시됩니다. TXT 파일을 불러오기 위해 [열기] 단추를 클릭합니다.

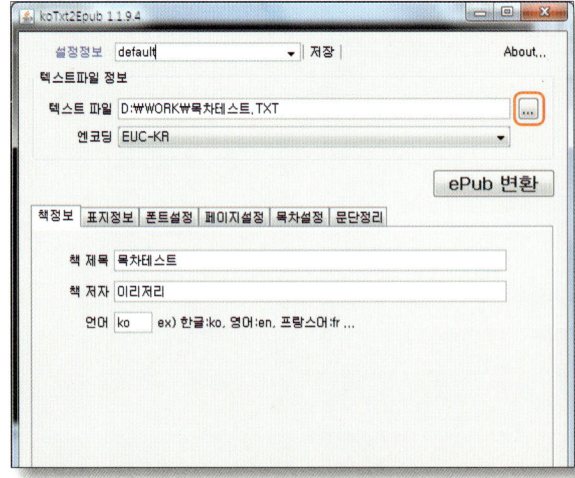

07 변환할 TXT 파일을 선택하고 [열기] 단추를 클릭합니다.

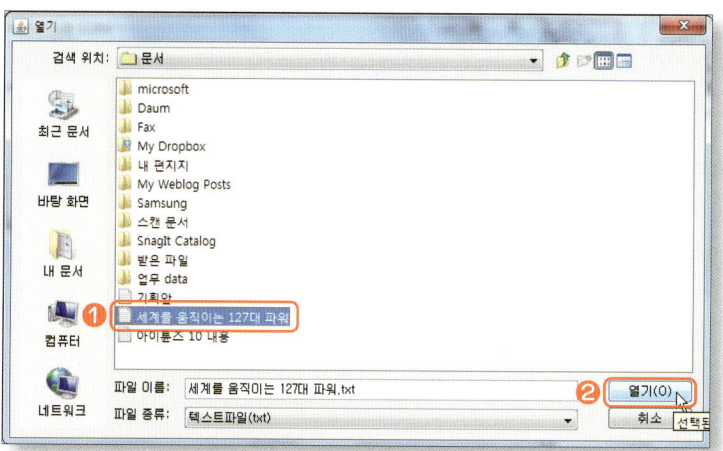

08 TXT 파일을 불러왔으면 [ePub 변환] 단추를 클릭합니다.

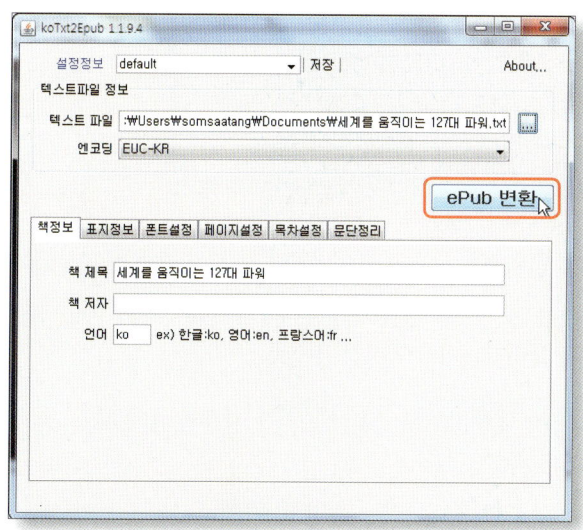

09 TXT 파일이 epub 파일로 변환되었다는 화면이 표시되면 [확인] 단추를 클릭합니다. 변환된 파일은 iTunes에서 불러들여 아이폰과 동기화하여 이용합니다.

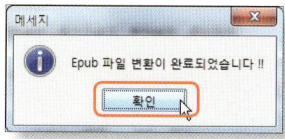

6 만화책을 PDF로 만들기

만화책을 PDF로 변환하는 방법에 대해 알아봅니다. 우선 Microsoft Visual C++ 2008과 comic4portable 파일을 다운 받아야 PDF 파일로 변환할 수 있습니다.

 http://www.microsoft.com/ko/kr 사이트에 접속하여 [Visual C++ 2008]을 검색한 다음 파일을 다운로드합니다.

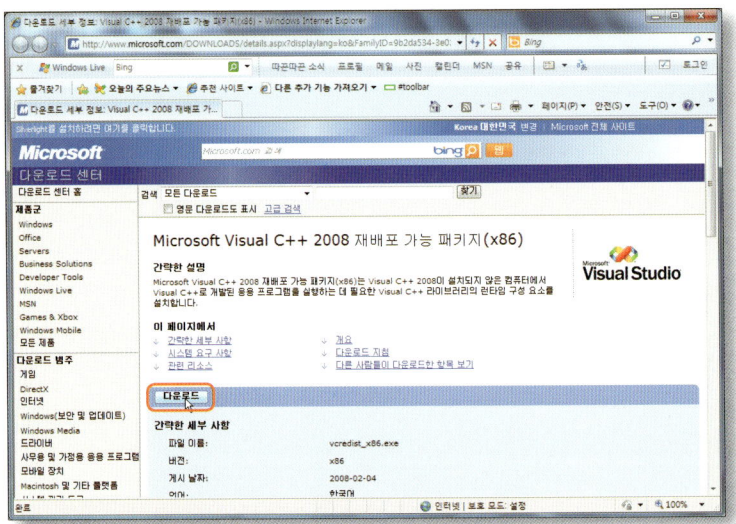

02 이번에는 만화책 파일을 변환하는 프로그램인 comic4portable 파일을 검색 사이트에서 검색하여 다운로드합니다. 프로그램을 설치하고 실행하면 다음과 같은 화면이 열립니다. [Open Source Directory]를 클릭합니다.

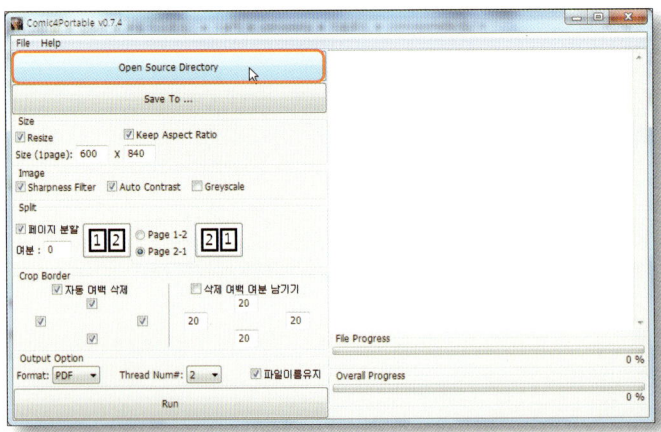

`03` [폴더 찾아보기] 대화상자가 나타나면 만화책이 있는 폴더를 지정하고 [확인] 단추를 클릭합니다.

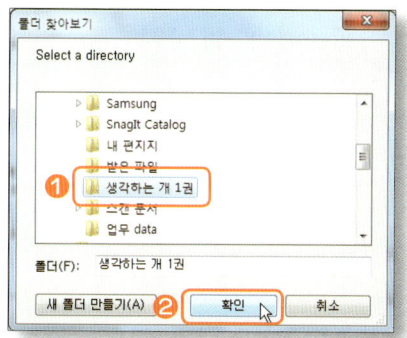

`04` [Run] 단추를 클릭하여 파일을 변환합니다.

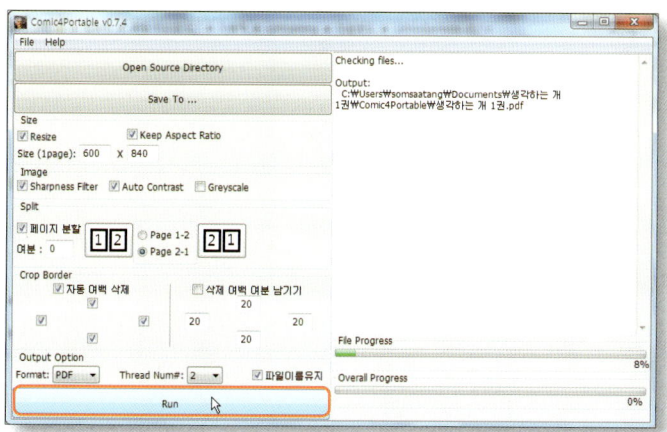

`05` 파일 변환이 끝나면 다음과 같은 대화상자가 나타납니다. [확인] 단추를 클릭합니다.

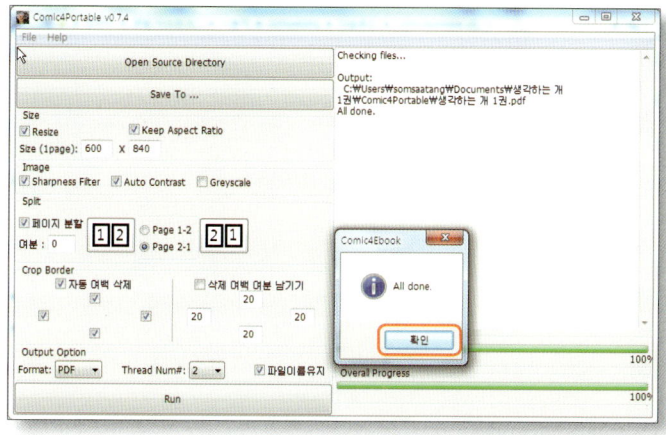

 iTunes에 책 넣기

ePub로 변환한 파일과 PDF 파일, 스토어에서 다운 받은 파일을 iTunes에 넣어 아이폰과 동기화하는 방법에 대해 알아봅니다.

`01` iTunes에 넣을 파일을 탐색기에서 바로 드래그하여 복사합니다. 여기서는 전자책을 복사하겠습니다.

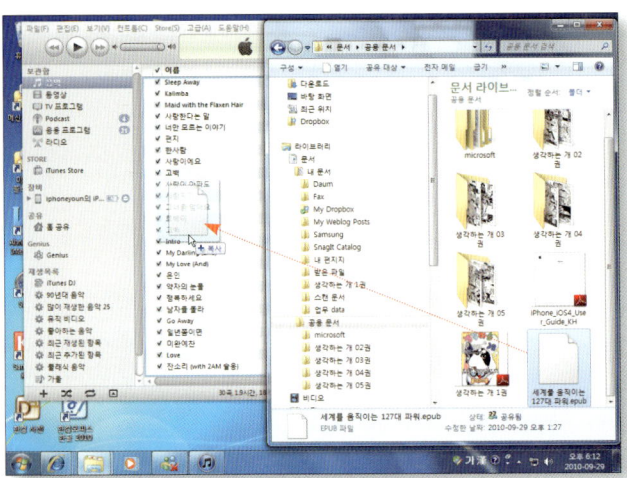

`02` 보관함에 [책] 항목이 새로 생기며 책 파일이 보관함에 들어간 것을 확인할 수 있습니다.

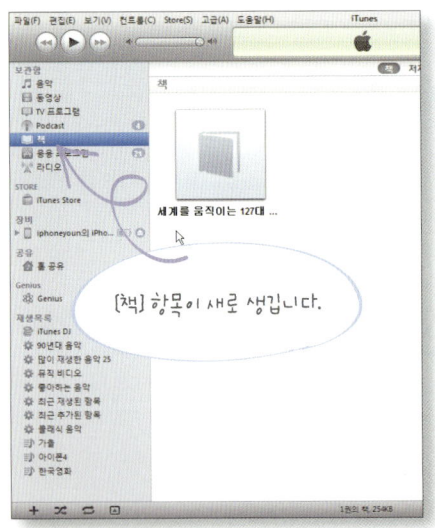

[책] 항목이 새로 생깁니다.

 책 보관함 만들기
[편집]-[기본 설정] 메뉴를 클릭하여 [일반] 탭에서 [책] 항목을 선택해도 됩니다.

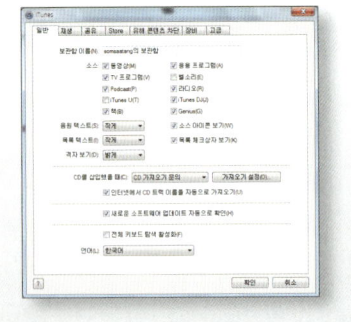

`03` iTunes의 메뉴를 이용하여 파일을 보관함에 넣을 수도 있습니다. [파일]-[보관함에 파일 추가] 메뉴를 클릭하면 [보관함에 추가] 대화상자가 나타나면 보관함에 넣을 파일을 선택하고 [열기] 단추를 클릭합니다.

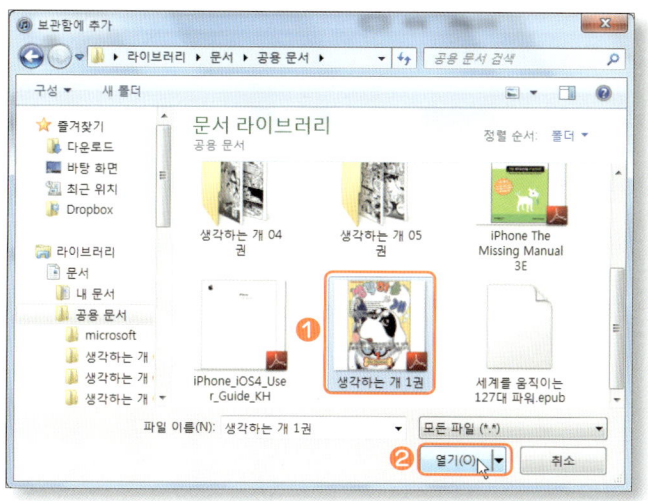

`04` 다음과 같이 전자책을 비롯하여 PDF 파일, 만화책 등 여러 가지 책을 모두 넣었습니다. 표지 이미지가 제대로 표시되지 않은 책이 있다면 표지를 넣기 위해 마우스 오른쪽 단추를 눌러 [등록 정보] 메뉴를 클릭합니다.

05 다음과 같은 화면이 표시되면 [앨범 사진] 탭을 클릭합니다. 표지로 사용할 이미지를 [붙여넣기] 메뉴를 클릭하여 복사합니다. 표지가 없으면 인터넷 서점 등에서 구합니다.

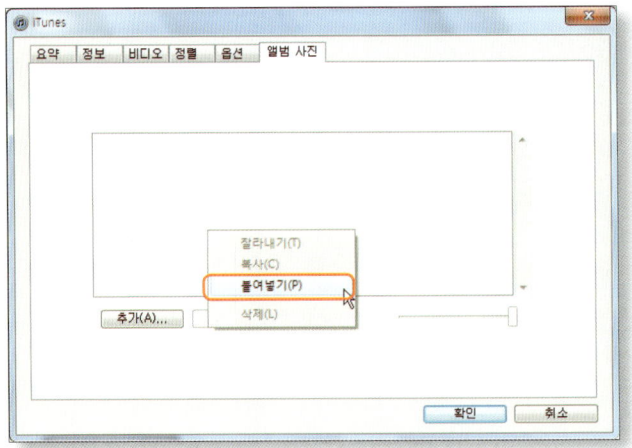

06 표지가 만들어졌습니다. 이제 책 파일을 선택하여 아이폰으로 드래그하여 복사합니다.

07 아이폰을 확인해보면 전자책과 PDF 파일이 각각 보관함에 저장되어 있습니다.

⑧ PDF 보기

보관함에서 PDF 파일을 탭하여 읽을 수 있습니다. PDF는 일반 책과 화면에 표시되는 내용이 약간 다릅니다. 그리고 화면 맨 아래에는 섬네일이 나타나므로 내용을 미리 살펴볼 수 있고 빠르게 다른 페이지로 이동할 수도 있습니다.

 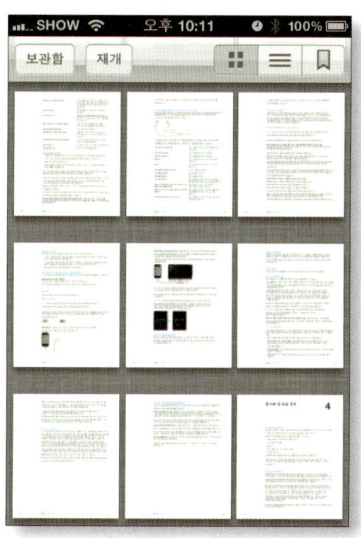

⑨ 만화책 보기

보관함에서 만화책을 탭하여 읽어 보겠습니다. 만화책도 일반책처럼 페이지 양끝 부분을 탭하여 넘기면서 볼 수 있습니다.

아이폰제대로쓰기

쇼내비로 내비게이션 이용하기

아이폰4에서는 쇼내비라는 내비게이션을 무료로 이용할 수 있습니다. 직감적이고 사용이 편리한 쇼내비를 이용하기 위해서는 몇 가지의 인증 확인 절차를 거쳐야 합니다. 인증은 한 번만 하면 됩니다. 따로 내비게이션이 없어도 어디든지 자유롭게 자동차를 이용할 수 있습니다.

1 쇼내비 설치하기

쇼내비는 다운 받은 다음 인증 과정을 거쳐 사용합니다. 다음 과정을 따라해 주세요.

`01` 쇼내비 어플을 다운받아 실행하면 다음과 같은 화면이 표시됩니다. 이 화면은 처음 한 번만 표시됩니다.

`02` [사용자 인증] 화면이 표시되면 [확인]을 탭합니다.

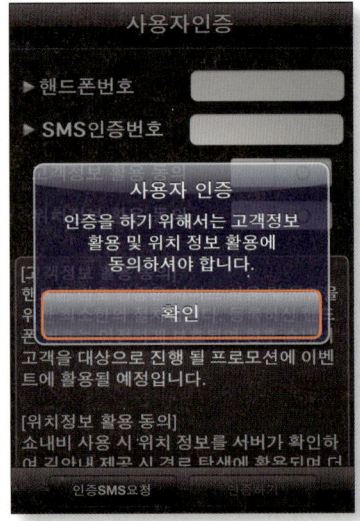

`03` 자신의 핸드폰 번호를 입력하고 [고객정보 활용 동의]와 [위치정보 활용 동의] 부분을 모두 [On]으로 설정합니다. 이어 [인증 SMS 요청] 단추를 탭합니다.

`04` 바로 다음과 같이 SMS 인증 번호를 발송했다는 화면이 표시됩니다. [확인] 단추를 탭합니다.

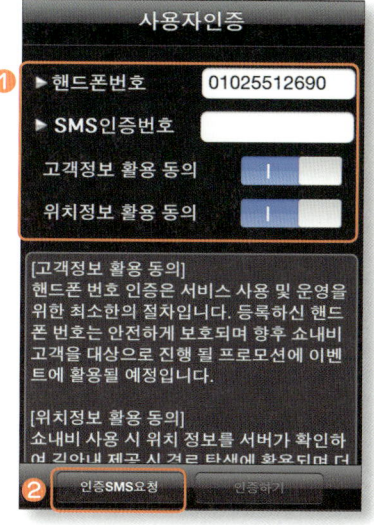

`05` 문자 메시지로 인증번호를 바로 보내줍니다. [닫기] 단추를 탭합니다.

`06` 문자 메시지로 받은 인증번호를 입력하고 [인증하기] 단추를 탭합니다.

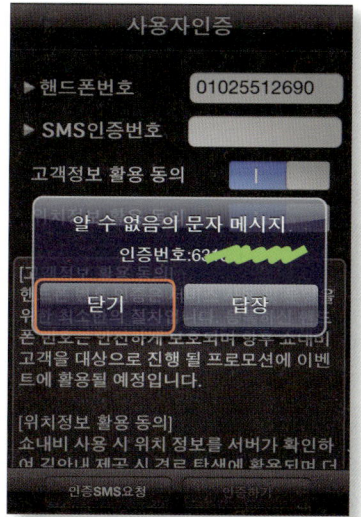
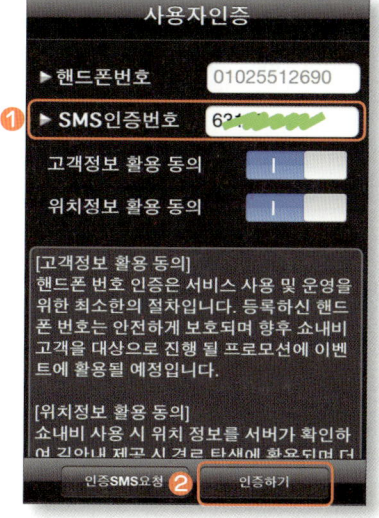

07 다음과 같이 인증이 정상적으로 완료되었다는 화면이 표시되면 [확인] 단추를 탭합니다.

08 지도를 다운 받아야 한다는 화면이 표시되면 [확인] 단추를 탭합니다. 계속해서 여러 데이터를 모두 다운 받습니다.

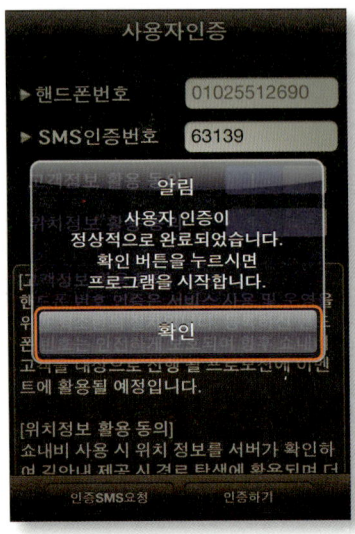

09 드디어 다운로드가 완료되었습니다. [확인] 단추를 탭합니다.

10 이어서 위치 정보를 사용한다는 화면이 표시되면 [승인]을 탭합니다.

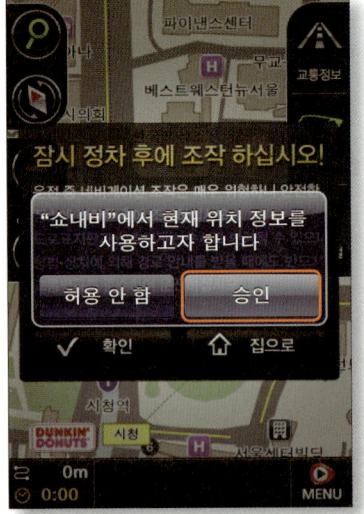

11 다음과 같은 화면이 표시되면 [확인] 단추를 탭합니다. 메뉴를 표시하기 위해 오른쪽 아래의 [Menu]를 탭합니다.

12 메뉴가 표시됩니다. [빠른 메뉴]와 [일반 메뉴]로 나뉘어 있으며 각 메뉴를 선택하여 기능을 이용하면 됩니다.

② 명칭으로 목적지 검색하기

원하는 목적지를 찾아 경로를 찾아 갈 수 있습니다.

`01` [일반 메뉴]를 선택하고 [목적지 검색]을 탭합니다.

`02` [목적지 검색] 화면이 표시되면 [명칭 검색]을 탭합니다.

`03` [명칭 검색] 화면이 표시되면 원하는 목적지를 입력하고 [검색] 단추를 탭합니다.

`04` 검색된 목적지에서 찾을 곳을 탭하면 다음과 같은 화면이 표시됩니다. 직접 찾아가려면 [경로 탐색]을 탭합니다.

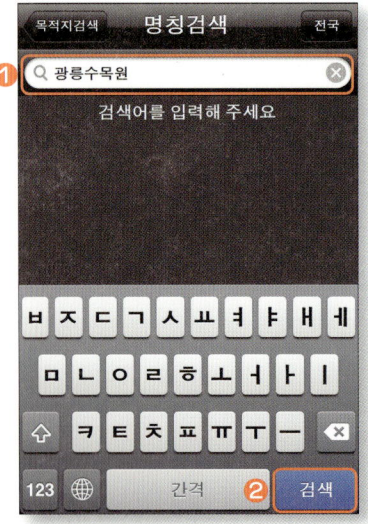
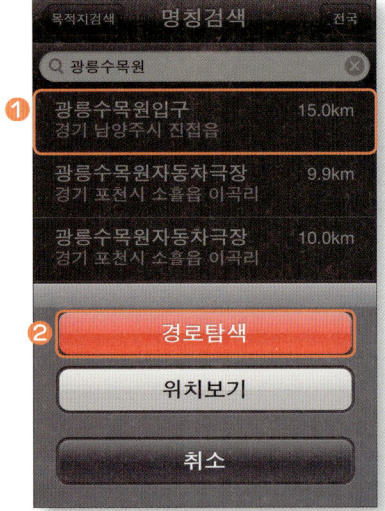

05 탐색한 경로를 표시합니다. [안내 시작]을 탭하면 안내가 시작됩니다.

06 이제 빨간 줄로 표시되는 안내를 따라 가면 됩니다.

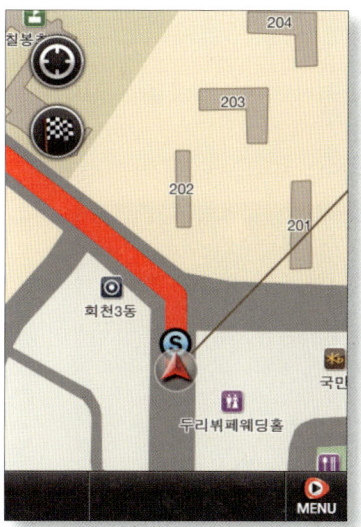

③ 현재 교통 정보 살펴보기

현재의 교통 정보를 실시간으로 살펴볼 수 있습니다.

`01` [일반 메뉴]에서 [교통 정보]를 탭합니다.

`02` [교통 정보] 화면에서 [실시간 교통]을 탭하면 다음과 같이 실시간 교통 화면이 표시됩니다.

`03` [교통 정보] 화면에서 [돌발 교통 정보]를 탭하면 다음과 같은 화면이 표시됩니다. 보고 싶은 항목을 탭합니다.

`04` 실시간으로 돌발 교통 정보를 확인할 수 있습니다.

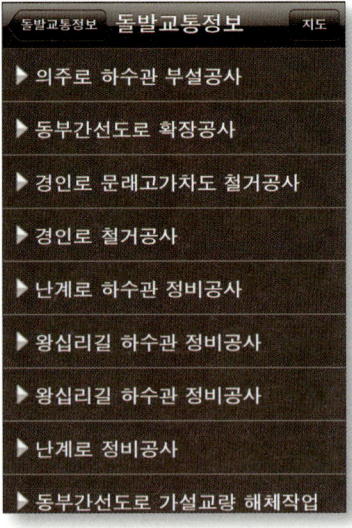

PART·6
설정편

아이폰 깊이 사귀기

❶ 아이폰을 분실할 경우에 대비하기

분실한 아이폰에 암호가 걸려 있다면 주운 사람이 찾아주고 싶어도 전화번호를 몰라 어쩔 수 없을 것입니다. 이런 경우에 대비해 홈 화면을 깨울 때 표시되는 화면에 연락 가능한 전화번호를 입력해 둔다면 연락을 받을 수 있을 것입니다. 이것은 무료 어플인 Close Call을 이용하면 간단하게 해결됩니다. 연락받을 정보를 저장한 다음 배경화면으로 지정하는 방식을 이용하는 것입니다.

01

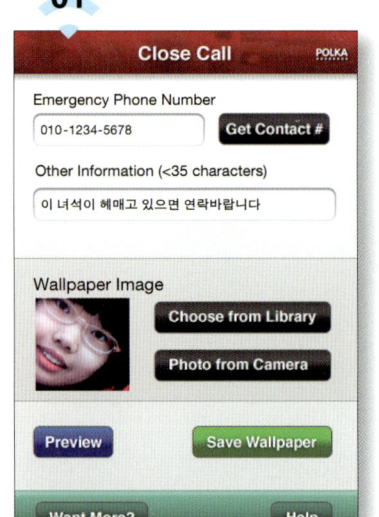

[Close Call]을 앱 스토어에서 다운 받은 다음 실행합니다. [Close Call] 화면이 표시되면 정보를 입력하고 [Save Wallpaper]을 탭합니다. 현재 입력한 내용이 배경화면으로 만들어집니다.

02

홈 화면에서 [설정]-[배경화면]을 선택합니다.

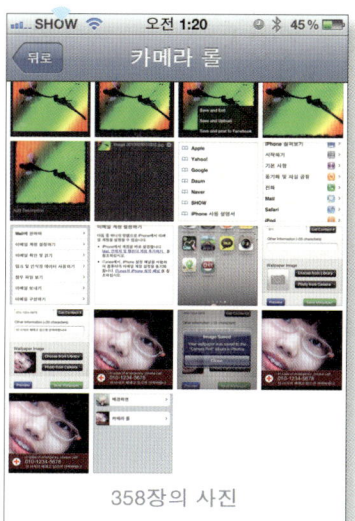

카메라 롤에서 사진을 선택하고 홈 화면으로 돌아갑니다.

[잠금 화면 설정]을 탭합니다.

[설정]을 탭하여 배경화면으로 설정합니다.

이제 아이폰을 깨우면 다음과 같은 화면이 표시되어 전화번호와 연락 내용을 확인할 수 있습니다.

② 홈 공유하기

A 컴퓨터에서 B 컴퓨터에 있는 데이터를 바로 가져와 이용할 수 있습니다.

집에서 여러 대의 컴퓨터를 이용하는 경우 iTunes를 각각의 컴퓨터에 설치하면 각 컴퓨터에 있는 데이터를 공유할 수 있습니다. 파일을 이리저리 복사하지 않고 바로 공유한 컴퓨터에서 이용할 수 있으니 무척 편리한 기능입니다. 홈 공유는 모두 5대까지 가능하며, 인증을 받아야만 공유할 수 있습니다. 또한 각 컴퓨터에서 iTunes에 로그인할 때는 같은 아이디를 사용해야 합니다. 이제 자세하게 알아보겠습니다.

01

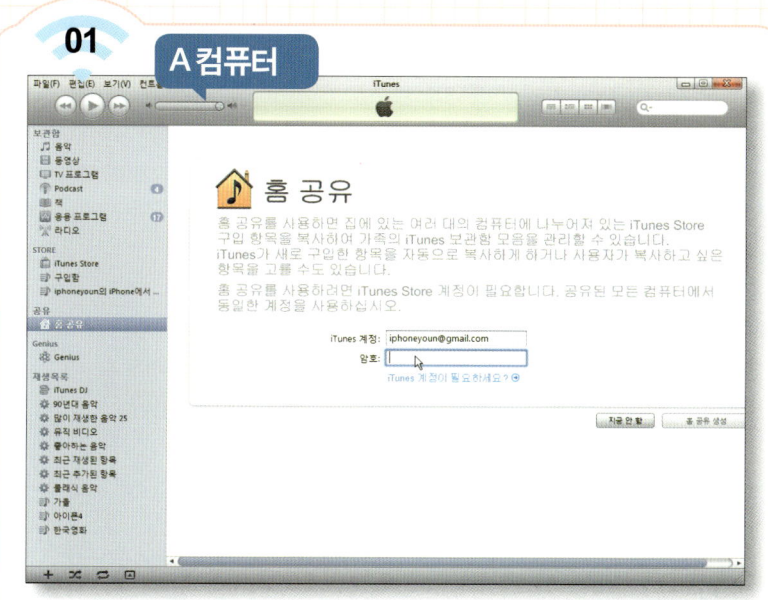

iTunes를 실행하고 [고급]-[홈 공유 켜기] 메뉴를 클릭하면 홈 공유 화면이 나타납니다.

02

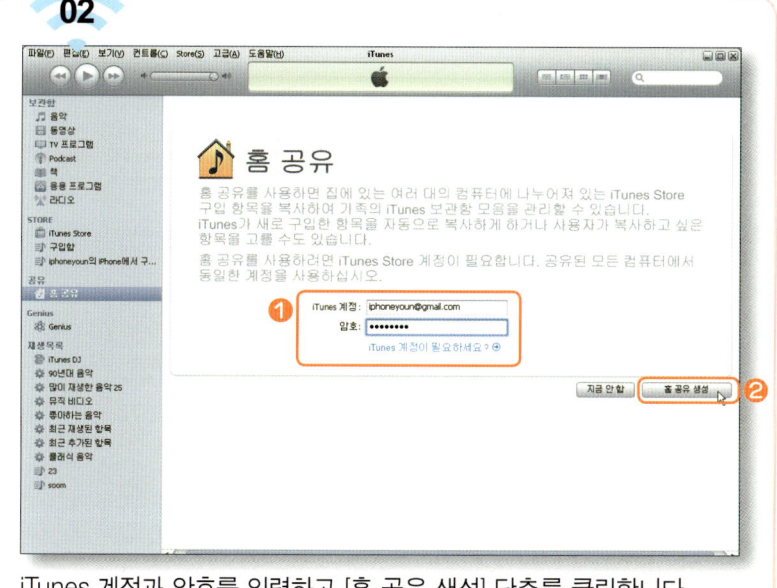

iTunes 계정과 암호를 입력하고 [홈 공유 생성] 단추를 클릭합니다.

홈 공유가 설정되었습니다. [완료] 단추를 클릭합니다.

다른 컴퓨터에서도 iTunes를 실행하고 [고급]-[홈 공유 켜기] 메뉴를 선택합니다.

[홈 공유] 화면이 표시되면 아이디와 암호를 입력한 다음 [홈 공유 생성] 단추를 클릭합니다.

홈 공유가 되었으면 [완료] 단추를 클릭합니다.

07

다음은 B컴퓨터의 보관함에 음악을 가져온 모습입니다.

08

A 컴퓨터

공유 탭을 보면 B 컴퓨터의 보관함이 보입니다. 클릭하면 B 컴퓨터에 보관되어 있는 파일을 확인할 수 있습니다.

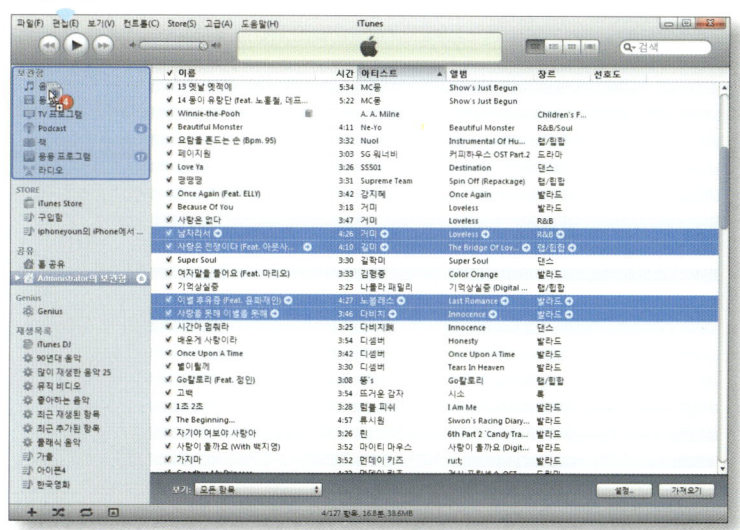

A 컴퓨터에서 B 컴퓨터의 파일을 가져오는 방법은 앞에서 설명한 파일 가져오기와 같습니다. 우선 보관함에 가져오고 싶은 파일을 선택합니다. 여러 개의 파일을 선택할 때는 SHIFT 나 CTRL 을 누르면서 파일을 선택하면 됩니다. 파일을 선택한 다음 보관함으로 드래그하여 복사합니다.

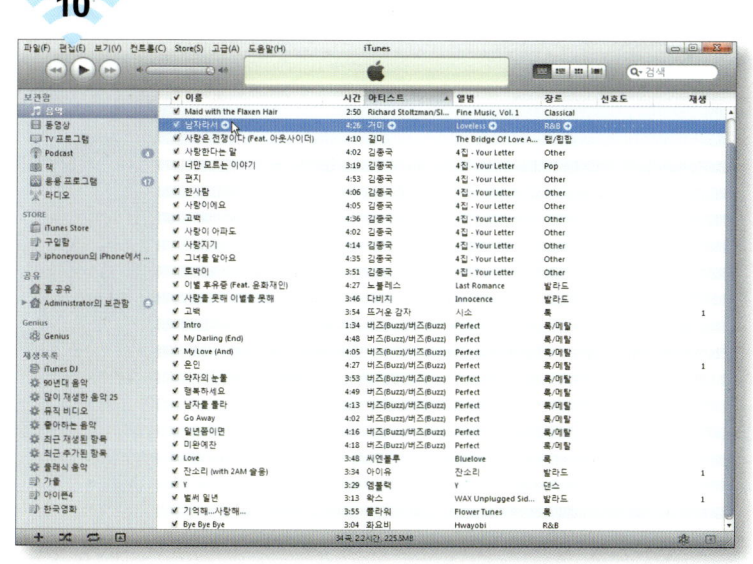

이제 보관함을 보면 B 컴퓨터의 파일이 들어와 있는 것을 확인할 수 있습니다.

아이폰깊이사귀기

❸ ISO 3.0을 4.0으로 업그레이드하기

현재 사용하고 있는 아이폰의 IOS가 3.0인 경우 4.0으로 업그레이드하여 사용할 수 있습니다. IOS를 업그레이드하기 전에는 아이폰에 있는 데이터를 먼저 백업해 두어야 합니다. 백업하지 않으면 아이폰에 저장되어 있던 데이터들이 모두 날라갈 수 있으므로 주의하세요. 어떻게 하는지 알아봅니다.

iTunes를 실행한 다음 아이폰을 컴퓨터와 연결합니다. 아이폰이 최신 버전이 아니라면 업그레이드하라는 대화상자가 표시됩니다. 이 경우 업그레이드를 하지 마세요. 데이터를 백업 받은 다음 업그레이드 하도록 하겠습니다. iTunes에서 아이폰 연결을 확인했으면 마우스 오른쪽 단추를 클릭하고 [구입 항목 전송] 메뉴를 클릭합니다. 이것은 아이폰에 있는 앱을 백업하는 것입니다.

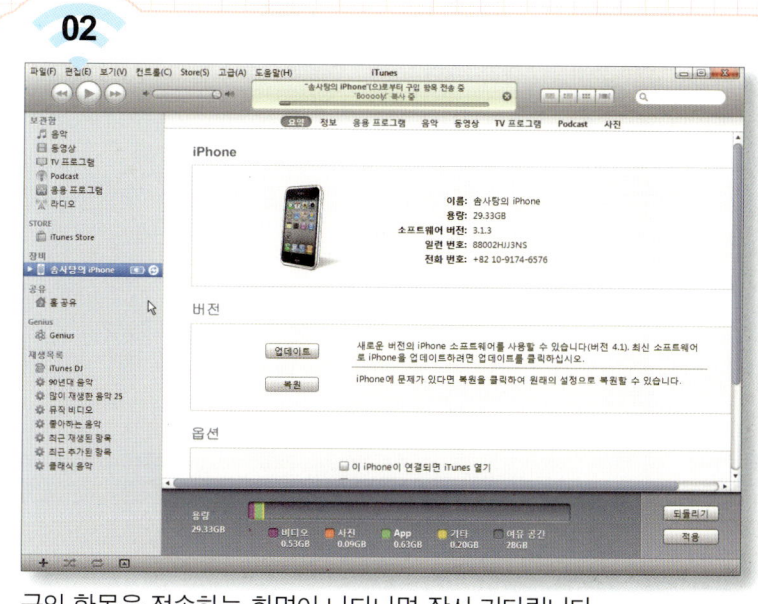

구입 항목을 전송하는 화면이 나타나면 잠시 기다립니다.

03

이번에는 데이터를 백업하기 위해 마우스 오른쪽 단추를 클릭한 다음 [백업] 메뉴를 클릭합니다.

04

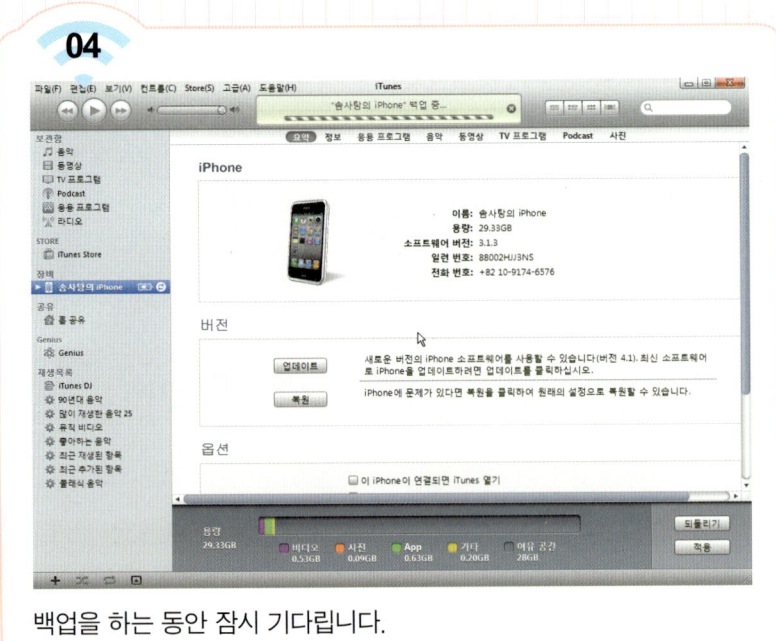

백업을 하는 동안 잠시 기다립니다.

이제 iTunes가 가장 최신 버전이 아닌 경우 iTunes를 최신 버전으로 업그레이드해야 합니다. [도움말]-[iTunes 정보] 메뉴를 클릭하면 iTunes 정보가 표시됩니다. 현재 화면에 표시되는 것은 버전 10입니다.

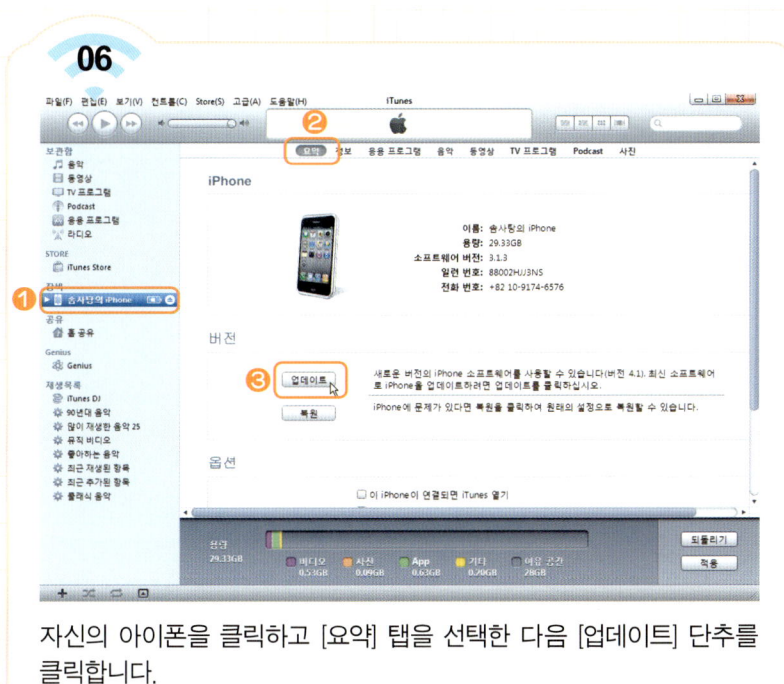

자신의 아이폰을 클릭하고 [요약] 탭을 선택한 다음 [업데이트] 단추를 클릭합니다.

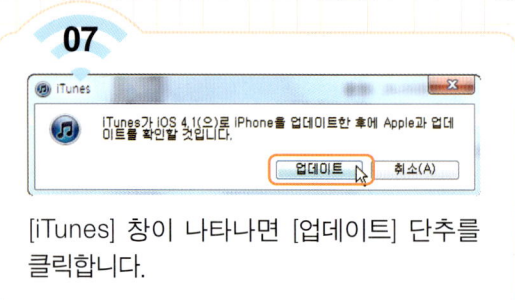

[iTunes] 창이 나타나면 [업데이트] 단추를 클릭합니다.

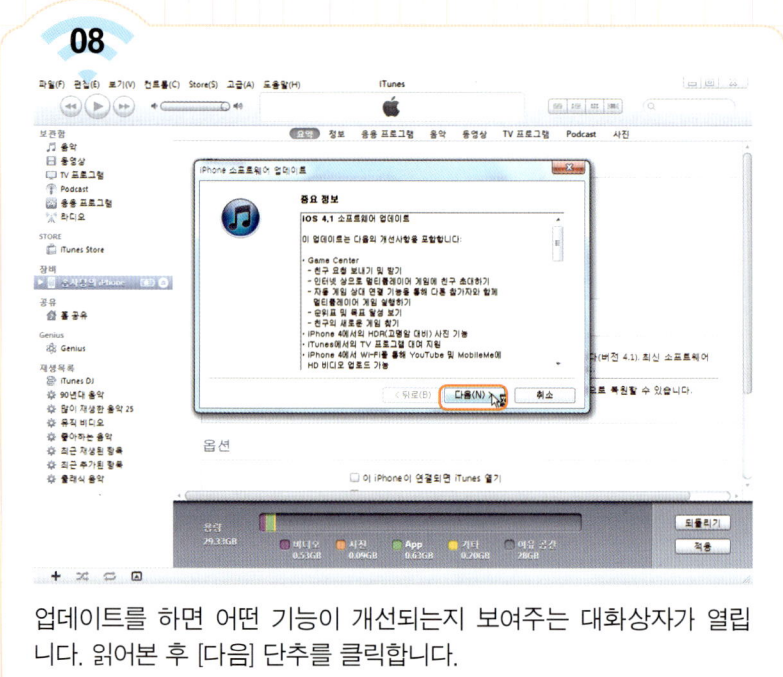

업데이트를 하면 어떤 기능이 개선되는지 보여주는 대화상자가 열립니다. 읽어본 후 [다음] 단추를 클릭합니다.

09

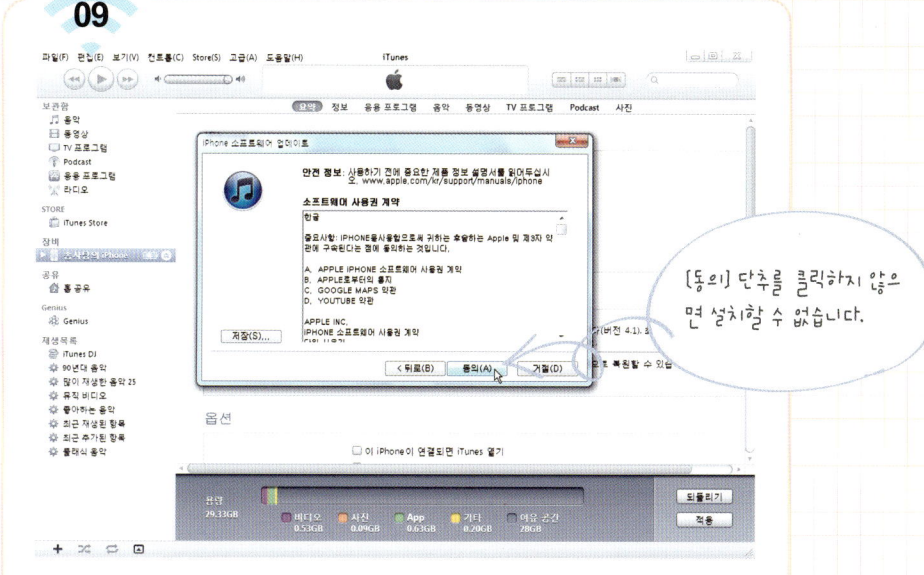

계속해서 소프트웨어 사용권 계약 동의 여부를 묻는 대화상자가 나타나면 [동의] 단추를 클릭합니다.

10

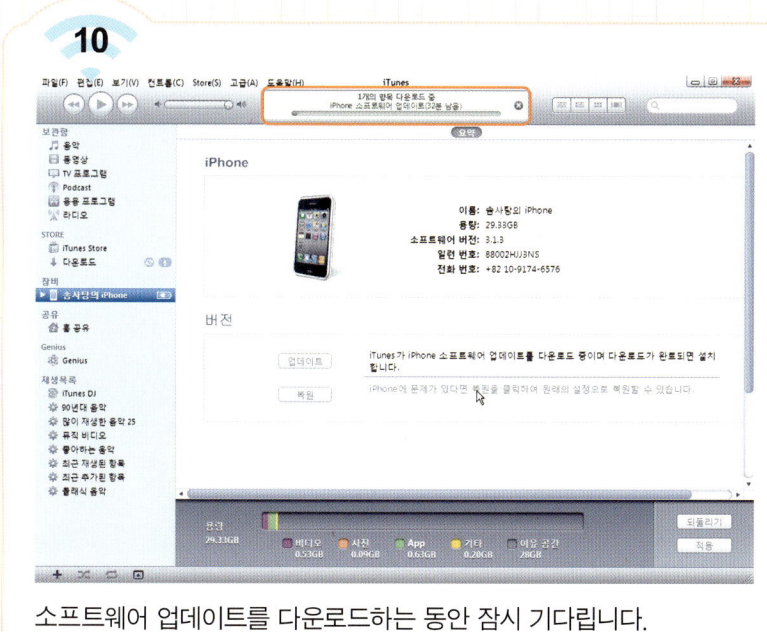

소프트웨어 업데이트를 다운로드하는 동안 잠시 기다립니다.

11

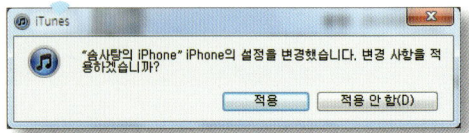

다음과 같이 아이폰의 설정을 변경했다는 내용이 나타나면 [적용] 단추를 클릭합니다.

12

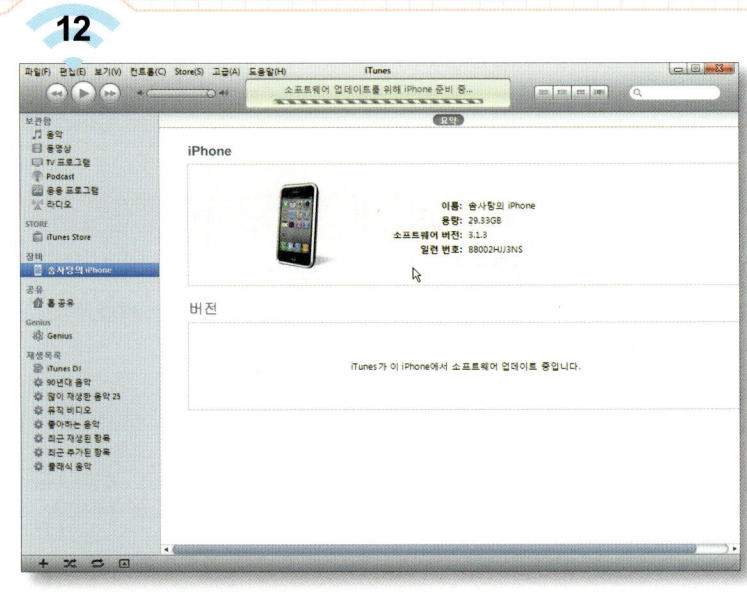

업데이트하는 동안에는 잠시 기다립니다.

13

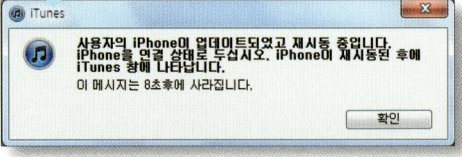

재시동한다는 대화상자가 나타나면 [확인] 단추를 클릭하여 컴퓨터를 재시동합니다. 이제 iTunes가 업데이트가 되었습니다. 재시동한 다음에는 백업된 항목이 자동으로 다시 설치됩니다.

넛지지수

 Free

과연 내가 똑똑한 사람을 움직이는 힘을 가진 넛지형 인재인지 점검할 수 있는 어플입니다.

북앤딕-성경

 Free

영어 성경을 공부할 수 있는 어플입니다. 성경을 읽다가 모르는 단어가 나오면 사전을 찾을 필요 없이 터치만 하면 뜻을 찾아 바로 볼 수 있는 기능도 있습니다.

하악하악

 Free

종이책의 감동을 스마트폰으로 옮긴 어플입니다. 하악하악의 대표적인 우화를 담았으며, 원작의 느낌을 더욱 살릴 수 있도록 물결치는 물속의 토종 민물고기 세밀화를 사용했습니다.

북앤딕-세계의 명연설

 3.99$

세계 명사들의 명연설문과 인물에 대한 소개를 수록한 어플로 영어를 학습하는 동시에 세상을 움직이고 역사를 바꾸었던 연설가들에 대해 배울 수 있습니다.

내 손안의 미술관

 Free

르느와르에서 고갱, 모딜리아니까지 총 25명의 천재적인 화가들의 삶과 그들의 작품 약 1,000여 점에 대한 상세한 설명을 제공하는 어플입니다.

LabTED

 Free

일본어 기초 문법과 구문에 대해 공부할 수 있는 어플입니다.

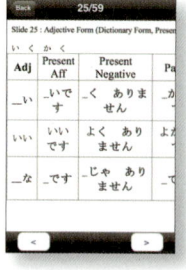

한자공부Q-27000자

2.99$

27,000여 자의 한자를 공부할 수 있는 무료 한자 옥편 어플입니다.

상식 퀴즈

0.99$

일상생활은 물론 공무원, 공기업 등에서 보는 일반상식 시험과 TV 퀴즈 프로에서도 도움이 될만한 많은 퀴즈들을 수록한 어플입니다.

천자문

Free

천자문 책을 구입하는 부담감을 줄여주고 한자 학습에 도움을 주기 위해서 만들어진 어플입니다. 천자문 뜻풀이도 있어서 단순 한자 학습이 아니라 인성학습에도 도움이 됩니다.

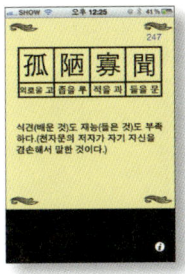

친인척호칭법

Free

친인척을 올바르게 부르는 호칭법을 배울 수 있는 어플입니다.

세무용어사전

Free

정확한 용어와 인접 분야의 용어를 이해할 수 있는 세무 용어 사전 어플입니다.

법아 놀자

Free

법무부가 2010년 법의 날을 맞이하여 마련한 어플로 재미있는 퀴즈와 만화로 법을 배울 수 있습니다.

영어 사전 콘텐츠와 다양한 검색 기능을 제공하는 엣센스 영한·한영 사전 어플입니다.

 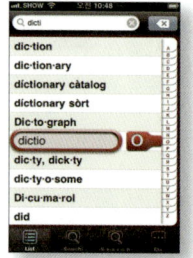

엣센스 영한 한영 사전
19.99$

필수 단어 1500개를 반복 학습할 수 있도록 도와주는 어플입니다.

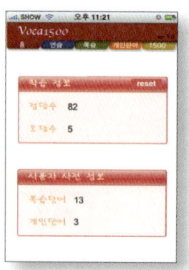

필수 영어 단어 - Voca 1500
0.99$

우선순위 영단어를 공부할 수 있는 어플입니다.

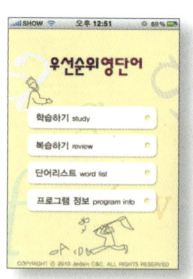 

우선순위 영단어
4.99$

교육

와피디아: 모바일 위키
Free

아이폰에서 위키백과에 접속할 수 있는 가장 빠른 어플입니다.

01 와피디아를 실행하면 나타나는 처음 화면입니다.

02 검색 상자에 검색어를 입력합니다.

03 터치하면 해당 내용 목록이 표시됩니다.

04 목록을 탭하면 내용을 바로 볼 수 있습니다.

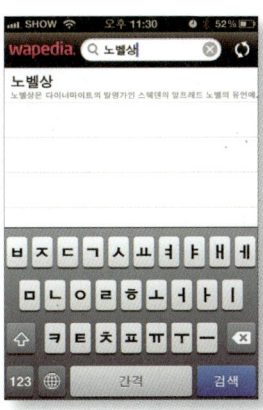

헤럴드 경제

 Free

헤럴드 경제 뉴스를 볼 수 있는 어플입니다.

TV Time

 Free

즐겨보는 프로를 볼 수 있는 편성표 어플입니다.

USA TODAY

 Free

최신 보도 기사, 스포츠 점수, 날씨 및 사진을 볼 수 있는 뉴스 어플입니다.

케이웨더

 Free

민간 자체 예보를 일반인에게 서비스하는 어플입니다. 6시간 단위의 예보와 주간 예보를 볼 수 있습니다.

이데일리

 Free

이데일리 뉴스, 이데일리 TV 생방송/VOD, 이데일리/SPN 포토 등 다양한 콘텐츠와 서비스를 담고 있는 뉴스 어플입니다.

위성 영상

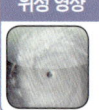 0.99$

강우량 정보, 태풍 정보, 황사 정보 등을 2차원 영상으로 추정 가능한 어플입니다. 한반도, 동북아 및 아시아 반구 전체의 영상도 볼 수 있습니다.

연합뉴스　Free

MBN　Free

세계를 보는, 한국을 만나는 창인 연합뉴스 어플입니다.

24시간 종합뉴스채널 MBN이 전하는 생방송과 동영상 뉴스를 볼 수 있는 어플입니다.

시사저널　Free

프레시안　Free

시사저널을 잡지처럼 쉽게 볼 수 있도록 구성한 어플입니다. 지면 페이지와 함께 텍스트 기사를 제공하기 때문에 기사와 사진을 쉽게 읽을 수 있습니다.

관점이 있는 뉴스라는 모토로 차별화된 기사를 제공하는 프레시안 뉴스를 볼 수 있는 어플입니다.

머니투데이 뉴스　Free

SBS 온에어　4.99$

투자속보에 강한 경제 전문지 머니투데이를 언제 어디서나 볼 수 있는 어플입니다.

SBS 방송을 볼 수 있는 온에어 어플입니다. 이 어플은 구매 후 1년 간 이용 가능합니다.

KBS 뉴스
Free

빠르고, 깊이 있는 KBS 뉴스와 콘텐츠를 손 안에서 만날 수 있는 어플입니다.

YTN
Free

YTN 생방송과 더불어 사이언스 TV, YTN FM, YTN DMB 생방송을 볼 수 있는 어플입니다.

 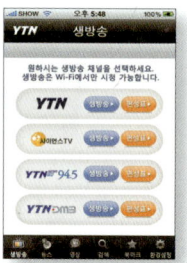

SBS 뉴스
Free

SBS 뉴스의 다시보기와 기자들의 취재 뒷이야기, 생생한 이슈 영상들을 실시간으로 제공하는 어플입니다.

뉴스와 날씨

MBCNews
Free

주 7일, 하루 24시간 발 빠르고 간결한 모바일 뉴스를 전해주는 어플입니다.

01 어플을 실행하면 바로 전에 보았던 화면이 표시됩니다.

02 [주요 뉴스]를 탭하면 주요 뉴스를 한눈에 볼 수 있습니다.

03 다음은 위클리를 선택했을 때의 화면입니다.

04 다음은 동영상 뉴스 화면입니다.

앱써치
 Free

아이폰 어플과 관련된 다양한 정보를 검색하고 유저들이 입력하는 실시간 이슈 키워드를 확인할 수 있는 어플입니다. 마음에 드는 어플을 찾으면 다운로드도 할 수 있습니다.

네이버시계
 Free

네이버에서 제공하는 멋진 탁상용 플립 시계 어플입니다. 책상 위의 Dock이나 거치대에 세로 또는 가로로 세워 사용하면 좋습니다.

벤치비
 Free

현재 연결되어 있는 인터넷의 품질을 측정하는 어플입니다. 장소에 구애받지 않으며 이동 중이라도 상관 없습니다. 아이폰뿐 아니라 여러 스마트폰에서 모두 사용할 수 있습니다.

플래시
 Free

사진을 찍을 때 활용하는 어플입니다. 아이폰을 마치 디지털 카메라처럼 이용할 수 있게 하며, 배터리를 소모하지 않는다는 장점이 있습니다.

아이로또 iLotto 6/45
 Free

개인 로또 관리 프로그램 어플입니다. 내 로또 리스트에 저장만 해두면 추첨 당일날 버튼 하나로 간편하게 당첨 결과를 확인할 수 있습니다.

단축번호 - 울자기
 Free

단 한 번의 터치로 자신이 등록한 번호로 바로 전화를 걸 수 있게 해주는 어플입니다.

iHandy 수준기

Free

수평선과 수평면을 구하는 어플입니다.

iMovie

4.99$

HD 동영상을 만들 수 있는 어플입니다. 멀티 터치용으로 설계된 재미있고 다양한 기능으로 비디오 편집을 할 수 있습니다.

얼리어답터

Free

얼리어답터는 신제품이나 독특한 제품에 관심이 많은 사람들을 위한 어플입니다. 신기한 제품, 콘셉트 디자인, 최신 디지털 소식, 디자인 전시회 등의 다양한 소식을 빠르게 전해줍니다.

Icon Dial

Free

등록한 아이콘을 탭하여 바로 전화를 걸 수 있도록 도와주는 어플입니다.

무료 불꽃놀이

Free

불꽃놀이는 아이폰을 손전등처럼 사용할 수 있게 해주는 어플입니다.

나의 배터리 정보

Free

현재의 정확한 배터리의 상태와 앞으로 얼마동안 사용할 수 있는지 알려 주는 어플입니다.

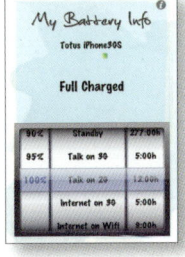

Unit - 단위 변환 : 단위를 변환해주는 어플입니다. 아래쪽의 아이콘에서 원하는 항목을 선택한 다음 변환 전의 값을 입력하면 자동으로 설정한 단위로 변환한 값이 표시됩니다.

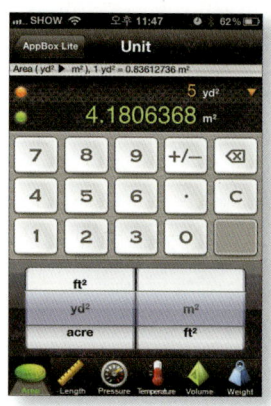

pCalendar - 생리 주기 : 여성들의 생리 주기를 구하는 어플입니다. 개인차가 있으므로 완전하게 정확하지는 않지만, 시작 날짜와 끝 날짜, 주기를 입력하면 다음 생리 예정일 목록을 볼 수 있습니다.

- Amount : 대출금을 입력합니다.
- Term : 대출 기간을 입력합니다. 연수나 월수를 입력합니다.
- Annual Interest Rate(%) : 이율을 입력합니다.
- Start Date : 대출한 날짜를 입력합니다.
- Monthly Payment : 매월 갚아야 할 금액을 표시합니다.
- Monthly Avg. Interest : 매월 이자를 표시합니다.
- Total Interest : 대출 기간 동안의 이자를 표시합니다.
- Total Amount : 이자를 포함해 갚아야 할 전체 금액을 표시합니다.

Loan - 대출금 계산하기 : 대출금과 기간, 이율 등을 알고 있다면 이자와 상환 금액 등을 알아볼 수 있는 어플입니다.

Price Grab - 두 상품 가격 비교 : 두 상품의 개별 가격을 바로 확인할 수 있는 어플입니다. 마트에서 일일이 계산하지 말고 간단하게 해결하세요. 두 상품의 수량과 금액을 입력하면 자동으로 계산이 됩니다. 예제 화면에서는 A 상품의 개별 가격이 비싼 것을 알 수 있습니다.

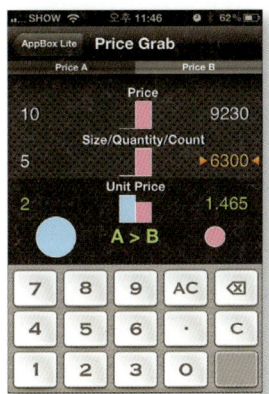

Tip Calc - 팁 계산하기 : 팁을 계산해주는 어플입니다. 입력한 금액에 대해 지정한 퍼센트의 팁을 계산합니다.

Date Calc - 두 날짜 사이의 기간 구하기 : 지정한 두 날짜 사이의 기간이 며칠인지(Between), 지정한 날짜까지 며칠 남았는지, 오늘부터 지정 일수가 지나면 몇 일인지(Adding) 등을 구할 수 있습니다. 음력도 표시할 수 있습니다.

  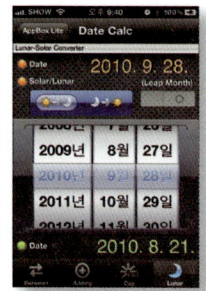

Holidays - 공휴일 표시하기 : 여러 나라의 공휴일을 표시하며, 각 공휴일이 오늘부터 며칠 남았는지 알려주는 어플입니다.

Clinometer - 경사계 : 액자를 걸 때나 테이블의 수평을 맞출 때 필요한 경사계 어플입니다. 가운데 물방울을 네모 상자 안에 넣어 수평을 맞춥니다.

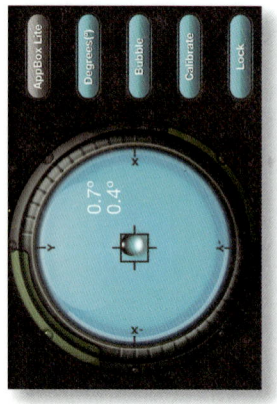

AppBox Lite
Free

'어플 종합 세트'라고 할 수 있는 AppBox는 단위 환산이나 환율 계산, 팁 계산 등 여러 가지 간단한 기능들을 묶어 놓은 무료 어플입니다. Lite와 Pro 두 가지 버전이 있는데, Lite는 무료, Pro는 유료입니다.

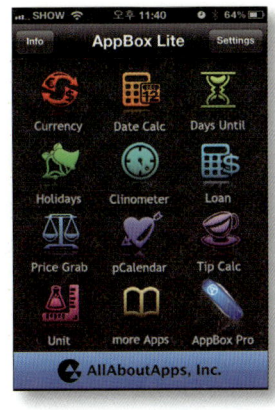

Crrrency - 환율 계산 : 지정한 나라의 금액을 다른 나라의 금액으로 계산해주는 환율 계산 어플입니다. [UPDATE]를 탭하여 현재 환율 정보를 받을 수 있습니다. 우리나라 돈으로 현재 100,000원이 86.5달러라는 것을 알 수 있습니다.

Days Until - D데이 구하기 : 지정한 날짜까지 며칠 남았는지를 구하는 어플입니다.

이럴땐 이런앱
Free

누구나 쉽게 아이폰을 접할 수 있도록 꼭 필요한 어플들을 활용 주제별로 분류해주는 어플입니다.

ScanSearch-스캔서치
Free

현실 공간에 새로운 가치를 더하는 증강현실 기술과 텍스트 입력 없이 이미지만으로 검색할 수 있는 어플입니다.

전화번호 검색
Free

대한민국의 모든 전화번호를 검색할 수 있는 어플입니다. 이제 언제, 어디서나 필요한 전화번호를 무료로 검색할 수 있습니다.

유틸리티

전화번호를 입력하면 해당 전화번호에 해당하는 연락처 목록이 표시되는 어플입니다. 아이폰 연락처의 기본 기능에는 없는 것으로, 빠르게 전화번호를 검색할 수 있어 유용합니다.

01 다운받은 어플을 탭하여 실행합니다.

02 처음 실행하면 다음과 같은 모습입니다.

03 번호를 입력하면 연락처 목록이 표시됩니다. 목록을 탭합니다.

04 연락처 목록이 표시되면 전화번호를 탭합니다. 바로 전화가 연결됩니다.

G마켓
Free

G마켓의 모든 상품을 실시간 검색할 수 있는 어플입니다. 통합 검색 기능이 제공되며 베스트셀러, 오늘만특가, e쿠폰을 통해 G마켓을 쉽게 이용할 수 있습니다.

라식아 놀자
Free

시력 교정술에 대한 이해하기 쉬운 설명과 유익한 정보를 제공하는 어플입니다.

안심 장보기
Free

농림수산식품부가 제작한 안심 장보기 어플입니다. 이력 추적으로 만나는 안전한 식탁, 우리 먹거리의 족보를 관리하는 이력 관리 등을 볼 수 있습니다.

라면의 정석-라면 타이머
Free

라면 타이머는 농심과 삼양의 라면 조리법에 따른 타이머 기능과 조리 정보를 제공하는 어플입니다.

쇠고기 이력제
Free

소의 출생에서부터 도축·가공·판매에 이르기까지의 정보를 기록·관리하여 위생·안전에 문제가 발생할 경우 그 이력을 추적하여 신속하게 대처하기 위한 제도를 안내하는 어플입니다.

CampingMania-캠핑정보
Free

전국의 캠핑장 정보를 조회할 수 있는 어플입니다. 전국 캠핑장 리스트와 캠핑장 검색, 지역별 캠핑장 리스트, 주변 캠핑장 리스트(반경 50Km) 등을 볼 수 있습니다.

 **병원찾기** Free

 **굿나잇** 0.99$

전국 78,000여 병·의원 전화번호와 주소, 위치 정보를 제공하는 어플입니다. 검색이 가능하고, 관심병원으로 등록한 병원은 별도로 볼 수 있습니다.

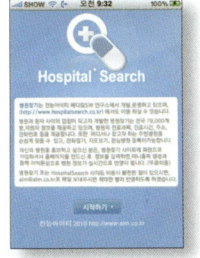

피곤할 때, 빨리 잠들고 싶을 때, 아기를 재우고 싶을 때 도움을 주는 어플입니다. 조용한 음악을 배경으로 귀여운 동물과 함께 숫자를 세다보면 저절로 잠이 들겠죠?

 Epocrates Free

 dreambot Free

수천 가지 약품에 대한 정보를 사진과 함께 제공하는 어플입니다.

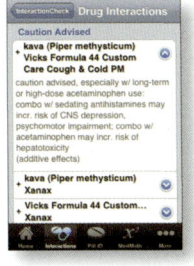

빠르게 잠들 수 있도록 소리로 도와주는 어플입니다.

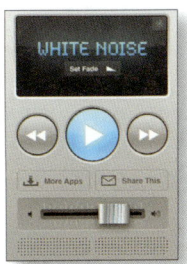

 **모스코일(공짜 모기퇴치 모기향)** Free

 **스트레스체커** Free

여름철 모기를 쫓아내는 어플입니다. 모기들이 싫어하는 주파수대의 음을 재생하여 모기를 쫓아내는 원리입니다.

각 항목마다 제시하는 문항에서 자신에게 맞는 것을 선택하여 현재 본인의 스트레스 상태를 확인할 수 있는 어플입니다.

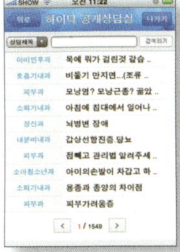

칼로리 균형

 2.99$

현재 출시된 칼로리 계산 관련 어플 중 가장 오래되고 기능이 다양한 칼로리 계산 전문 어플입니다.

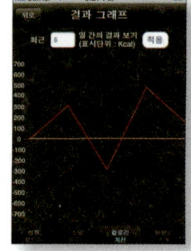

나만의 숙녀다이어리

 Free(한국계정)

여성의 건강지표라 할 수 있는 생리를 주기적으로 입력하고 건강을 체크함으로써, 생리주기에 맞게 일상생활을 계획할 수 있도록 돕는 어플입니다.

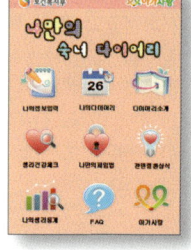

건강수첩

 0.99$

체중 관리 기능이 있는 어플입니다. 단 한 번의 입력으로 BMI 지수, 일 변화, 주 변화, 월 변화, 비만 단계 및 비만 정도를 종합적으로 확인할 수 있습니다.

여자들의 그날

 0.99$

여성이라면 누구나 한 달에 한 번씩 걸리는 마술 기간을 미리미리 체크해서 자유롭게 일상생활을 할수 있도록 도움을 주는 아이폰 어플입니다.

성범죄 예방 호신앱

 1.99$

현재 사용자의 위치를 실시간으로 추적하고, 메뉴에서 설정한 시간 동안 위치가 변경되지 않거나 아이폰을 강하게 흔들면 설정한 연락처로 자동 전화를 걸어주는 어플입니다.

금연 모니터

 1.99$

북미, 유럽 지역에서 출시된 금연 프로그램 mySmoklog의 한글판으로 나온 금연 모니터 어플입니다.

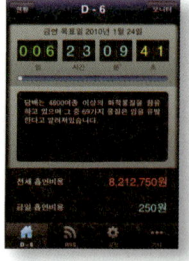

QR 코드로 어플 다운 받기

QR 코드는 그동안 사용하던 바코드보다 많은 내용을 담고 있는 이차원 바코드입니다. 어플에 대한 정보를 담고 있는 QR 코드를 이용하면 아주 빠르게 어플의 내용을 확인하고 바로 다운로드할 수 있습니다. 아이폰으로 QR 코드를 읽을 때는 쿠루쿠루와 같은 어플을 이용합니다. 이 소책자에는 가장 많이 사용되면서도 유용한 172개의 어플과 QR 코드를 담았습니다.

쿠루쿠루 사용법 ⊙ 기억나세요? ← 본책 324쪽

01 쿠루쿠루 어플을 실행한 다음 [QRcode Scan]을 탭합니다.

02 이 책에 소개되어 있는 어플 중 다운 받고 싶은 어플의 QR 코드에 초점을 맞추고 잠시 기다립니다.

`03` 결과가 나타나면 [LINK]를 탭합니다.

`04` 바로 App Store의 어플 페이지로 연결됩니다. 무료 어플은 [Free]를, 유료 어플은 가격을 탭합니다.

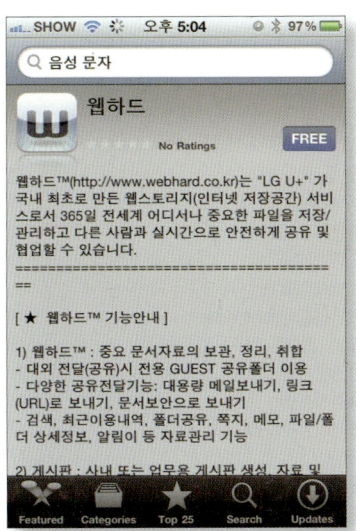

`05` [Install]을 탭하여 설치를 시작합니다.

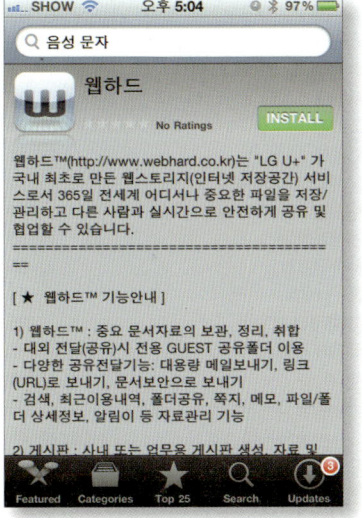

`06` iTunes 계정의 암호를 입력하고 [승인]을 탭하여 어플을 설치하면 됩니다.

어・플・목・차

아이폰 어플 172선

어플 사용해 보기 - Photoshop Express	6

비즈니스 12

웹하드	12
CamCard	13
olleh Wi-Fi ZONE 찾기	13
대한항공	14
SHOW 인증서	13
You Note Lite	15
파워기업검색 for iPhone	16
Office² Plus	16
창업만물사전	16
시사경제용어	16
헬로키티 다이어리	17
Currency	17
영문 주소 변환	17
한컴오피스 뷰어	17
어썸노트	18
한국 달력 Lite	18
국가법령정보	18
가계부(Cashbook Pro)	18
주요경제지표	18
WorldCard Mobile	18
빠른환율-조회/계산	19
Card Holder(명함집)	19
투어자키	19
우편번호검색기	19
iHappyDays	19
공항 출도착 정보	19

소셜 네트워킹 20

미투데이 - me2DAY	20
Facebook	20
다음 요즘	21
m&Talk - 엠앤톡	21
카카오톡	21
SHOW 문자 보내기	22
미니고객센터	22
티스토리	22
다음 플레이스	23
동네	23
문자홀릭	23

교통 24

교통알림e	24
Around Me	25
다음 지도	26
ineedcoffee	27
서울 버스 정보	28
버스 알람이	28
마이 코엑스	28
하철이	29
어디야	29
쿡타운	29
서울교통정보	30
경기교통정보	30
버스노선도	30
Seoul Bus 2 수도권버스	30
지하철 막차시간 계산기	30
베스트 휴게소	30
지하철 연계버스	31
iKobus	31
연료 검색	31
네이버 지도	31
아웃도어 GPS	31
배달114	31

엔터테인먼트 32

버블 버블	32
웹 파인더	33
이름풀이	33
Booooly!	33
제주 관광지	34
경기투어	34
100대 명산	34
제주올레	34
부산 투어 가이드 북	34
세계 유산	34
붉은악마응원	35
대한축구협회	35
폰폰-PonPon	35
유럽 축구리그 일정	35
프리미어 리그	35
Golfzon	35
TV Remote	36
인기가요-뮤직차트	36
Dog Translator	36
LIVE 프로야구	36
MLB.com At Bat 2010	36

LIVE 프로농구	36
Billiard Master	37
아이쿠폰	37
택견	37
서울 해우소	37
관공서 정보	37
청기백기	37

라이프 스타일　　　　　　　　38

조석표 2010	38
추천 출사지	39
얼굴대칭놀이	39
Flickr	39
Mover Lite	40
MobileMe Gallery	44
색 변환 카메라	44
MoreNoel	44
스케치 카메라	44
자동 파노라마	44
SLRCLUB	44
칼로리 균형	45
건강수첩	45
성범죄 예방 호신앱	45
나만의 숙녀 다이어리	45
여자들의 그날	45
금연 모니터	45
병원찾기	46
Epocrates	46
모스코일(공짜 모기퇴치 모기향)	46
굿나잇	46
dreambot	46
스트레스체커	46
G마켓	47
안심 장보기	47
쇠고기 이력제	47
라식아 놀자	47
라면의 정석-라면 타이머	47
CampingMania 캠핑정보	47
막걸리 누보	42
웹게임랭킹	42
헬로 도쿄	42
Weightbot	43
응급실114	43
맵 카드 2	43

유틸리티　　　　　　　　48

Contact by number	48
이럴땐 이런앱	49
ScanSearch-스캔서치	49
전화번호 검색	49
AppBox Lite	50
iHandy 수준기	54
얼리어답터	54
무료 불꽃놀이	54
iMovie	54
Icon Dial	54
나의 배터리 정보	54
앱써치	55
벤치비	55
아이로또 iLotto 6/45	55
네이버 시계	55
플래시	55
단축번호 - 울자기	55

뉴스와 날씨　　　　　　　　56

MBCNews	56
KBS 뉴스	57
YTN	57
SBS 뉴스	57
연합뉴스	58
시사저널	58
머니투데이 뉴스	58
MBN	58
프레시안	58
SBS 온에어	58
헤럴드 경제	59
USA TODAY	59
이데일리	59
TV Time	59
케이웨더	59
위성영상	59

교육　　　　　　　　60

와피디아: 모바일 위키	60
엣센스 영한 한영 사전	61
필수 영어 단어- Voca 1500	61
우선순위 영단어	61
한자공부Q-27000자	62
천자문	62
세무용어사전	62
상식 퀴즈	62
친인척호칭법	62
법아! 놀자	62
넛지지수	63
하악하악	63
내 손안의 미술관	63
북앤딕-성경	63
북앤딕-세계의 명연설	63
LabTED	63

어플 사용해 보기

아이폰에서만 사용할 수 있는 어플이 있는가 하면, 컴퓨터와 연동하여 사용하는 것이 장점인 어플도 있습니다. 이번에 소개하는 어플은 아이폰과 컴퓨터에서 함께 사용하는 어플의 예입니다. 인터넷에 데이터를 올리고, 컴퓨터와 아이폰에서 언제든지 볼 수 있는데, 인터넷에 업로드를 하려면 아이디를 만들어야 합니다.

아이폰에서도 간단하게나마 Photoshop을 사용할 수 있습니다. Photoshop.com Mobile 무료 어플이 있기 때문입니다. 컴퓨터에서 사용하는 포토샵과 비교할 바는 아니지만 사진을 자르거나 자동 노출을 설정하는 등의 간단한 작업 정도는 충분히 할 수 있습니다.

01 Photoshop.com Mobile 어플을 사용하려면 먼저 계정을 작성하고 로그인을 해야 합니다. 어플을 제공하는 사이트인 https://www.photoshop.com/에 접속하고, [JOIN]을 클릭하여 계정을 만듭니다. 계정은 아이폰에서 어플을 실행하고 만들어도 됩니다.

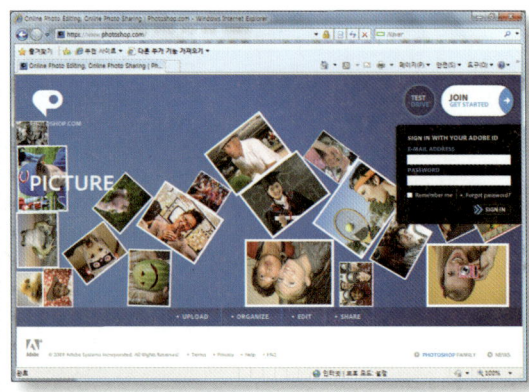

02 설치한 어플을 실행하고 로그인한 다음, 화면 아래의 [Edit]를 탭하고 [Select Photo] 메뉴를 탭하여 보정할 사진을 불러옵니다.

03 사진을 불러오면 다음과 같이 화면 위와 아래에 편집 툴들이 표시됩니다.

04 화면 위쪽의 첫 번째 툴을 탭한 다음 사진을 자르기 위해 [Crop]을 탭합니다.

05 모서리 부분의 핸들을 밀어 크기를 조정합니다.

메뉴 설명
- Crop : 사진을 자릅니다.
- straighten : 기울어진 사진을 세웁니다.
- Rotate : 사진을 회전하는 기능. 단! 90도씩만 회전할 수 있습니다.
- Flip : 사진 전체를 상하, 좌우로 반전할 수 있습니다.

화면 아래의 잠금 버튼을 탭하면 가로, 세로 고정 비율로 자르기할 수 있습니다.

06 크기가 알맞게 설정되었으면 [Ok]를 탭하여 사진을 자릅니다.

07 사진 자르기 보정이 완료되면 화면 아래에 네 개의 편집 툴이 표시됩니다. 각각 취소하기, 전 단계로 돌아가기, 앞 단계로 넘어가기, 저장과 업로드입니다.

08 두 번째 툴을 이용하면 노출 등을 조정할 수 있습니다. 아이콘을 탭하면 다음 메뉴가 표시됩니다. 노출 값을 조정하기 위해 [Exposure]를 탭합니다.

09 다음과 같은 확인 화면이 표시되면 [Dismiss] 단추를 탭합니다.

메뉴 설명
- Exposure : 노출 값을 조절합니다.
- Saturation : 색감을 조절합니다.
- Tint : 단색으로 바꿉니다.
- Black &White : 사진 전체를 흑백으로 바꿉니다.
- Contrast : 색 대비를 조정합니다.

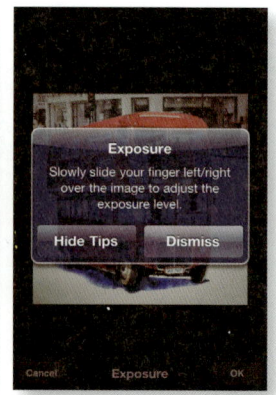

10 화면을 밀어 노출을 보정합니다.

11 화면 위에 숫자가 표시되는데 이 값을 보면서 상하좌우로 밀면 됩니다.

12 이번에는 3번째 아이콘을 탭하여 효과를 적용해 보겠습니다. [Sketch]를 탭합니다.

13 다음과 같은 확인 화면이 표시되면 [Dismiss] 단추를 탭합니다.

메뉴 설명
- Sketch : 스케치 효과를 설정합니다.
- Soft Focus : 사진을 부드럽게 설정합니다.
- Sharpen : 사진을 선명하게 설정합니다.

14 화면을 밀어 스케치 값을 보정합니다. 보정이 끝나면 [Ok]를 탭합니다.

15 네 번째 아이콘을 탭하면 효과와 액자 모양을 설정할 수 있습니다. 먼저 효과를 설정하기 위해 [Effects]를 탭합니다.

16 위쪽에 표시되는 효과를 한 번씩 선택하여 결과를 미리 봅니다.

17 [White Glow] 효과가 괜찮은 것 같군요. [Ok]를 탭하여 효과를 적용합니다.

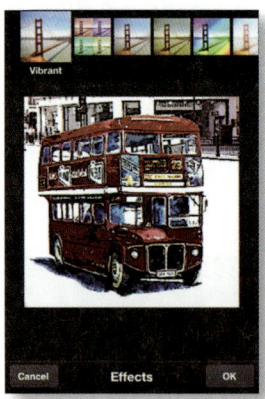
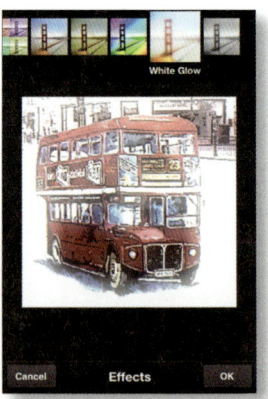

18 지정한 효과가 설정되었습니다.

19 다시 네 번째 아이콘을 탭하고, 이번에는 [Borders]를 탭합니다. [Halftone]을 선택했습니다. [Ok]를 탭하여 액자를 적용합니다.

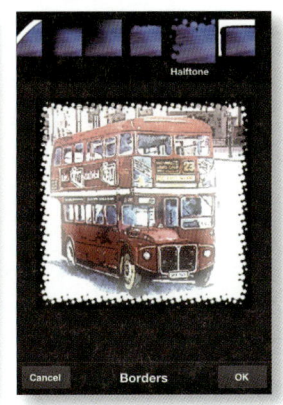

20 보정이 끝난 다음에는 오른쪽 아래에 있는 저장 아이콘을 탭한 다음 [Save and Exit]를 탭합니다. 카메라 롤에 바로 저장됩니다.

21 다음은 보정이 모두 끝난 결과물입니다. 업로드하여 인터넷에서 볼 수 있습니다.

비즈니스

웹하드
Free

웹하드™ (http://www.webhard.co.kr)는 "LG U+"에서 국내 처음으로 만든 웹스토리지(인터넷 저장 공간) 서비스입니다. 언제 어디서나 파일을 저장/관리하고 다른 사람과 실시간으로 공유할 수 있는 웹하드를 어플로도 이용할 수 있습니다.

01 웹하드를 이용하려면 아이디와 비밀번호를 입력하고 [로그인] 단추를 탭합니다.

02 웹하드 화면이 열리고, 컴퓨터에서 본 것과 동일한 폴더들이 표시됩니다.

03 [+]를 탭한 다음 [올리기] 단추를 탭하여 데이터를 업로드할 수 있습니다.

04 다음은 이미지를 업로드하는 모습입니다.

명함 스캐너 어플입니다. 식별 기술이 뛰어나고 속도가 빠르며, 간체 중국어, 번체 중국어, 한국어, 일본어 등을 식별할 수 있습니다.

아이폰을 이용하는 고객들이 KT에서 제공하는 Wi-Fi 존을 쉽게 찾을 수 있도록 도와주는 'olleh Wi-Fi ZONE 찾기' 어플입니다.

아이폰을 기반으로 한 은행, 증권, 결제 등과 같은 공인인증서를 활용한 어플들의 공인인증서 공유를 위해, 인증서를 저장하고 공유해주는 공용 어플입니다.

대한항공
Free

대한항공의 스케줄과 출도착, 운임 등을 한눈에 알 수 있는 어플입니다. 비행기의 출발/도착을 실시간으로 알 수 있으며, 결항이나 운행 지연 여부도 바로 확인할 수 있습니다.

01 어플을 다운 받은 다음 실행하면 총 6개의 메뉴를 볼 수 있습니다. 각 메뉴를 탭하여 기능을 이용하면 됩니다.

02 다음은 [스케줄 조회]를 탭했을 때의 화면입니다.

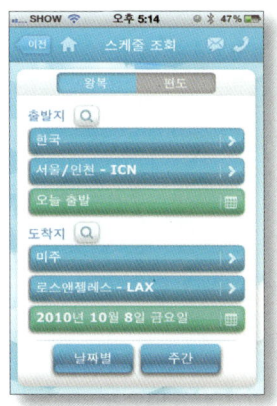

03 다음은 [항공 운임 안내]를 탭했을 때 나타나는 화면입니다.

04 다음은 [사운드 투어]를 탭했을 때 나타나는 화면입니다.

You Note Lite
Free

아이폰에 기본적으로 메모 어플이 제공되기는 하지만, 여러 편리한 기능이 포함되어 있는 다른 메모 어플도 많습니다. 여기 소개하는 YouNote(Lite)는 사진, 수기 내용, 녹음 내용까지 메모할 수 있는 무료 어플입니다.

01 어플을 다운받아 실행하면 다음과 같은 화면이 표시됩니다.

02 다음은 텍스트 메모를 입력한 모습입니다.

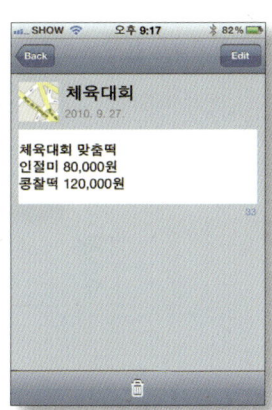

03 다음은 사진을 메모로 입력한 모습입니다.

04 다음은 직접 손으로 글자와 그림을 입력한 메모입니다.

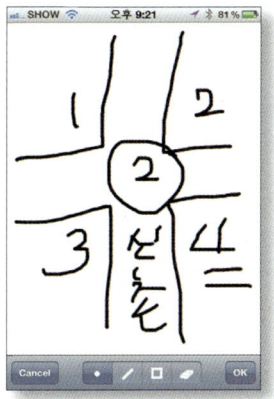

아이폰 어플 172선 | 15

파워기업검색 for iPhone
Free

창업만물사전
Free

국내 최고의 기업정보 보유기관인 한신평정보에서 제공하는 위치정보(LBS) 및 증강현실(AR) 기반의 비즈니스 프로페셔널을 위한 모바일 솔루션입니다.

창업만물사전은 중소기업청에서 제공하는 서비스로 창업 뉴스, 창업 지원 센터 위치 정보, 창업 관련 일정 등 다양한 정보를 제공합니다.

Office² Plus
Free

시사경제용어
Free

Word 문서(.doc/.docx)와 Excel 문서(.xls)를 보고, 작성하고, 편집할 수 있는 어플입니다. Google Docs 및 MobileMe iDisk와 통합되므로 필요한 문서는 언제든지 이용할 수 있습니다.

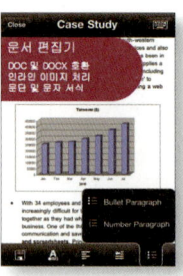

기획재정부와 KDI가 함께 만든 시사경제용어 사전입니다. 엄선한 2,900여 개의 시사경제용어를 검색하고 확인할 수 있습니다.

 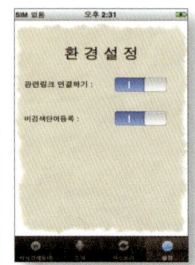

헬로키티 다이어리
2.99$

영문 주소 변환
Free

귀여운 헬로우키티 다이어리 어플입니다. 여러 가지 스티커 모양을 이용하여 예쁜 다이어리를 작성할 수 있습니다.

한글 주소를 영문 주소로 간단하게 변환해주는 어플입니다.

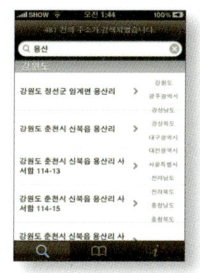

Currency
Free

한컴오피스 뷰어
Free

100개 이상의 화폐 및 국가의 최신 환율 정보를 제공하는 어플입니다.

한컴오피스 뷰어의 아이폰 에디션은 한글 2010 기반으로 설계가 되어 한글 97부터 한글 2010까지 모든 한글(HWP) 문서를 볼 수 있습니다.

어썸노트

 3.99$

어썸노트는 노트와 일정 관리를 한번에 할 수 있는 새로운 노트 어플입니다. 다양한 폴더 아이콘과 색상, 폰트, 배경을 선택해 좋아하는 스타일의 노트로 만들 수도 있습니다.

가계부(Cashbook Pro)

 4.99$

Cashbook Pro는 수입과 지출을 편리하게 관리할 수 있는 가계부 어플로 입출금 금액과 내역만 선택하면 바로 저장이 가능합니다. 입출금 현황을 기간별로 확인하는 것도 쉽습니다.

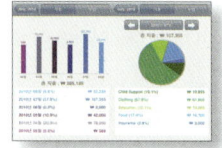

한국 달력 Lite

 Free

1881년부터 2100년까지의 만세력을 이용하여 만든 양력/음력 겸용 달력입니다.

주요경제지표

 Free

대내외 경제 상황을 판단하는 데 필요한 6개 분야의 주요 경제지표를 볼 수 있습니다. 매월 1일을 기준으로 업데이트됩니다.

국가법령정보

 Free

법제처(www.moleg.go.kr)에서 개발하여 무료로 보급하는 어플로 법령, 판례 등 우리나라의 모든 법령 정보를 검색할 수 있습니다.

WorldCard Mobile

 9.99$

카메라로 명함을 스캔하면 명함의 이름, 회사명, 부서, 직함, 주소, 전화번호, 이메일 주소 등의 정보를 자동으로 분석하고 항목별로 저장합니다.

빠른환율-조회/계산

Free

환율에 민감한 사용자를 위한 환율 계산 어플입니다. 급변하는 환율 시세를 보다 빠르게 확인하고, 각 기준 환율을 빠르게 계산합니다.

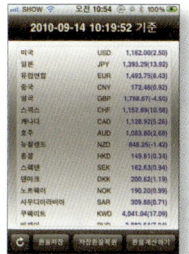

우편번호 검색기

Free

주소를 입력하여 해당 주소의 우편번호를 검색하는 어플입니다(현재 대한민국 주소만 가능합니다). 우편번호와 함께 영문으로 번역한 주소도 제공합니다.

Card Holder(명함집)

0.99$

손쉽게 모든 명함 및 카드 정보를 저장할 수 있는 어플입니다. 자신만의 카테고리를 만들어 보다 체계적으로 명함을 정리할 수 있습니다.

iHappyDays

Free

친구나 가족의 생일이나 기념일을 기억하도록 도와주는 기념일 관리 어플입니다. 음력 기념일도 지원합니다.

투어자키

Free

탑항공/온라인투어/넥스투어/웹투어 등 국내 항공권 판매 여행사들을 선택하여 동일 기준의 항공권 가격을 비교하는 어플입니다.

공항 출도착 정보

Free

국내 모든 공항의 국내선/국제선 실시간 출발, 도착 정보를 볼 수 있는 어플입니다. 도시, 항공사, 편명으로 검색을 할 수 있습니다.

소셜 네트워킹

미투데이는 지금 내게 벌어지고 있는 일과 나의 생각을 친구들과 바로바로 나눌 수 있는 어플입니다. 제목도 필요 없는 150자의 간단한 내용과 사진, 동영상 올릴 수 있습니다.

친구들과 간편하게 정보를 교류할 수 있습니다. 휴대폰 사진 업로드는 기본이며, 전화번호 찾기 등의 기능도 이용할 수 있습니다.

다음 요즘
Free

짧은 글과 이미지, 동영상을 통하여 언제 어디서나 친구들과 실시간으로 소식을 전할 수 있습니다.

m&Talk - 엠앤톡
Free

m&Talk은 국내 최초 스마트폰용 모바일 메신저입니다. 인터넷을 이용하여 친구들과 공짜로 메시지를 주고받을 수 있습니다. 아이폰뿐만 아니라 Android, Windows Mobile과 Web을 동시에 지원합니다.

카카오톡
Free

전세계의 아이폰 사용자끼리 무료로 실시간 그룹 채팅 및 1:1 채팅을 할 수 있는 연락처 기반의 메신저 서비스 어플입니다.

SHOW 문자 보내기
Free

특별한 날 특별한 문자를 보내는 어플입니다. 매일매일 다양한 문자 카드와 이모티콘을 보낼 수 있습니다. KT고객이라면 무료로 사용할 수 있습니다.

미니고객센터
Free

SHOW 고객센터에서 가장 많이 쓰이는 서비스를 쉽고 빠르게 사용할 수 있도록 간편하게 구성한 무료 어플입니다. 총사용량, 실시간 요금, 월별요금 등을 조회할 수 있습니다.

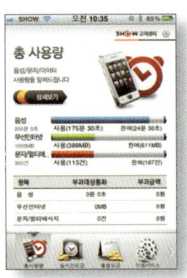 

티스토리
Free

나의 TISTORY 블로그에 올리고 싶은 이야기를 이동 중에 작성할 수 있는 어플입니다. 네트워크가 연결된 상태라면 언제든지 웹상에 글을 올릴 수 있습니다.

다음 플레이스
Free

사람들은 어떤 장소에 갔을 때, 같이 온 사람들과 즐거워하며, 글을 남기고 사진을 찍습니다. 그런 나만의 흔적을 남기는 어플입니다.

동네
Free

가입 절차 없이 모두가 참여하여 꾸미는 지도 위의 익명 게시판 어플입니다. 지도 위에 자유롭게 장소를 등록하고 이야기와 사진을 남기며 트위터로도 공유가 가능합니다.

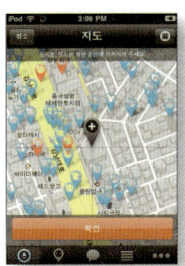 

문자홀릭
Free

LG CYON 휴대폰의 [나랏글 자판]을 이용하여 문자를 보낼 수 있게 하는 어플입니다. iPhone의 쿼티 자판이 불편하다면 익숙한 나랏글 자판을 이용해 문자를 작성해 보세요.

교통

교통알림e
Free

경찰청에서 제작한 모바일 웹(m.utis.go.kr)을 아이폰에서 쉽게 볼 수 있도록 만든 어플입니다.

01 어플을 실행하면 다음과 같은 화면이 나타납니다.

02 여러 가지 메뉴들을 볼 수 있습니다.

03 [이미지]에서 [서울]을 탭해 보겠습니다.

04 실시간으로 교통 정보를 확인할 수 있습니다.

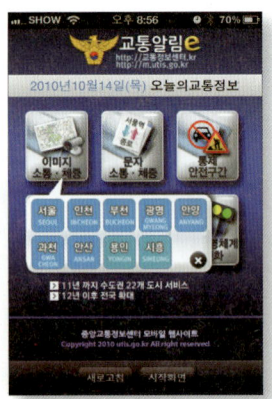

Around Me
Free

잘 모르는 곳에 있을 때 갑자기 병원이나 주유소에 가야 할 일이 생긴다면 무척 당황스러울 것입니다. 이럴 때 유용한 어플이 Around Me입니다. 근처에 있는 은행에 찾아가 보겠습니다.

01 어플을 실행하면 다음과 같은 화면이 열립니다. 여기서는 [Banks/ATM]을 선택했습니다.

02 근처에 있는 은행 목록이 표시됩니다. 정보를 볼 은행을 탭합니다.

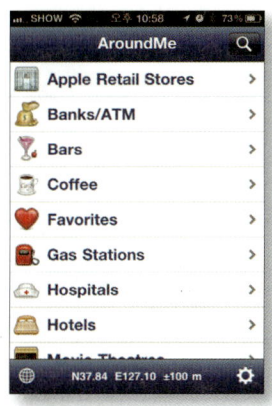

03 [Info] 화면이 열리면서 주소와 지도가 표시됩니다.

04 전화기 아이콘을 탭하면 해당 은행의 전화번호를 확인할 수 있습니다.

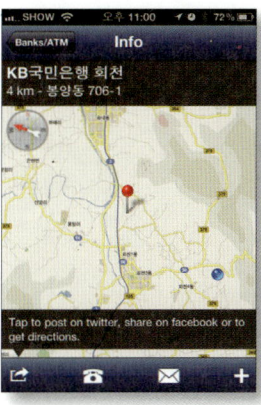

다음 지도
Free

다음 지도 어플도 아이폰에서 바로 사용할 수 있습니다. 로드 뷰 기능과 주변 검색 등의 기능이 있습니다.

01 [다음 지도] 어플을 설치하고 실행한 후 원하는 위치를 입력하여 검색합니다. 검색한 위치를 보고 싶으면 로드 뷰 아이콘을 탭합니다.

02 다음과 같이 [로드 뷰 보기]가 표시됩니다.

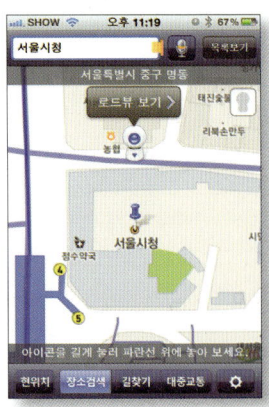

03 지도에 나타나는 곳의 거리를 바로 확인할 수 있습니다. 화면을 밀면 돌아가면서 보여줍니다.

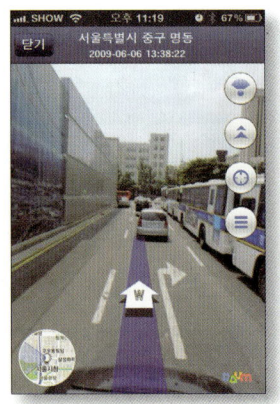

ineedcoffee
Free

증강현실 기능을 이용하여 주변 지역에서 가고 싶은 커피숍을 찾을 수 있도록 해주는 무료 어플인 ineedcoff를 소개합니다.

01 어플을 실행한 다음 [AR 모드]를 탭하고 커피숍 브랜드를 선택합니다. 0.5Km 반경 안에 있는 커피숍을 찾아줍니다.

02 스타벅스를 선택했더니 둥실둥실 떠다니는 스타벅스 아이콘이 생겼습니다. 이 아이콘을 탭합니다.

03 검색한 커피숍으로 이동하려면 [찾아가기]를 선택합니다.

04 거리와 방향이 표시됩니다. 이 표시를 근거로 찾아갈 수 있습니다.

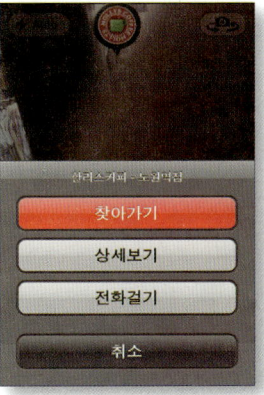
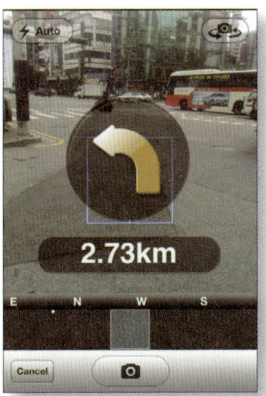

서울 버스 정보
Free

서울시 버스의 정류소, 버스 노선, 정류소 알람 정보를 제공하는 어플입니다.

 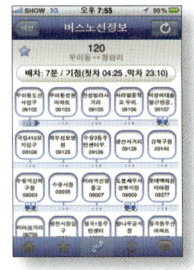

버스 알람이
Free

소리로 버스가 언제 오는지 알려주는 어플입니다. 바쁠 때 계속 화면을 확인하지 않고도 버스가 언제 오는지 알 수 있습니다.

마이 코엑스
Free

코엑스를 포함하여 무역센터, 도심공항타워 등 무역센터 타운의 매장, 편의시설을 포함한 다양한 시설, 전시/컨벤션 일정 등을 포함한 정보를 제공하는 어플입니다.

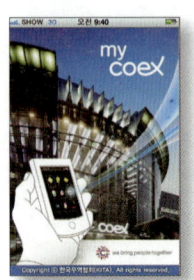 

하철이
Free

가까운 지하철역 찾기, 역별 지하철 시간표, 출발역과 도착역을 기준으로 빠른 길 찾기, 역별 상세 정보(화장실 위치, 열리는 문 방향 등), 역 주변 관광 정보, 역 주변 지도 보기 등 지하철 이용에 필요한 모든 정보를 볼 수 있는 어플입니다.

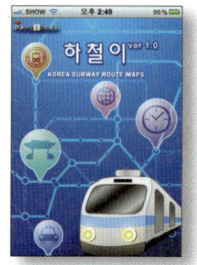

어디야
Free

길을 찾지 못해 헤매는 길치를 위한 아이폰 증강현실 어플입니다. 검색 기능을 이용하여 현재 위치에서 주변의 목적지를 검색하여 찾을 수 있습니다.

쿡타운
Free

카메라만 비추면 우리 동네 정보가 한눈에 보이는 QOOK 타운은 국내 430만 개의 전화번호부 DB를 기반으로 제공되는 위치 기반 지역 정보 서비스 어플입니다.

서울교통정보 Free

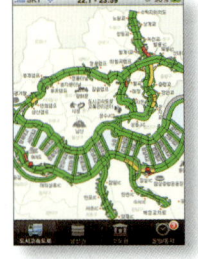

서울의 주요 도로와 남산 터널의 교통 정보를 실시간으로 확인할 수 있는 어플입니다. http://smartway.seoul.go.kr/의 데이터를 분석해서 뿌려주는 형태로 제공합니다.

Seoul Bus 2 - 수도권 버스 Free

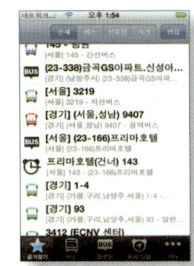

Seoul Bus는 서울특별시, 인천광역시 및 경기도를 포함한 수도권 전 지역의 버스 정보를 제공하는 어플입니다. 정류소에 버스가 언제 도착하는지도 알 수 있습니다.

경기교통정보  Free

경기교통정보는 수도권의 고속국도, 일반국도, 서울시 간선도로, 경기도 내 시내구간 도로 등 경기도 교통정보센터가 수집 및 연계한 구간에 대하여 실시간 소통 상황을 제공하는 어플입니다.

지하철 막차시간 계산기  1.99$

막차가 끊기는 시간을 알 수 있는 어플입니다. 현재는 수도권 지하철만 서비스하고 있습니다.

버스 노선도 Free

전국에 있는 버스 노선을 검색하여 해당 노선 정보를 한눈에 볼 수 있는 어플입니다.

베스트 휴게소  Free

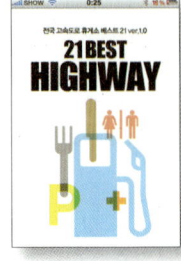

전국 고속도로 휴게소 베스트 21곳을 소개하는 어플입니다. 여행 중에 어느 휴게소에 들르면 좋을지 모를 때 한 번씩 보면 좋습니다.

지하철연계버스

 Free

지하철 출구에서 갈아 탈 수 있는 버스번호를 알려주는 어플입니다. 서울, 인천, 대전, 대구, 광주, 부산 지하철을 모두 검색할 수 있습니다.

네이버 지도

 Free

한층 더 똑똑하고 편리해진 네이버 지도를 어플로 제공합니다. 새로운 저장 기능을 사용하면 인터넷이 연결되어 있지 않아도 지도와 경로를 볼 수 있습니다.

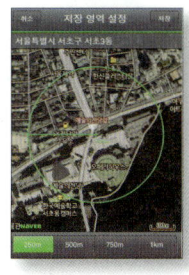

iKobus

 Free

인터넷에 공개된 고속버스 운행 정보 사이트를 이용하여 운행 정보를 조회하고 예약할 수 있는 어플입니다.

아웃도어 GPS

 Free

아웃도어 GPS는 야외 스포츠, 등산 등의 활동에 필요한 GPS 정보 및 위치에 따른 일출, 일몰 시간을 알 수 있는 어플입니다.

연료 검색

 Free

GPS를 이용하여 위치 정보를 얻고 주변의 주유소를 검색할 수 있는 어플입니다. 검색된 주유소의 휘발유와 경유 가격도 조회할 수 있습니다.

배달114

 Free

현재 위치를 이용하여 주변의 배달업체 정보를 제공하는 어플입니다. 피자, 치킨, 중국집, 야식, 족발 등 각종 배달업체를 찾을 수 있습니다.

엔터테인먼트

버블 버블
Free

추억의 게임 버블 버블입니다. 다른 물고기들을 피해 아이템을 습득하여 물방울에 갇혀있는 물고기를 부딪쳐 물방울을 떠트리는 게임입니다. 아이폰을 기울이면서 이동합니다.

01 어플을 실행하면 나타나는 처음 화면입니다. [START]를 탭하여 게임을 시작합니다.

02 메뉴를 탭하면 랭킹 등을 볼 수 있습니다.

03 버블 게임을 즐기는 화면입니다.

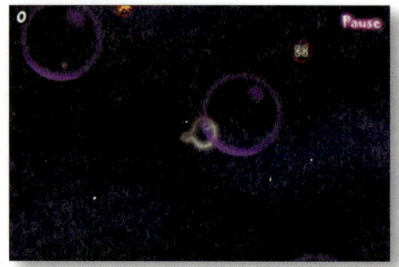

웹 파인더
Free

웹 파인더는 스마트폰 유저들이 애용하는 뉴스·포털·커뮤니티 등 분야별 모바일 사이트를 한 번에 모아 놓고, 어플 내에서 바로 원하는 웹사이트를 확인할 수 있는 어플입니다.

이름풀이
Free

고유명사인 이름의 자모를 역학에 대입하여 인성과 운명을 현대적으로 쉽게 풀이해주는 심심풀이 어플입니다.

Booooly!
Free

쉽고 재미있게 즐길 수 있는 두뇌 퍼즐 게임입니다. 페이스북과 트위터로도 연결되며, 게임 상의 친구들과 교류할 수 있습니다.

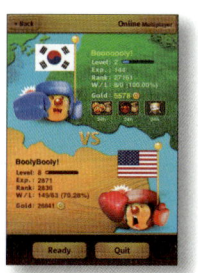

제주 관광지

  0.99$

우리 나라의 아름다운 국제 도시 제주도의 관광지를 한눈에 볼 수 있는 어플입니다. 찾은 관광지는 지도 위에 표시되어 쉽게 찾아갈 수 있습니다.

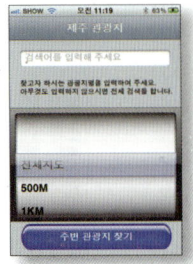

제주올레

  Free

국내 최초로 맛집, 펜션, 여행지, 쇼핑, 밤문화 등 제주도 여행 정보와 14개의 올레길 코스를 한 곳에 담아 서비스하는 제주올레 어플입니다.

경기투어

  Free

경기투어는 경기도의 주요 관광지 정보를 쉽고, 편리하게 검색, 열람할 수 있는 어플입니다.

부산 투어 가이드 북

  Free

부산의 주요 관광지, 축제, 맛집 등 부산 여행에 유용한 정보를 제공하는 서비스 어플입니다.

100대 명산

 Free

우리산의 아름다움을 느낄 수 있는 찾아가는 100대 명산 어플입니다.

세계 유산

 Free

유네스코가 지정한 세계 유산 목록의 각 항목을 구글 맵 정보를 통해 위성 사진으로 볼 수 있고, 위키피디아에 등록된 정보까지 열람할 수 있는 어플입니다.

붉은악마응원

Free

Daum이 붉은악마에 헌정한 2010 남아공월드컵 붉은악마 공식 응원 어플입니다.

유럽 축구 리그 일정

Free

유럽 축구 6개 리그 일정 및 결과, 리그 순위를 볼 수 있는 어플입니다.

대한축구협회

Free

성인 국가대표팀을 비롯한 대한민국의 남, 녀 연령별 소집 단위의 국가대표팀 소개와 일정, 결과 등을 볼 수 있는 어플입니다.

프리미어리그

Free

2010-2011 시즌 영국 프리미어 리그 공식 데이터를 확인할 수 있는 어플로 경기 일정, 게임 정보, 리그 순위, 선수 정보 등을 알 수 있습니다.

폰폰-PonPon

Free

PonPon은 파프리카랩의 스마트폰 전용 프리미엄 소셜몰 어플입니다.

Golfzon

Free

나스모, 스코어카드, 나의 골프 실력, 매장찾기, 쪽지, 이벤트 정보를 확인할 수 있는 어플입니다.

TV Remote Free

2010년도 삼성 Internet@ TV의 Wi-Fi 리모컨 사용 어플입니다.

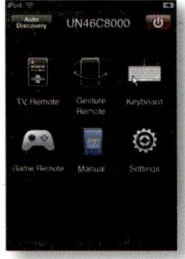

LIVE 프로야구 Free

2010년 프로야구 전경기에 대해 실시간 중계 및 경기 일정 결과, 팀 순위, 각 팀별, 개인 기록, 경기 하이라이트 영상 등을 제공하는 어플입니다.

인기가요-뮤직차트 Free

현재 출시된 음반의 내용과 음반 정보를 한눈에 볼 수 있는 어플입니다.

MLB.com At Bat 2010 Free

iPhone의 가장 인기 있는 응용 프로그램이자 수상 경력을 자랑하는 MLB.com At Bat이 2010년 시즌을 맞아 새롭게 선보인 어플입니다.

Dog Translator Free

개가 짖는 소리를 번역해주는 어플입니다.

LIVE 프로농구 2,99$

2010 시즌 프로농구 실시간 문자 중계 서비스 어플입니다. 프로농구 전경기에 대해 실시간 중계 및 경기 일정 결과, 팀 순위, 각 팀과 개인별 기록, 동영상 하이라이트를 제공합니다.

Billiard Master

 Free

쓰리쿠션 길을 찾아주는 가이드 어플입니다. 실제 당구대 크기에 맞게 당구공의 크기도 맞추었기 때문에 실제로 치는 것과 비슷한 길을 찾아 줍니다.

서울 해우소

 Free

자신이 있는 곳의 주변 약 2km 이내에 위치한 민간 개방 화장실 정보를 알려주는 위치 기반형 서비스 어플입니다.

아이쿠폰

 Free

생활에 유용한 쿠폰 모음집 어플입니다. 맛집 할인 서비스로 전국 유명 맛집 4,500여 곳의 할인 쿠폰을 제공합니다.

관공서 정보

 Free

우리나라 사·도청, 동·읍·면 주민센터, 세무서, 지방법원, 지방경찰청, 우체국 등의 전화번호(전화 걸기), 홈페이지 주소(바로 가기), 주소(지도 보기)와 기타 정보(민사소송, 고소/고발, 소액 재판, 각 지역 축제 정보)를 확인할 수 있는 어플입니다.

택견

 Free

택견과 택견 배틀을 세계에 알리는 홍보용 아이폰 어플입니다.

청기백기

 Free

설명이 필요없는 청기 백기 게임입니다. 그저 시키는 대로만 하면 되는 게임이죠. 청기 올리고, 백기 내리고...

아이폰 어플 172선 | 37

라이프 스타일

조석표 2010
Free

2010년 우리나라 연안 48개 지점의 조석 예보 자료를 볼 수 있는 어플입니다. 지역별 고조, 저조 시각 및 조위, 해뜨는 시각, 해지는 시각, 음력, 월령, 물때 정보를 알 수 있습니다.

01 어플을 실행하면 나타나는 처음 화면입니다.

02 [지도 검색]을 선택하면 지도가 표시됩니다. 알고 싶은 곳의 핀을 탭합니다.

03 선택한 지역의 해 뜨는 시간과 지는 시간을 알 수 있습니다.

04 다음 그림은 조석표 정보 화면입니다.

칼로리 균형

 2.99$

현재 출시된 칼로리 계산 관련 어플 중 가장 오래되고 기능이 다양한 칼로리 계산 전문 어플입니다.

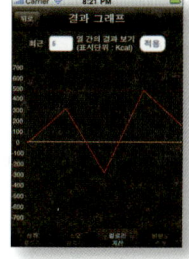

나만의 숙녀다이어리

 Free(한국계정)

여성의 건강지표라 할 수 있는 생리를 주기적으로 입력하고 건강을 체크함으로써, 생리주기에 맞게 일상생활을 계획할 수 있도록 돕는 어플입니다.

건강수첩

 0.99$

체중 관리 기능이 있는 어플입니다. 단 한 번의 입력으로 BMI 지수, 일 변화, 주 변화, 월 변화, 비만 단계 및 비만 정도를 종합적으로 확인할 수 있습니다.

여자들의 그날

 0.99$

여성이라면 누구나 한 달에 한 번씩 걸리는 마술 기간을 미리미리 체크해서 자유롭게 일상생활을 할수 있도록 도움을 주는 아이폰 어플입니다.

성범죄 예방 호신앱

 1.99$

현재 사용자의 위치를 실시간으로 추적하고, 메뉴에서 설정한 시간 동안 위치가 변경되지 않거나 아이폰을 강하게 흔들면 설정한 연락처로 자동 전화를 걸어주는 어플입니다.

금연 모니터

 1.99$

북미, 유럽 지역에서 출시된 금연 프로그램 mySmoklog의 한글판으로 나온 금연 모니터 어플입니다.

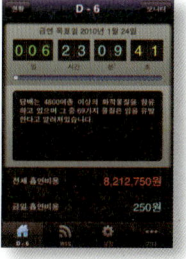

아이폰 어플 172선

병원찾기

 Free

전국 78,000여 병·의원 전화번호와 주소, 위치 정보를 제공하는 어플입니다. 검색이 가능하고, 관심병원으로 등록한 병원은 별도로 볼 수 있습니다.

굿나잇

 0.99$

피곤할 때, 빨리 잠들고 싶을 때, 아기를 재우고 싶을 때 도움을 주는 어플입니다. 조용한 음악을 배경으로 귀여운 동물과 함께 숫자를 세다 보면 저절로 잠이 들겠죠?

Epocrates

 Free

수천 가지 약품에 대한 정보를 사진과 함께 제공하는 어플입니다.

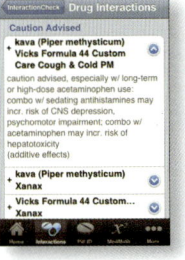

dreambot

 Free

빠르게 잠들 수 있도록 소리로 도와주는 어플입니다.

모스코일 (공짜 모기퇴치 모기향)

 Free

여름철 모기를 쫓아내는 어플입니다. 모기들이 싫어하는 주파수대의 음을 재생하여 모기를 쫓아내는 원리입니다.

스트레스체커

 Free

각 항목마다 제시하는 문항에서 자신에게 맞는 것을 선택하여 현재 본인의 스트레스 상태를 확인할 수 있는 어플입니다.

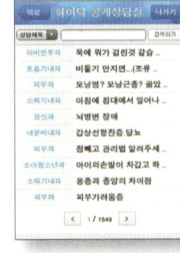

 **G마켓** Free

G마켓의 모든 상품을 실시간 검색할 수 있는 어플입니다. 통합 검색 기능이 제공되며 베스트셀러, 오늘만특가, e쿠폰을 통해 G마켓을 쉽게 이용할 수 있습니다.

 **라식아 놀자** Free

시력 교정술에 대한 이해하기 쉬운 설명과 유익한 정보를 제공하는 어플입니다.

 **안심 장보기** Free

농림수산식품부가 제작한 안심 장보기 어플입니다. 이력 추적으로 만나는 안전한 식탁, 우리 먹거리의 족보를 관리하는 이력 관리 등을 볼 수 있습니다.

 **라면의 정석-라면 타이머** Free

라면 타이머는 농심과 삼양의 라면 조리법에 따른 타이머 기능과 조리 정보를 제공하는 어플입니다.

 **쇠고기 이력제** Free

소의 출생에서부터 도축·가공·판매에 이르기까지의 정보를 기록·관리하여 위생·안전에 문제가 발생할 경우 그 이력을 추적하여 신속하게 대처하기 위한 제도를 안내하는 어플입니다.

 **CampingMania - 캠핑정보** Free

전국의 캠핑장 정보를 조회할 수 있는 어플입니다. 전국 캠핑장 리스트와 캠핑장 검색, 지역별 캠핑장 리스트, 주변 캠핑장 리스트(반경 50Km) 등을 볼 수 있습니다.

유틸리티

전화번호를 입력하면 해당 전화번호에 해당하는 연락처 목록이 표시되는 어플입니다. 아이폰 연락처의 기본 기능에는 없는 것으로, 빠르게 전화번호를 검색할 수 있어 유용합니다.

01 다운받은 어플을 탭하여 실행합니다.

02 처음 실행하면 다음과 같은 모습입니다.

03 번호를 입력하면 연락처 목록이 표시됩니다. 목록을 탭합니다.

04 연락처 목록이 표시되면 전화번호를 탭합니다. 바로 전화가 연결됩니다.

누구나 쉽게 아이폰을 접할 수 있도록 꼭 필요한 어플들을 활용 주제별로 분류해주는 어플입니다.

현실 공간에 새로운 가치를 더하는 증강현실 기술과 텍스트 입력 없이 이미지만으로 검색할 수 있는 어플입니다.

 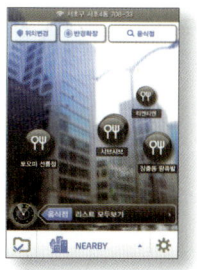

대한민국의 모든 전화번호를 검색할 수 있는 어플입니다. 이제 언제, 어디서나 필요한 전화번호를 무료로 검색할 수 있습니다.

AppBox Lite
Free

'어플 종합 세트'라고 할 수 있는 AppBox는 단위 환산이나 환율 계산, 팁 계산 등 여러 가지 간단한 기능들을 묶어 놓은 무료 어플입니다. Lite와 Pro 두 가지 버전이 있는데, Lite는 무료, Pro는 유료입니다.

Crrrency - 환율 계산 : 지정한 나라의 금액을 다른 나라의 금액으로 계산해주는 환율 계산 어플입니다. [UPDATE]를 탭하여 현재 환율 정보를 받을 수 있습니다. 우리나라 돈으로 현재 100,000원이 86.5달러라는 것을 알 수 있습니다.

Days Until - D데이 구하기 : 지정한 날짜까지 며칠 남았는지를 구하는 어플입니다.

Date Calc - 두 날짜 사이의 기간 구하기 : 지정한 두 날짜 사이의 기간이 며칠인지(Between), 지정한 날짜까지 며칠 남았는지, 오늘부터 지정 일수가 지나면 몇 일인지(Adding) 등을 구할 수 있습니다. 음력도 표시할 수 있습니다.

 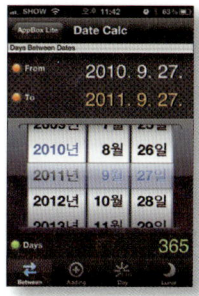 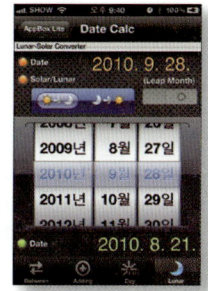

Holidays - 공휴일 표시하기 : 여러 나라의 공휴일을 표시하며, 각 공휴일이 오늘부터 며칠 남았는지 알려주는 어플입니다.

Clinometer - 경사계 : 액자를 걸 때나 테이블의 수평을 맞출 때 필요한 경사계 어플입니다. 가운데 물방울을 네모 상자 안에 넣어 수평을 맞춥니다.

- Amount : 대출금을 입력합니다.
- Term : 대출 기간을 입력합니다. 연수나 월수를 입력합니다.
- Annual Interest Rate(%) : 이율을 입력합니다.
- Start Date : 대출한 날짜를 입력합니다.
- Monthly Payment : 매월 갚아야 할 금액을 표시합니다.
- Monthly Avg. Interest : 매월 이자를 표시합니다.
- Total Interest : 대출 기간 동안의 이자를 표시합니다.
- Total Amount : 이자를 포함해 갚아야 할 전체 금액을 표시합니다.

Loan - 대출금 계산하기 : 대출금과 기간, 이율 등을 알고 있다면 이자와 상환 금액 등을 알아볼 수 있는 어플입니다.

Price Grab - 두 상품 가격 비교 : 두 상품의 개별 가격을 바로 확인할 수 있는 어플입니다. 마트에서 일일이 계산하지 말고 간단하게 해결하세요. 두 상품의 수량과 금액을 입력하면 자동으로 계산이 됩니다. 예제 화면에서는 A 상품의 개별 가격이 비싼 것을 알 수 있습니다.

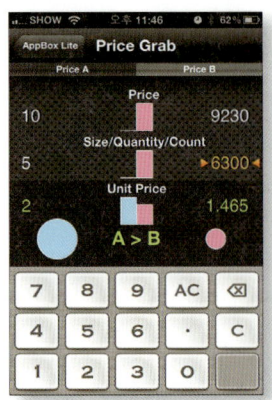

Tip Calc - 팁 계산하기 : 팁을 계산해주는 어플입니다. 입력한 금액에 대해 지정한 퍼센트의 팁을 계산합니다.

Unit - 단위 변환 : 단위를 변환해주는 어플입니다. 아래쪽의 아이콘에서 원하는 항목을 선택한 다음 변환 전의 값을 입력하면 자동으로 설정한 단위로 변환한 값이 표시됩니다.

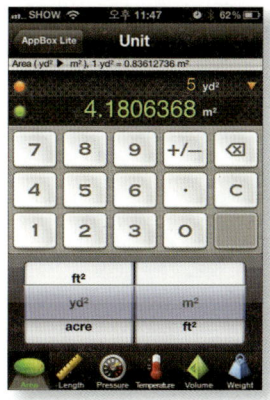

pCalendar - 생리 주기 : 여성들의 생리 주기를 구하는 어플입니다. 개인차가 있으므로 완전하게 정확하지는 않지만, 시작 날짜와 끝 날짜, 주기를 입력하면 다음 생리 예정일 목록을 볼 수 있습니다.

 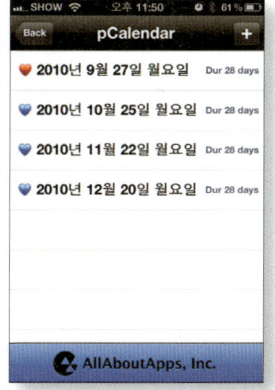

iHandy 수준기
 Free

수평선과 수평면을 구하는 어플입니다.

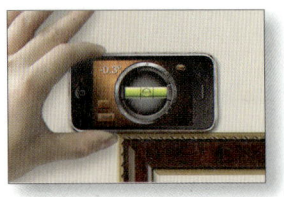

iMovie
 4.99$

HD 동영상을 만들 수 있는 어플입니다. 멀티 터치용으로 설계된 재미있고 다양한 기능으로 비디오 편집을 할 수 있습니다.

얼리어답터
 Free

얼리어답터는 신제품이나 독특한 제품에 관심이 많은 사람들을 위한 어플입니다. 신기한 제품, 콘셉트 디자인, 최신 디지털 소식, 디자인 전시회 등의 다양한 소식을 빠르게 전해줍니다.

Icon Dial
 Free

등록한 아이콘을 탭하여 바로 전화를 걸 수 있도록 도와주는 어플입니다.

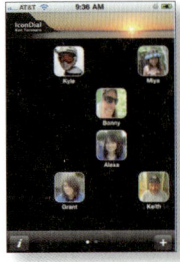

무료 불꽃놀이
 Free

불꽃놀이는 아이폰을 손전등처럼 사용할 수 있게 해주는 어플입니다.

나의 배터리 정보
 Free

현재의 정확한 배터리의 상태와 앞으로 얼마동안 사용할 수 있는지 알려 주는 어플입니다.

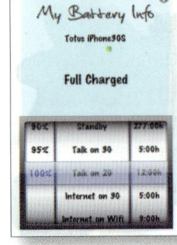

앱써치
Free

아이폰 어플과 관련된 다양한 정보를 검색하고 유저들이 입력하는 실시간 이슈 키워드를 확인할 수 있는 어플입니다. 마음에 드는 어플을 찾으면 다운로드도 할 수 있습니다.

네이버시계
Free

네이버에서 제공하는 멋진 탁상용 플립 시계 어플입니다. 책상 위의 Dock이나 거치대에 세로 또는 가로로 세워 사용하면 좋습니다.

벤치비
Free

현재 연결되어 있는 인터넷의 품질을 측정하는 어플입니다. 장소에 구애받지 않으며 이동 중이라도 상관 없습니다. 아이폰뿐 아니라 여러 스마트폰에서 모두 사용할 수 있습니다.

플래시
Free

사진을 찍을 때 활용하는 어플입니다. 아이폰을 마치 디지털 카메라처럼 이용할 수 있게 하며, 배터리를 소모하지 않는다는 장점이 있습니다.

아이로또 iLotto 6/45
Free

개인 로또 관리 프로그램 어플입니다. 내 로또 리스트에 저장만 해두면 추첨 당일날 버튼 하나로 간편하게 당첨 결과를 확인할 수 있습니다.

단축번호 - 울자기
Free

단 한 번의 터치로 자신이 등록한 번호로 바로 전화를 걸 수 있게 해주는 어플입니다.

아이폰 어플 172선 | 55

뉴스와 날씨

MBCNews
Free

주 7일, 하루 24시간 발 빠르고 간결한 모바일 뉴스를 전해주는 어플입니다.

01 어플을 실행하면 바로 전에 보았던 화면이 표시됩니다.

02 [주요 뉴스]를 탭하면 주요 뉴스를 한눈에 볼 수 있습니다.

03 다음은 위클리를 선택했을 때의 화면입니다.

04 다음은 동영상 뉴스 화면입니다.

KBS 뉴스
Free

빠르고, 깊이 있는 KBS 뉴스와 콘텐츠를 손 안에서 만날 수 있는 어플입니다.

YTN
Free

YTN 생방송과 더불어 사이언스 TV, YTN FM, YTN DMB 생방송을 볼 수 있는 어플입니다.

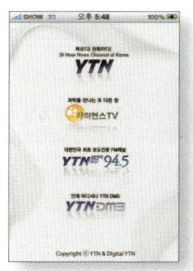
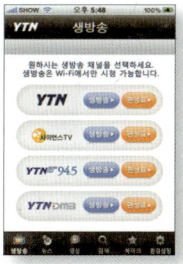

SBS 뉴스
Free

SBS 뉴스의 다시보기와 기자들의 취재 뒷이야기, 생생한 이슈 영상들을 실시간으로 제공하는 어플입니다.

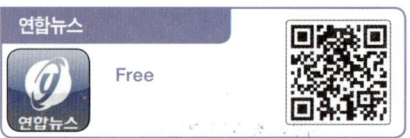

세계를 보는, 한국을 만나는 창인 연합뉴스 어플입니다.

24시간 종합뉴스채널 MBN이 전하는 생방송과 동영상 뉴스를 볼 수 있는 어플입니다.

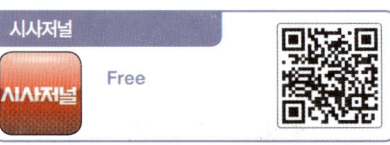

시사저널을 잡지처럼 쉽게 볼 수 있도록 구성한 어플입니다. 지면 페이지와 함께 텍스트 기사를 제공하기 때문에 기사와 사진을 쉽게 읽을 수 있습니다.

관점이 있는 뉴스라는 모토로 차별화된 기사를 제공하는 프레시안 뉴스를 볼 수 있는 어플입니다.

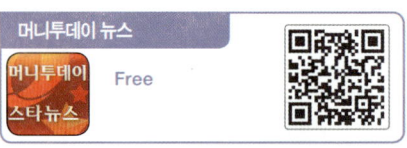

투자속보에 강한 경제 전문지 머니투데이를 언제 어디서나 볼 수 있는 어플입니다.

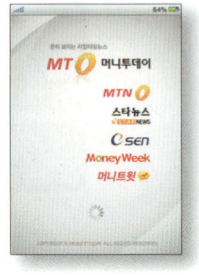

SBS 방송을 볼 수 있는 온에어 어플입니다. 이 어플은 구매 후 1년 간 이용 가능합니다.

헤럴드 경제

Free

헤럴드 경제 뉴스를 볼 수 있는 어플입니다.

TV Time

Free

즐겨보는 프로를 볼 수 있는 편성표 어플입니다.

USA TODAY

Free

최신 보도 기사, 스포츠 점수, 날씨 및 사진을 볼 수 있는 뉴스 어플입니다.

케이웨더

Free

민간 자체 예보를 일반인에게 서비스하는 어플입니다. 6시간 단위의 예보와 주간 예보를 볼 수 있습니다.

이데일리

Free

이데일리 뉴스, 이데일리 TV 생방송/VOD, 이데일리/SPN 포토 등 다양한 콘텐츠와 서비스를 담고 있는 뉴스 어플입니다.

위성 영상

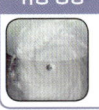
0.99$

강우량 정보, 태풍 정보, 황사 정보 등을 2차원 영상으로 추정 가능한 어플입니다. 한반도, 동북아 및 아시아 반구 전체의 영상도 볼 수 있습니다.

교육

와피디아: 모바일 위키
Free

아이폰에서 위키백과에 접속할 수 있는 가장 빠른 어플입니다.

01 와피디아를 실행하면 나타나는 처음 화면입니다.

02 검색 상자에 검색어를 입력합니다.

03 터치하면 해당 내용 목록이 표시됩니다.

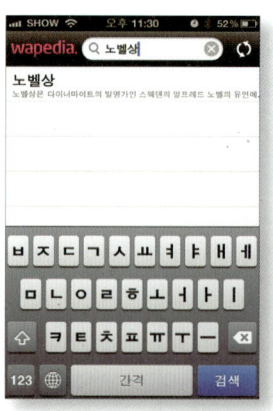

04 목록을 탭하면 내용을 바로 볼 수 있습니다.

엣센스 영한 한영 사전
19.99$

영어 사전 콘텐츠와 다양한 검색 기능을 제공하는 엣센스 영한·한영 사전 어플입니다.

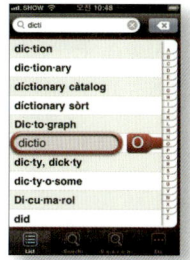

필수 영어 단어 Voca 1500
0.99$

필수 단어 1500개를 반복 학습할 수 있도록 도와주는 어플입니다.

우선순위 영단어
4.99$

우선순위 영단어를 공부할 수 있는 어플입니다.

한자공부Q-27000자 2.99$

27,000여 자의 한자를 공부할 수 있는 무료 한자 옥편 어플입니다.

 상식 퀴즈 0.99$

일상생활은 물론 공무원, 공기업 등에서 보는 일반상식 시험과 TV 퀴즈 프로에서도 도움이 될만한 많은 퀴즈들을 수록한 어플입니다.

 천자문 Free

천자문 책을 구입하는 부담감을 줄여주고 한자 학습에 도움을 주기 위해서 만들어진 어플입니다. 천자문 뜻풀이도 있어서 단순 한자 학습이 아니라 인성학습에도 도움이 됩니다.

 친인척호칭법 Free

친인척을 올바르게 부르는 호칭법을 배울 수 있는 어플입니다.

 세무용어사전 Free

정확한 용어와 인접 분야의 용어를 이해할 수 있는 세무 용어 사전 어플입니다.

 법아 놀자 Free

법무부가 2010년 법의 날을 맞이하여 마련한 어플로 재미있는 퀴즈와 만화로 법을 배울 수 있습니다.

넛지지수  Free

과연 내가 똑똑한 사람을 움직이는 힘을 가진 넛지형 인재인지 점검할 수 있는 어플입니다.

북앤딕-성경 Free

영어 성경을 공부할 수 있는 어플입니다. 성경을 읽다가 모르는 단어가 나오면 사전을 찾을 필요 없이 터치만 하면 뜻을 찾아 바로 볼 수 있는 기능도 있습니다.

하악하악  Free

종이책의 감동을 스마트폰으로 옮긴 어플입니다. 하악하악의 대표적인 우화를 담았으며, 원작의 느낌을 더욱 살릴 수 있도록 물결치는 물속의 토종 민물고기 세밀화를 사용했습니다.

북앤딕-세계의 명연설  3.99$

세계 명사들의 명연설문과 인물에 대한 소개를 수록한 어플로 영어를 학습하는 동시에 세상을 움직이고 역사를 바꾸었던 연설가들에 대해 배울 수 있습니다.

내 손안의 미술관  Free

르느와르에서 고갱, 모딜리아니까지 총 25명의 천재적인 화가들의 삶과 그들의 작품 약 1,000여 점에 대한 상세한 설명을 제공하는 어플입니다.

LabTED  Free

일본어 기초 문법과 구문에 대해 공부할 수 있는 어플입니다.

아이폰어플 172선